Reinhold Messner

BIS ANS ENDE DER WELT

Herausforderungen im Himalaja und Karakorum

Fünfte, aktualisierte Auflage

BLV

Die Deutsche Bibliothek – CIP-Einheitsaufnahme

Messner, Reinhold:
Bis ans Ende der Welt : Herausforderungen im Himalaja und Karakorum / Reinhold Messner. – 5., aktualisierte Aufl. – München ; Wien ; Zürich : BLV, 1998
ISBN 3-405-15477-4

Bildnachweis

Seiten 9–12 und 249–252: Gemälde von Jean-Georges Inca, fotografiert von Richard Fonti
Alle übrigen Farb- und Schwarzweißabbildungen: Archiv Messner

Lektorat: Marianne Faiss-Heilmannseder

Herstellung: Friedrich Wilhelm Bonhagen

BLV Verlagsgesellschaft mbH
München Wien Zürich
80797 München

Gesamtherstellung: Pustet, Regensburg

Gedruckt auf chlorfrei gebleichtem Papier

Printed in Germany · ISBN 3-405-15477-4

Inhalt

Gipfel der Selbsterfahrung

Das Bergsteigen – vor allem jenes an den höchsten Bergen der Welt – ist mit den Maßstäben des Sports allein weder meßbar noch beschreibbar. Meereshöhen in Metern, Schwierigkeitsgrade und Aufstiegszeiten sagen mit zunehmender Größe der Berge immer weniger aus. In der Gipfelwand am K 2 oder Nuptse bedeutet angewehter Schnee nicht nur eine erhöhte Gefahr, sondern auch eine Steigerung der Schwierigkeit. Oft ist es eine flache Mulde, die den Höhenbergsteiger unter dem Gipfel stoppt, und keine senkrechte Felsstufe.

All jene, die diesen Zweig der Alpinistik als Schneetreterei abtun, verraten damit, daß sie nichts davon verstehen. Auch jene, die mit allen erdenklichen Tricks – Schnellbergsteiger ohne Zeitmesser am Einstieg, »Alleingeher« mitten im Gänsemarsch – ins Guinness-Buch der Rekorde wollen, sind nur Falschmünzer. Das Erlebnis am oberen Ende der Welt wächst mit der Anstrengung, der Schwierigkeit, der Gefahr, dem Ausgesetztsein und vor allem mit dem Auf-sich-selbst-gestellt-Sein. Beschreiben läßt sich die entsprechende Erfahrung, malen, wie der Franzose Jean-Georges Inca in seinen Bildern zeigt, und im Unterbewußtsein speichern.

Nicht die Gipfelerfolge sind in meine Erinnerung eingebrannt geblieben, sondern der Berg, der nach der Nanga-Parbat-Tragödie auseinanderbricht; der Druck des Sturms am Manaslu; der erhabene Hidden Peak beim ersten Anblick; der Blick durch das Nebelreißen vom höchsten Berg der Welt; die Apathie nach 48 Stunden Schneesturm am Südsattel oder die Toten am Wegrand.

Tod und Leben, Mut und Angst, Höhe und Tiefe sind da oben eins, Hälften eines unteilbaren Ganzen – und nur in der Schwebe zwischen Fremdheit und Vertrautheit steigen wir auf den Gipfel der Selbsterfahrung.

Nicht der Gipfel und nicht der Weg – der Umweg ist das Ziel

15 Jahre lang habe ich versucht, die Grenzen des Möglichen im Achttausender-Bergsteigen weiter hinauszuschieben. Zuerst habe ich schwierige Wege erstbegangen; im althergebrachten Expeditionsstil natürlich. Dann habe ich gelernt, mehr und mehr auf Partner und technische Hilfsmittel zu verzichten. Am Ende ließ ich mir kühne Umwege einfallen, um das zu erleben, was man früher »Abenteuer« nannte. Mir ging es dabei nicht um eine Eroberung draußen, sondern um eine Erfahrung in mir drinnen, um die Grenze meiner Fähigkeiten, um mein Begrenztsein. Ich ging wiederholt »bis ans Ende der Welt«, um das Ende meiner Kraft, Angst, Leidensfähigkeit zu erfahren. Abenteuer als Selbstzweck, als ein Zugang zu mir selbst.

Die Tatsache, daß ich alle 14 Achttausender bestiegen habe, ist für die Alpingeschichte zweitrangig. Vielleicht bleibt sie eine Randnotiz wie seinerzeit, 1911, die Besteigung aller Viertausender in den Alpen durch den Vorarlberger Dr. Karl Blodig. Mit der Entwicklung des Bergsteigens hat beides wenig zu tun. Wie viele Kletterer sind inzwischen auf allen Gipfeln über der magischen 4000-Meter-Marke in den Alpen gestanden?

1987 hat der Pole Jerzy Kukuczka seinen 14. Achttausender bestiegen. Leider ist er 1989 an der Lhotse-Südwand abgestürzt. 1995 hat es der Schweizer Erhard Loretan geschafft: Nach einer Reihe außergewöhnlicher Unternehmungen – Annapurna-Überschreitung, Nonstop-Monsun-Everest-Besteigung, Cho-Oyu-Südwestwand – ist ihm mit dem Kangchendzönga sein letzter Achttausender gelungen. Daß der Franzose Benoît Chamoux in Loretans Spur auf seinen 14. Achttausender wollte, ist nicht die Schuld des asketischen Schweizers, der ein Leben lang seinen Weg gegangen war. Chamoux kam nicht bis zum Gipfel und nicht mehr zurück.

Das tragische Ende dieses Schnellkletterers, der seine Rekorde mit Vorliebe auf präparierten Normalwegen aufstellte, ist die Folge einer Entwicklung, die den Berg zum Symbol einer menschlichen Hybris macht, die Risiko-Vermarkter werbewirksam »No limits« nennen – eine gefährliche Ideologie. Nicht der Berg nämlich ist gefährlich, sondern menschliches Verhalten, das die Erhabenheit der Gebirge ignoriert und grenzenlose menschliche Fähigkeiten suggeriert.

Das Höhenbergsteigen ist nicht tot, es ist weiterhin herausfordernd, aber nur in der Ausgesetztheit abseits der Modeberge und nicht mit immer neuen sogenannten Rekorden. In zehn Jahren dürfte ein Dutzend Alpinisten alle 14 höchsten Gipfel der Erde »abgehakt« haben. Im Jahre 2100 werden es Hunderte sein.

Das Himalaja-Bergsteigen ist aber auch nicht abgeschlossen mit diesem »Rekord«. Dieser ist nur vordergründig interessant. »14mal 8000 Meter« ist nicht viel mehr als ein Schlagwort. So wie sich das Himalaja-Bergsteigen in den letzten 20 Jahren weiterentwickeln ließ, hin zu immer schwierigeren Wegen mit immer weniger Steighilfen und Fremdarbeit, wird es auch morgen noch weiterentwickelt werden – von einer jungen Bergsteiger-Elite.

Soweit diese Art des Bergsteigens ein Abenteuer an der äußersten Grenze des jeweils Machbaren bleiben soll, müssen die Akteure neue Problemstellungen, neue Umwege zum Ziel finden. 1924, als George H. Leigh Mallory zum Mount Everest aufbrach, »weil er da ist«, war der Gipfel das Ziel. Für Chris Bonington und seine Crew, die 1975 die steile Südwestwand durchstiegen, war der Weg das Ziel. Jetzt, da der Berg ohne Maske, über die schwierigsten Routen, allein, in der Monsunzeit und auch im Winter bestiegen worden ist, zählt der Umweg zum Gipfel. Oder der Rekord. Nicht jeder aber, der sich etwas »Neues« einfallen läßt oder der schneller als alle vor ihm zum Gipfel »stürmt«, ist ein Neuerer.

Wanda Rutkiewicz, die erfolgreichste Höhenbergsteigerin meiner Generation, konnte zwar mehr Achttausender besteigen als viele ihrer männlichen Kollegen – Pionierarbeit aber leistete sie dabei nur für die Frauenbewegung. Am Berg folgte sie der ausgetretenen Spur und jenen Durchhalteparolen, die Macho-Bergsteiger seit Beginn des »Höhenwahns« als ihr Credo verkünden. Dabei ging sie endgültig zuweit.

Ihr Tod am Kangchendzönga hat mich deshalb so tief getroffen, weil sie, wie 1995 die Engländerin Alison Hargreaves am K 2, unserer ausgetretenen Helden-Spur in die Katastrophe folgte.

Immer noch herrscht Verwirrung im Höhenbergsteigen. Die allermeisten Bergsteiger schließen sich heute großangelegten Commercial-Expeditionen an, die mit allen Mitteln zum Gipfel kommen wollen. Nicht »by fair means« – »by any means« ist die Devise. Auch die vielen Kleinexpeditionen, die sich im Basislager von K 2 oder Nanga Parbat zu einer Großexpedition zusammenschließen, sind in ihrer Vorgehensweise vom Alpenstil weiter entfernt, als es die nationalen Expeditionen in den fünfziger Jahren waren, die, am Berg auf sich selbst gestellt, jene Pionierarbeit leisteten, von der wir heute noch zehren.

Erhard Loretan ist die Ausnahme, wenn er mit dem Bergführer Norbert Joos die Annapurna I mit ihren drei Gipfelzacken überschreitet oder mit Jean Troillet mitten im Monsun durch die Nordwand auf den Mount Everest steigt – in 48 Stunden, Auf- und Abstieg inbegriffen.

Diese Art von »Rekord« findet meine ganze Hochachtung. Nicht aber die Schnellbesteigung à la Eric Escoffier, der auf einer vom Basislager bis zum Gipfel ausgetretenen Spur, über eine von anderen versorgte Lagerkette in einem Tag bis zum Gipfel des Hidden Peak rennt. Wenn die Vorausspurer nicht mehr können, geht auch er zurück – wie im Herbst 1986 am Mount Everest, den er in seinem parasitären Stil in neuer Rekordzeit besteigen wollte.

(Fortsetzung Seite 13)

Meine Achttausender-Besteigungen – gesehen mit den Augen des Kunstmalers Jean-Georges Inca

Dieses Buch beginnt und endet mit einigen Bildern des französischen Kunstmalers Jean-Georges Inca. Er lebt seit zwei Jahrzehnten in Tende in den französischen Seealpen und besitzt dort eine Galerie; seine Arbeiten wurden außer in Frankreich auch in mehreren anderen Ländern gezeigt.

Inca hat sich durch die Erzählungen in meinen Büchern über meine Grenzgänge in der Achttausender-Region zu einer Bildserie – moderne großformatige Gemälde in kräftig leuchtenden Farben – anregen lassen. Dabei ist es ihm wie kaum jemandem bisher gelungen, diese Beziehung Berg–Mensch in der Malerei auszudrücken. Es gab auch wenige Ansätze dazu, vor allem nicht in der jüngsten Zeit und insbesondere nicht in bezug auf die höchsten Berge.

Die Bilder von J.-G. Inca haben mich noch einmal zurückgebracht zu einem Thema, das mich 16 Jahre meines Lebens beschäftigt hat, beschäftigt mit allen Phasen meines Daseins. Und sie haben mich in vielen Punkten zurückversetzt in Emotionen, in Situationen, die heute zu meiner Biographie gehören.

Als ich die ersten Gemälde sah, war ich gefesselt und gefangen zugleich. Ich habe gemerkt, daß hier jemand hineingewachsen ist in mein eigenes Tun, daß er alles von mir gelesen, die Hintergründe verstanden hat. Somit ist es Inca gelungen, in seinen Bildern deutlich werden zu lassen, mehr als alle Fotos und Filme es verdeutlichen können: Der Berg fordert seinen Preis von dem, der sich ihm bedingungslos ausliefert.

Zum Bild Seite 9 – Nanga Parbat 1970: »Wahnsinnig auf dem Diamirgletscher«
Ich konnte nicht begreifen, daß Günther tot war. Einen Tag und eine Nacht lang suchte ich nach ihm. Mitten in dieser gespenstischen Gletscherwelt, zwischen den Eistrümmern, ausgedörrt, mit Erfrierungen an Händen und Füßen erlebte ich erstmals den Wahnsinn. Ich wußte nicht mehr, wer ich war, noch was ich tat. Trotzdem setzte ich meinen Abstieg fort, kroch abwärts. Ich brauchte viele Jahre, um diese Nanga-Parbat-Expedition und den Tod meines Bruders zu bewältigen, seinen Tod als Teil meines Lebens zu verstehen.

Zum Bild Seite 10/11 – Manaslu 1972: »Die größte Eiswüste der Welt«
Nachdem ich einige Male im Kreis gegangen war, wußte ich, daß ich keine Überlebenschance hatte, wenn ich nicht bald auf das Zelt stieß. Die 100 sichtbaren Quadratmeter um mich wurden zur größten Eiswüste der Welt. Ich war verloren. Es war unmöglich, in diesem Sturm-Inferno irgendeinen Anhaltspunkt zu erkennen. Mein Leben verdanke ich einem einzigen klaren Gedanken: mit dem Rücken senkrecht gegen den Sturm aufwärts zum Grat zu steigen und so vielleicht zum Zelt zurückzufinden.

Zum Bild Seite 12 – Hidden Peak 1975: »Nirwana«
Oben am Gipfel erlebte ich eine tiefe innere Ruhe, ein Nirwana. Als ich zurück ins Tal kam, hatte sich meine Einstellung zum Leben stark verändert. Noch stärker empfand ich dies 1970, nachdem ich völlig erschöpft im Diamirtal, am Fuße des Nanga Parbat, liegengeblieben war. Damals hatte ich den Tod erstmals akzeptiert, und dies hatte wesentliche Folgen für mein weiteres Dasein. Ich weiß heute, daß der Mensch kein unzerstörbares Etwas ist, sondern eher ein Prozeß, ein wandelbarer Zustand. Ich habe vor dem Leben ebensowenig Angst wie vor dem Tod und möchte möglichst uneingeschränkt sein, nichts wissen, was ich nicht erlebt habe.

Es kann sein, daß Sponsoren, die an Werbeslogans mehr interessiert sind als an authentischen Abenteuern, auf derartige Rekorde setzen. Nicht ihnen aber dürfen wir glauben, wenn es im Grenzfeld von Sport und Abenteuer um Authentizität geht. Nicht »Menschen ohne Grenzen« sind die Pioniere, sondern Menschen, die in die grenzenlose Ungewißheit aufbrechen. Die schnellste Besteigung des K 2 über eine präparierte Route sagt mir weniger als das langsame Scheitern an einem langen, unbekannten Weg.

Die Schnelligkeit hat mich beim Bergsteigen nie so beeindruckt wie der Stil und die Problemstellung. Beides zusammen nur führt zu jenem Schritt, den die junge Bergsteigergeneration über das bisher Erreichte hinaus tun kann und muß, wenn sie ihre Fähigkeiten beweisen will.

Undurchstiegene Wände gibt es noch genug. Nicht nur an den Achttausendern – K2-Südwestwand, Kangchendzönga-Mittelgipfel-Ostwand, mehrere Routen in der Lhotse-Südwand, Makalu-Westwand, Dhaulagiri-Südwand, Manaslu-Westwand –, es gibt sie vor allem an Sechs- und Siebentausendern. Es kommt auf den Stil an, in dem diese »Probleme« gelöst werden. Die Art und Weise, wie V. Kurtyka und R. Schauer die Westwand des Gasherbrum IV durchstiegen haben, könnte Vorbild sein für all jene, die sich dem Große-Wände-Abenteuer verschrieben haben.

Ob ich nicht auch selbst daran schuld bin, daß sich heute 100 und mehr Expeditionen im Jahr am Fuße der Achttausender treffen? Sicher, der Boom im Höhenbergsteigen ist auch eine Folge meiner Aktivität. Es ist aber nicht meine Schuld, wenn die Regierungen in Pakistan und Nepal so viele Expeditionsgenehmigungen vergeben, daß es schwierig geworden ist, Erstbegehungen selbständig zu beginnen und zu Ende zu führen. Es liegt aber an uns, neue Problemstellungen zu erfinden. Innovativ ist nur, wer Phantasie hat und dorthin geht, wo die vielen anderen nicht sind.

Wir – meine Bergsteigergeneration – sind im Alpenstil und ohne Maske, ohne Lagerkette und ohne Fremdhilfe bis ans obere Ende der Welt geklettert, allein bis zum Gipfel des Mount Everest. Wir haben die höchsten Berge der Welt über neue Routen bestiegen, über steile Wände, über die längsten Grate. Wir haben die Achttausender überschritten, wir haben sie zu allen Jahreszeiten erklettert. Wir haben zwei davon hintereinander, im Paar, überschritten, ohne zwischendurch ins Basislager abzusteigen, nachdem der »Hattrick« – drei Achttausender in einer Saison – wiederholbar geworden war. Alles, was einmal durchgestanden ist, kann wiederholt werden. Wiederholen ist leichter als vormachen. In jeder Sparte des Lebens.

Nachdem sich der Alpinismus generell in drei Spielarten aufgesplittert hat – Sportklettern, klassisches Bergsteigen, Expeditions- bzw. Höhenalpinismus – zerfällt nun auch das Höhenbergsteigen eindeutig in zwei verschiedene Disziplinen: in Commercial- und Pionierreisen.

Warum nicht? Das Höhenbergsteigen wird nun mehr und mehr als Reisemöglichkeit verstanden und nicht mehr als Spiel an der Grenze der Möglichkeiten. Organisiert vom Reiseunternehmer, geführt vom Tourenleiter, unterstützt von einheimischen Hochträgern läßt man sich zum Gipfel führen. Man bucht den Mount Everest, wie man eine Reise nach Mallorca bucht: Vollpension, Führung und Versicherung inbegriffen.

Nein, ich will den organisierten Achttausender-Tourismus nicht abwerten, ich will ihn nur relativieren. Es ist auch mit Führer und Spur anstrengend, den Shisha Pangma zu besteigen. Nur das Abenteuer bleibt dabei auf der Strecke. Das »organisierte Abenteuer« ist zwar ein Widerspruch in sich, aber eine Möglichkeit. In jeder Hinsicht. Es ist vorerst

ebensogut vermarktbar, wie es früher die Pioniertaten waren. Und es verspricht Erfolg. Sicheren Erfolg. Vielleicht 80 Prozent der Achttausender-Besteiger der letzten Jahre haben ihren Erfolg im Rahmen einer Commercial-Expedition erreicht. Das spricht mehr für die Veranstalter als für die ehrgeizigen Akteure. Auch für den Zeitgeist.
Der konditionsstarke Höhenbergsteiger Marcel Ruedi aus Winterthur hat zehn Achttausender in dieser Art bestiegen. Er selbst wäre gar nicht auf die Idee gekommen, seine »Abenteuer« zu vermarkten, wie er auch nicht auf die Idee kam, neue Wege zu gehen. Die Industrie hat ihm Verträge angeboten. Angeregt durch die lokale Presse, ließ er sich in jenen »Wettlauf« hineintreiben, den er trotz Nachsteigerei nicht hätte gewinnen können und der ihm am 24. September 1986 am Makalu das Leben kosten sollte. Offensichtlich hat er dem Druck der Öffentlichkeit nicht standgehalten. Ich beklage ihn als Opfer, nicht als Versager. Das wahre Abenteuer schließt das Scheitern mit ein, die Commercial-Expedition soll es ausschließen. Warum kaufen sich Berufsabenteurer in eine Eiselin-Expedition zum Mount Everest ein? Weil das der sicherste Weg zum Gipfel ist und bleibt. Auch weil Geldgeber und Publikum daheim noch nicht unterscheiden können zwischen Abenteuer und Gruppenreise. Ein abenteuerlüsternes Fernsehpublikum nimmt seinem abenteuerlustigen Stellvertreter alles ab. Auch wenn dieser nur ausgezogen ist, eine Marktlücke zu füllen.
Grundsätzlich habe ich nichts gegen die vielen Gipfelerfolge. Mich stört dabei nur die ungenaue Berichterstattung. Wer in der Tat glaubt, einen der Gasherbrums im »Alpenstil« bestiegen zu haben, wenn gleichzeitig an Ort und Stelle ein Dutzend weiterer Gruppen operiert, belügt sich nur selbst. Wer aber weiß, wie gespielt wird, und im gegebenen Fall trotzdem vom »Alpenstil« faselt, belügt auch andere. Wer ein »Grenzabenteuer« am Berg live ins TV-Programm bringt, mag ein guter Schauspieler sein, ein Abenteuerdarsteller, nicht aber ein Vorläufer in der Auseinandersetzung Mensch und Wildnis. Das wahre Abenteuer ist nicht inszenierbar, vielleicht läßt es sich mit ein paar Bildern dokumentieren, das andere ist mehr oder weniger Show.
Wer will nun als Schiedsrichter die Show vom großen Alpinismus trennen? Es gibt kein allgemeingültiges Reglement beim Höhenbergsteigen. Es gibt nur Beschränkungen, die sich der eine oder andere auferlegt. Und eine gemeinsame Sprache. Im Alpenstil heißt, ein Aufstieg ohne Vorgaben, ohne fremde Helfer, ohne Vorarbeit. Ein Alleingang beginnt am Fuße des Berges, dort, wo die Talträger nicht weitergehen können oder nach den lokalen Bestimmungen nicht dürfen. Ohne Maske steigt nur, wer auf den Flaschensauerstoff verzichtet, allerorts, auch beim Rasten und Schlafen.
Wer das alles kontrolliert? Niemand. Und das ist es ja, was exakte Angaben so wichtig macht. Um die Achttausender-Chronik der letzten fünf Jahre schreiben zu können, habe ich hundert und mehr Berichte gelesen. Wenn ich dabei herausfinde, daß einer ausgerechnet am selben Tag wie Franzosen und Spanier »im Alpenstil« auf dem Gasherbrum II war, korrigiere ich diese Notiz für meine Historie. Wenn einer verkündet, den Nanga Parbat im »Superalpinstil« bestiegen zu haben, nachdem er die Lager- und Seilkette an der Diamirflanke anderen Bergsteigern abgekauft hat, nenne ich seinen Stil »superparasitär«. Mit diesen Feststellungen will ich niemanden diskreditieren, nur darauf hinweisen, daß Begriffe dehnbar sind und auch vorsätzlich falsch benutzt werden können.
1975 stiegen Peter Habeler und ich über die Nordwestflanke auf den Gasherbrum I: eine neue Route, keine Vorarbeit, keine Vorgaben. Aus dem Gasherbrum-Tal bis zum Gipfel

und zurück. Völlig auf uns selbst gestellt. Bis dahin waren alle Achttausender nach dem Aufbau mehrerer Hochlager bestiegen worden. Die Lagerkette und die Fixseile machen den Expeditionsstil aus, weniger die Hochträger und die schweren Sauerstoffgeräte. Letztere machten den Expeditionsstil notwendig.

Mein erster Schritt hin zum Alleingang auf den höchsten Berg der Welt war der Alpenstil. Der zweite Schritt war der Everest-Aufstieg ohne Maske. Die dritte Stufe war ein kleiner Achttausender im Alleingang. »Der letzte Schritt« war nur nach diesen dreien denkbar.

Es war eine logische Zielsetzung, allein bis ans Ende der Welt zu gehen. Vor allem, weil diese runde Welt nur *ein* sichtbares Ende hat: ein Ende nach oben.

Mein Everest-Alleingang markiert viel mehr als das »14mal 8000 Meter« eine Wende im Höhenbergsteigen.

Haben wir uns noch relativ leichte Wege gesucht, um allein und damit notgedrungen mit wenigen Hilfsmitteln ans Ende der Welt zu stoßen, gilt es jetzt, über die schwierigsten Wege dorthin zu kommen. Es sind nach der Südwestwand am Mount Everest auch so abwegige Umwege denkbar wie der Aufstieg über den Lhotse Shar zum Lhotse-Hauptgipfel mit dem anschließenden Abstieg zum Südsattel und dann erst weiter zum Gipfel. Oder der spiralenförmige Aufstieg über den Westsattel (6000 m), Nordsattel (7000 m), Südsattel (8000 m) zum Gipfel.

Unser Bergsteigen war kein Eroberungsbergsteigen wie das von Hillary, Buhl und Bonatti. Es war die Suche nach neuen Grenzwerten. Auf den ersten Blick unlogisch, aber voller Ungewißheit, wie das Bergsteigen der Pioniere. Das große Bergsteigen von morgen wird noch verrückter, weil widersinniger sein.

Wer aber mit dieser Art des Bergsteigens Wissenschaft betreiben und damit mehr verbinden will als die »Eroberung des Nutzlosen«, soll in die Unterdruckkammer gehen oder im Satelliten um die Erde kreisen. Wem es nicht genug »Glück« bringt, als eine Art Sisyphos immer und immer wieder von ganz unten anzufangen, soll mir nicht von der »Bergleidenschaft« faseln. Und wer nicht zu unterscheiden gelernt hat zwischen Abenteuer und Show, kann auch ins Kino gehen statt auf den Mount Everest.

Eine Faustregel bleibt: Je schwieriger es wird, ein Abenteuer zu dokumentieren, um so mehr ist es wert. Solange man inszenieren, filmen, spielen kann, ist die Ungewißheit gering. Ein Grenzabenteuer beginnt dort, wo die Show aufhört. Großen Dokumentationen, großen Shows gegenüber war ich immer schon skeptisch. Auch den meinen. Wenn es ums Überleben geht, vergessen wir den Fotoapparat und alles, was nachher kommt. Das Jetzt entscheidet nicht mehr über Erfolg und Mißerfolg, es entscheidet über Leben und Tod.

Nur auf immer größeren Umwegen sind diese zeitbedingten Grenzwerte zu finden, die der allgemeine Erfahrungsschatz und das bisher Erreichte diktieren. Die Jugend will machen, was denkbar ist – und in sportlicher Hinsicht habe ich dagegen nichts einzuwenden. Vor allem dann nicht, wenn sie ohne Technik und ohne Drogen neue Horizonte sucht. Immer dann aber, wenn Menschen mit der Ausrede, der Menschheit zu dienen, diese Erde ausbeuten, ruinieren und damit unbewohnbar machen, wehre ich mich dagegen.

So »krank«, »verrückt« oder »unsinnig« es Laien auch erscheinen mag, mit selbstgewählter Beschränkung an Hilfen und Sicherheiten in die Wildnis zu gehen – wir werden es trotzdem tun. Bis jeder auf seinen Umwegen, das Ende der Welt zu erreichen, ans Ende seiner Möglichkeiten stößt.

EINE NEUE EPOCHE HAT BEGONNEN

Die Achttausender der Erde standen lange Zeit im Mittelpunkt eines weltweiten Interesses. Sie wurden erkundet, belagert, angegriffen – immer wieder angegriffen.

1895 hatte Albert Frederic Mummery am Nanga Parbat einen ersten Versuch gewagt. 1950 standen Maurice Herzog und Louis Lachenal auf dem Gipfel der Annapurna, dem ersten bestiegenen Achttausendergipfel. Dazwischen liegen viele Expeditionen, deren Männer die Voraussetzungen für die späteren Erfolge geschaffen haben.

Innerhalb von 15 Jahren wurden alle 14 Achttausender bestiegen – der Run auf den »dritten Pol« war beendet. Für uns junge Bergsteiger aber waren die Eisriesen in Hochasien 1970 immer noch Traum und Ziel. Wir suchten an ihren Flanken neue Probleme und träumten davon, sie zu lösen. Während man vor 30 und 40 Jahren auf dem leichtesten Weg zum Gipfel ging, die sogenannten Normalrouten eröffnete, machten wir es uns zur Aufgabe, die größten und schwierigsten Wände zu klettern.

Die Geschichte des Alpenbergsteigens wiederholte sich im Himalaya. Wie in den dreißiger Jahren die großen Wände der Alpen erobert worden sind, so belagerte nun die junge Klettergeneration die unberührten Riesenflanken der Achttausender.

Im Sommer 1970 gelang einem Team von englischen und amerikanischen Bergsteigern die Überwindung der 3000 Meter hohen Annapurna-Südwand. Wenige Wochen später durchstiegen mein Bruder Günther und ich die Rupalflanke am Nanga Parbat. Im Sommer 1971 erkletterte eine französische Mannschaft den 3200 Meter hohen und äußerst schwierigen Makalu-Westpfeiler. 1972 brachen wir in einer kleinen Tiroler Mannschaft zum »Problem« Manaslu-Südwand auf.

Meine Erfahrungen stützten sich damals vor allem auf die tragische Rupalwand-Expedition, bei der mein Bruder und ich zwar den Gipfel erreicht hatten, Günther jedoch ums Leben gekommen war. Ich wußte, wie eine klassische Achttausender-Expedition organisiert und durchgeführt wurde. Auch ahnte ich, daß es ohne Fixseile, Hochlager und Hochträger gefährlicher sein würde, eine schwierige Wand an einem Achttausender zu besteigen, als mit all diesen Hilfen. Ich hatte noch nicht den Mut, mich in die Risiken einer Miniexpedition zu stürzen. Am Manaslu sollte vor allem alles gutgehen.

Bis zu zehn Eislawinen in der Stunde fegten oft über den gigantischen Hängegletscher im unteren Wandteil des Manaslu.

Das Expeditionsteam 1972 im Basislager am Thulagi-Gletscher (von links nach rechts): Josef Knoll, Dr. Oswald Ölz, Andreas Schlick, Hansjörg Hochfilzer, Hans Hofer, Franz Jäger; vorne Horst Fankhauser und Wolfgang Nairz.

Tag für Tag schleppten die Sherpas schwere Rucksäcke über den mit Seilen gesicherten Felspfeiler ▷ im unteren Wandteil des Manaslu.

Letzter Einstieg in die Südwand. Alle Sherpas und Sahibs setzten sich voll ein, um der Expedition zum Erfolg zu verhelfen.

Sturm am Manaslu

EINE KLASSISCHE HIMALAJA-EXPEDITION

Den Aufstieg zum Gipfel des Manaslu begannen wir am 23. April 1972 im Lager 3. Franz Jäger und ich wollten in zwei Tagen bis zum höchsten Punkt gelangen und dann schnell wieder in die unteren Lager zurückkehren. Trotz Sherpahilfe aber schafften wir an diesem Tag nur etwa die Hälfte der Eisrampe, die zum Gipfelplateau leitet. Die Sherpas gingen ins Lager zurück. Franz und ich richteten uns notdürftig im Zelt ein. Trotzdem schliefen wir gut, und Franz stellte am andern Morgen begeistert fest, daß er in blendender Verfassung war.

Am 24. April klappte alles planmäßig. Als die Sherpas kamen, hatten wir das Zelt zusammengelegt und die Rucksäcke gepackt. Nur den Kocher hatten wir draußen behalten, um den Trägern Tee zu bereiten. Kurz nach Mittag stiegen wir aus der Südwand auf das Gipfelplateau aus. Die letzten Seillängen wiesen blankes Eis auf, und weil der Hang dort sehr steil war, mußten wir den Sherpas helfen.

Knapp unterhalb des Gratrückens, noch in der Südseite, errichteten wir Lager 4. Mit einem 8-mm-Seil verankerten wir das Zelt auf dem Boden. 10 Meter weiter oben verlief die Wasserscheide zwischen Nord und Süd. Wir hatten damit den idealen Ausgangspunkt für einen Gipfelvorstoß erreicht.

Rechtzeitig legten wir uns hin, ich kochte den ganzen Abend hindurch. Draußen wehte ein kräftiger Wind. Über Funk sprachen wir nochmals in allen Einzelheiten den Gipfelplan durch: Würden wir uns um 6 Uhr früh nicht melden, so hieße das, wir wären bereits unterwegs. Dann würden sofort zwei Leute von unten aufsteigen, um uns Rückendekkung zu geben.

Unser Arzt, Dr. Oswald (Bulle) Ölz, empfahl uns noch, über dem dampfenden Teekessel zu inhalieren. Das Wetter versprach gut zu bleiben. Franz und ich aßen, soviel wir konnten. Wir tranken Tee und Ovomaltine, legten dann die Rucksäcke unter die Beine, um besser auszuruhen. Ich schlief bis zum Morgengrauen.

Am frühen Morgen, als alle anderen vermutlich noch schliefen, erhob ich mich leise und setzte den Kocher in Betrieb. Im Schlafsack zog ich die zweiten Innenschuhe an. Dann kochte ich Tee. Während der Nacht hatte es sehr viel Schnee ins Zeltinnere getrieben, der jetzt festgepreßt zwischen den Schlafsäcken lag. Ich warf einige Schollen in den Topf und suchte am Kopfende des Zeltes zwischen Kleidern und Schnee nach Brot und Marmelade.

Franz steckte bis zur Nase im Schlafsack. Er hatte den kraushaarigen Kopf auf seinen Rucksack gelegt und schlief noch. Ich weckte ihn. Nach alter Gewohnheit zog er den Reißverschluß am Zelteingang auf, der Wind aber warf ihm eine Handvoll Eiskörner ins Gesicht, so daß er das Zelt schnell wieder schloß.

»Es wird schon aufhören«, sagte er. »Das Wetter ist sonst gut. Nur der Wind muß sich legen.«

Die Zeltwände flatterten, in regelmäßigen Abständen flog feiner Schneestaub durch die dreieckige Öffnung am Giebel, die wir am Abend vorher nicht genügend verhängt hatten.
»Bei diesem Wind können wir nicht gehen«, sagte ich.
»Es wird schon aufhören«, wiederholte Franz, »wir können uns inzwischen fertig machen.«
Wir schlüpften aus dem Schlafsack und zogen unsere Sachen an, die wir am Abend zuvor für den Gipfelgang zurechtgelegt hatten: einen Anorak, einen Überanzug aus beschichtetem Perlongewebe, die schweren Überschuhe, die Gamaschen.
Franz hatte die Daunenjacke anbehalten; seine Wollmütze hatte weiße Flecken, sie war voll Schnee und ein wenig zu weit. Da der Tag kalt zu werden versprach, setzte er noch eine Sturmhaube auf, die ihm das Aussehen eines Polarforschers verlieh. Den Biwaksack band er sich um Rücken und Bauch, nicht außen, sondern unter dem Anorak, damit ihn der Wind nicht wegreißen konnte. Die Reservehandschuhe stopfte er in die großen Schenkeltaschen der langen Lodenhose, die jetzt voller Kleinigkeiten waren wie Filme, Sonnencreme und Brillen.
Wir tranken das lauwarme Wasser, das nach Wolle und Tee schmeckte, versuchten zu essen, aber keiner hatte Hunger. Ich holte meine dünnen Wollhandschuhe aus dem Innenfach meines Rucksacks, zog sie an und öffnete den Zelteingang. Diese Spezialhandschuhe hatte mir die Großmutter gestrickt; ich hatte sie darum gebeten, weil man für große Höhen nichts Besseres mitnehmen kann.
Draußen war es schon Tag. Der Wind hatte aufgehört, über das Plateau zu jagen. Schon kündigte sich hinterm Gipfel des Peak 29 die Sonne an.
Nacheinander krochen wir ins Freie. Franz schloß den Reißverschluß, während ich mir das 15 Meter lange Seil auf den Rücken band. Wir wollten es mitnehmen für unerwartet schwierige Kletterstellen am Gipfelgrat. Wir trugen jetzt beide die Daunenhandschuhe über den anderen. Als wir uns so vermummt und tapsig gegenüberstanden, mußten wir lachen.
Nach den langen Stunden im Zelt flößten uns die ersten Bewegungen, so unbeholfen sie auch sein mochten, Auftrieb, Selbstsicherheit, ja das Gefühl von Kraft ein.
Wir beeilten uns, fortzukommen, damit wir nicht im letzten Augenblick noch aufgehalten würden. Wir legten das Zelt nieder, banden es mit Seilen fest auf den Boden, so daß es der Wind nicht fortreißen konnte, nahmen die Pickel auf und marschierten los.
Auf dem schwach ausgeprägten Grat zwischen Nord- und Südflanke blieben wir stehen. Franz holte tief Atem, es war windstill, die Luft kalt und rein. Er blickte um sich – keine Wolke am Himmel, die Welt lag unter uns. Es war der richtige Tag für den Gipfel. Franz zeigte hinüber zum Himal Chuli, zum Peak 29. Die noch unsichtbare aufgehende Sonne überzog den Himmel mit hellen Streifen.
Vor uns dehnte sich ein riesiges Schneeplateau aus, nach Osten hin leicht ansteigend; buckelige Windgangeln bedeckten die weite Fläche. Nur rechts von uns, unter den Felstürmen des Südwestgrats, versperrte ein sanfter Hügel die Aussicht. Noch dieser Rücken, und wir würden den Gipfel sehen, noch ein paar Stunden – und wir würden oben sein. Ja, vielleicht war wirklich hinter diesem Hügel der Gipfel!
Wir gingen jeweils 50 oder 100 Meter, vorbei an den zarten Spitzenrändern der Windgangeln, dann blieben wir wieder stehen, um zu verschnaufen. Der Sturm hatte den Schnee festgeblasen, so daß unsere Schuhsohlen kaum eindrangen. Nur in Mulden und im

Der Gipfelaufbau des Manaslu. Seine Südflanke ist mit 4000 Metern Höhe eine der größten und schwierigsten Wände der Welt.

Schatten der Windgangeln lag lockerer Pulverschnee. Hinter uns wies, noch klar erkennbar, die schmale dunkle Spur den Weg zum Zelt. Sie schien auf der welligen Fläche zu schwimmen.
Die Verhältnisse waren ideal. Das Wetter hatte so lange gehalten, daß der Wind alle Rücken blankfegen konnte. Dem Gipfelangriff stand nichts mehr im Wege. Diese Chance mußten wir nutzen.
Am Grat, weit rechts über uns, hingen leuchtende kleine Schneefahnen. Von gipfelnaher Freude erfüllt, wie sie Bergsteiger im Himalaya besonders empfinden, ging Franz hinter mir her. In den Rastpausen lächelte er mir oft strahlend zu, als wollte er sagen: Bald sind wir am Ziel! Seine Blicke eilten weit voraus, die vielen Schneeverwehungen entlang. Die Hügel und Hänge vor uns zählend, sagte er einmal: »Dahinter muß der Gipfel liegen!«
Immer wieder blickte er voraus. Hinter den kahlen Schneeflächen würden sich die Gipfeltürme erheben. Seit mehr als einer Stunde schon gingen wir – Schritt für Schritt, Pause für Pause – auf den Hügel zu, hinter dem sie auftauchen mußten. An den Rändern der Schneeverwehungen hingen jetzt scharfgezeichnete Schatten. Aus den Tälern stieg Dunst, der sich mit dem Weiß der Vorberge mischte. Warm war es noch nicht. Aber im Schmetterlingstal mußte es bereits unangenehm heiß sein.
Hinter jedem Rücken vermuteten wir den Gipfel, aber jedesmal lagen neue Schneehänge und Rücken vor uns. Da keine klettertechnischen Schwierigkeiten zu überwinden waren und spaltenfreies Gelände vorherrschte, gingen wir seilfrei. Im Norden, über den Bergen Tibets, lag wolkenloser Himmel. Langsam wurden wir ungeduldig: Noch immer kein Gipfelaufbau!
Wir hätten auf jedem erreichten Rücken verzweifeln können. Franz verwarf plötzlich seine anfänglichen Pläne und entschloß sich aufzugeben, sofort ins Ausgangslager zurückzukehren und dort im Zelt auf mich zu warten.
»Reinhold«, sagte er leise und blieb stehen, um Atem zu schöpfen. Ich wandte mich zu ihm um und sah den Verzicht in seinen Augen.
»Ich gehe zurück«, sagte er entschlossen, »heute kommen wir sowieso nicht mehr zum Gipfel.«
»Es kann nicht mehr weit sein«, versuchte ich ihn aufzumuntern.
»Das denken wir schon seit drei Stunden«, antwortete er.
»Bist du müde?« fragte ich.
»Nein, das nicht, aber ich will nicht biwakieren, ich gehe lieber rechtzeitig zurück zum Zelt.« Er beharrte auf seinem Entschluß.
»Ich will auch auf keinen Fall biwakieren. Aber noch haben wir Zeit, viel Zeit bis zur Dämmerung.«
»Geh du allein weiter, du bist schneller, vielleicht kommst wenigstens du hinauf.«
»Und du?«
»Ich gehe zurück, ich warte im Zelt auf dich.«
Es war am späten Vormittag. Wir standen gerade unter den beiden ersten Steilaufschwüngen.
Da zwischen Lager 4 und uns nur Gehgelände war, überhaupt keine Absturzgefahr bestand und das Wetter gut zu bleiben versprach, zweifelte keiner von uns beiden auch nur einen Augenblick daran, daß Franz allein ins Lager zurückkommen würde. Er war in guter körperlicher Verfassung, bestens ausgerüstet und hatte eine Gradeausspur, die leicht abwärts zum Zelt führte.

»Ich gehe noch, soweit ich kann. Wenn ich in den ersten Nachmittagsstunden nicht oben bin, steige ich ab, ich komme schon rechtzeitig zurück«, sagte ich.
»Mach's gut!«
»Du auch!«
Ich wandte mich dem Hang zu.
»Ich werde für dich Tee kochen«, rief Franz noch, nachdem er einige Meter hinuntergegangen war.
Er ging abwärts, ich aufwärts, eine Zeitlang sahen wir uns noch. Er ging neben der Spur, der er im Aufstieg Tritt für Tritt gefolgt war, und gelangte auf den sanften Rücken mit dem Rastplatz, wo er vor 20 Minuten hoffnungsvoll angekommen war, überzeugt, den Gipfel zu sehen.
Dieser plötzliche Verzicht auf den Gipfel, worauf war er zurückzuführen?
Im Winter, als die Teilnahme von Franz an der Expedition in Frage stand, hatte ihn der Gedanke an einen Achttausendergipfel fast verrückt gemacht. Aber jetzt, trotz der dünnen Luft, hatte er die Kraft zu verzichten. Rechtzeitig abzusteigen bedeutete soviel wie Zeitgewinn, Sicherheit.
Franz querte den Rücken. Er setzte sich hin und schaute herauf zu mir. Er winkte. Ich war stehen geblieben, um zu rasten. Wie klein er jetzt war!
Ich stieg langsam weiter und überlegte, wieviel Stunden für den Rückmarsch wohl notwendig waren: zwei vielleicht, höchstens drei. Ich hätte gern gewußt, wie der Gipfelgrat aussah, ob er im Alleingang möglich war. Aber die Hänge versperrten die Aussicht nach oben, und ich hatte Mühe, einen gleichmäßigen Schritt zu halten.
Plötzlich jedoch lagen Felsen über mir. Ich setzte mich und schaute die Hänge zurück, wollte Franz begeistert zurufen. Ich sah ihn gerade noch, weit weg, ganz klein, dann verschwand er hinter dem Rücken.
Nach vier weiteren Schnaufpausen erreichte ich den Südwestgrat. Ein Felsturm stand vor mir, man konnte sich jedoch gut vorstellen, daß dahinter noch einer war.
An der Gratschneide wehte ein scharfer Wind. Er trieb einzelne Nebelfetzen vor sich her. Ganz feiner Schneestaub klebte an den abschüssigen Platten. Unter einem Überhang bog ich nach links in die Nordseite. Hier war es windstill. Steil fiel die Wand unter mir ab, weiter unten stand ein schroffer Felsturm, das war der Pinnacle. Alle Türme am Grat – es waren sehr viele – lagen schräg und wiesen nach Osten.
Nachdem ich eine Zeitlang zwischen Fels und Schnee geklettert war, betrat ich eine Scharte. Wieder jagte der Wind von Süden her, die Wand dort fiel fast senkrecht ab.
Eine scharfe Firnschneide führte hinauf auf ein Felsriff. Das mußte der Gipfel sein! Ich setzte mich in der Scharte nieder. Von hier aus konnte ich den letzten Teil des Grates gut überblicken. Er war sehr steil, doch an keiner der beiden Flanken ergab sich ein leichterer Anstieg.
Ich kletterte langsam und vorsichtig, rastete öfter als bisher. Jetzt stand ich, noch etwas unsicher, auf der Felskanzel und sah abermals, mäßig ansteigend, einen Grat vor mir. Dieser kurze Gratteil sollte mich nicht abhalten, den höchsten Punkt zu erreichen.
Währenddessen war der Wind stärker geworden, die Luft war eisig, und im Süden hing eine düstere Wolkenbank. Ich hätte nichts dagegen gehabt, eine Weile zu rasten, doch hier am Grat konnte ich nicht sitzen, nicht einmal bequem stehen.
Ich paßte mein Tempo den Schwierigkeiten und der dünnen Luft an, ging also nur mehr zehn Schritte, ohne zu verschnaufen.

Und da sah ich hinter dem Grat einen Felszahn, 5 oder 6 Meter hoch, eine Hälfte dunkel, eine Hälfte hell, wie eine längsgeteilte Pyramide. Der Gipfel – einen so sonderbaren hatte ich noch nie in meinem Leben gesehen!
Ich kletterte an der Südseite, die Füße auf einer Felsleiste, den Pickel im Firngrat. Vielleicht lag es am nahen Gipfel, daß ich jetzt keine Müdigkeit mehr empfand. Jedenfalls fühlte ich mich sicher und klar bei Verstand.
Da entdeckte ich eine Scharte, die so breit war, daß sie den Grat vom Gipfelturm trennte. Ich mußte, als ich in die Scharte abkletterte, einige Felsbrocken abtreten und doppelt vorsichtig sein.
Die letzten Meter zum Gipfel waren schwierig. Der Fels war kleinsplittrig und steil. Und da sah ich mitten im Gipfelturm einen Haken, einen krummen, rostigen Haken von etwa 15 Zentimetern Länge. Weiter oben steckte ein zweiter, wesentlich fester, auch dieser mit Ring. Einige Stoffreste hingen daran. Ich hielt mich an ihm fest, zwei, drei Schritte noch, dann stand ich oben.
Da sich von Süden her ein Wettersturz ankündigte, blieb ich nur wenige Minuten. Ich baute einen Steinmann, fotografierte, schlug einen der beiden Haken heraus und steckte ihn in die Tasche.
Ich war nicht müde, aber die Wolkenbank im Süden und der starke Wind mahnten zum Abstieg. Ich mußte das Zelt erreichen, bevor die Nacht kam. Eine Handvoll Steinchen nahm ich noch auf, für die Kameraden, die unten auf mich warteten.
In der Scharte drehte ich mich noch einmal um und schaute zurück: Ein Felszacken, einige Nebelschleier, ein Häufchen Steine – das also war der Gipfel. Knapp darunter ein Haken und Fetzen einer ehemaligen Flagge. Ringsum Himmel, im Süden schwere, aufgedunsene Wolken, die an den Gipfeln klebten. Der Wind jagte sie weiter, näher, immer weiter nach Norden, über den Gipfel des Manaslu hinweg.
Der Abstieg verlief anfangs reibungslos und rasch. Ich kletterte über die Aufstiegsroute zurück. Plötzlich und unerwartet kamen Nebel und Schneesturm auf. Der weitere Abstieg wurde zum Wettlauf mit dem Tod. Während ich mich zurückkämpfte, vermutete ich Franz in Sicherheit, im Zelt von Lager 4.
Solange es steil abwärts ging, konnte ich mich ausgezeichnet orientieren. Da war ein Felsturm, dort ein blauschimmernder Eishang, unten mußte ich zwischen einigen Schneetürmen hindurch. Vom Aufstieg her hatte ich jede Einzelheit der Route im Kopf, so daß ich jetzt auch ohne Spur den Weg nicht verfehlte.
Den Windanzug hatte ich mit dem Eispickel zerfetzt, um nicht zu rutschen, wenn ich hinfiele. Bald steigerte sich der Schneesturm zum Orkan, es war unmöglich, mit Brille zu gehen. Mund und Augen vereisten, die Lage schien hoffnungslos.
Das Plateau war jetzt flacher, der Sturm drohte mich auf den Boden zu werfen, die Augen brannten. Ich ging immer noch geradeaus, aber die Schneefläche nahm kein Ende. Wo war das Zelt? Ich ging, aufwärts, abwärts, quer zum Hang; ich ließ mich vom Wind treiben, kam an eine spiegelnde Eisfläche, die in den Morgenstunden noch nicht da war.
Überhaupt war jetzt alles verändert, die Schneeverwehungen, die Rücken, nirgends eine rettende Felsinsel. Ich ging gegen den Sturm, rücklings, gebückt, zum Umfallen müde. Teilweise lag der Schnee bereits knietief. Wenn der Sturm von der Seite kam, warf er mich um.
Ich kroch. Ich kroch über das Plateau, nein, kein Plateau, eher ein Kessel. Aus dem Nebel jagten spitze Eiskristalle und Schneestaub daher. Zuweilen trafen sie mein Gesicht und

Die Route über den Felspfeiler, über den die Tiroler Himalaya-Expedition die Manaslu-Südwand angriff; oben das Eislabyrinth.

bohrten sich in meine Augen, so daß ich nichts mehr sehen konnte. Ich kroch und fühlte die Schwere des Körpers, die mich zu Boden drückte. Erst dachte ich, es sei der Sturm, der mich nicht hochkommen ließ. Aber es war die Müdigkeit, es waren die Beine, die so schwer geworden waren.
Ich fühlte den müden Körper und schleppte ihn weiter, wie nach schwerer Krankheit. Ich meinte, bei diesem Sturm nie mehr auf die Beine kommen zu können. Aber es konnte nicht mehr weit sein. Die Hauptsache war jetzt, nicht aufzugeben, ich mußte das Zelt finden. Ich atmete tief durch, erholte mich in den Rastpausen relativ schnell. Plötzlich stand ich wieder. Die Beine hoben sich, der Oberkörper blieb immer noch gebückt.
Ich ging mit dem Rücken gegen den Wind. Ohne zu zögern, ohne zu denken. Ich mühte mich vorwärts, geradeaus, nach links, nach rechts, schwankte, tappte mit den Füßen ins Leere, fand wieder festen Boden, stand, verschnaufte ... Ich stöhnte auf, begann, in die andere Richtung zu gehen. Das Plateau nahm und nahm kein Ende. Kein Zelt war zu erspähen.
Erst als ich öfter an dieselbe glattgefegte Eisfläche kam, wußte ich, daß ich im Kreis ging. Meine Verzweiflung wuchs. Ich wußte nicht, wo ich war, vermutete mich immer noch in nächster Umgebung des Zeltes, in einem Umkreis von höchstens 500 Metern Durchmesser. Und trotzdem fand ich es nicht. Ich ging seit Stunden, wußte aber nicht, wohin.
Die ganze Zeit über jagte der Orkan Eiskörner vor sich her, warf sie mir ins Gesicht, die Haut brannte. »Weitergehen!« hämmerte es in meinem Kopf. So aussichtslos war es mir im Leben noch nie erschienen. Aber am schlimmsten würde es sein, hier in diesem Kessel liegen zu bleiben, ohne je wieder hinauszugelangen, hier zu sterben ...
Plötzlich hörte ich jemand meinen Namen rufen. Ich blieb stehen und lauschte. Nichts mehr. War es eine Sinnestäuschung? Nein, da wieder, ganz deutlich: »Reinhold!«
Ich war so aufgeregt, daß meine Stimme zitterte.
Es war Franzens Stimme, ich erkannte sie genau. Er schien vor dem Zelt nach mir zu rufen.
»Franz«, schrie ich, »ich bin da!« Mir war völlig klar, daß er mit dieser Ortsangabe nichts anfangen konnte.
»Franz!« rief ich nochmals.
Er gab keine Antwort.
»Hallo!«
Wieder blieb es still. Nur der Sturm heulte, und die Stoffetzen, die von meinem Körper hingen, flatterten.
Ich geriet in Panik. Natürlich, hier irgendwo in der Nähe lag das Zelt, ich mußte mich beeilen, beeilen ...
Und ich hetzte vorwärts, bog um mannshohe Schneemauern. Die Blicke eilten voraus, aber die Beine kamen nicht nach. Ich war so müde, verzweifelt müde!
Da sah ich einen dunklen Haufen im Schnee. Sofort dachte ich: Da ist es. Ich wollte darauf zurennen, aber die Beine versagten, der Brustkorb drohte zu zerspringen. Erschöpft ließ ich mich in den Schnee fallen.
Ich hatte keine Luft mehr, um rufen zu können. Kraftlos und keuchend lag ich da, das Zelt nicht aus den Augen lassend.
»Franz!« rief ich nach einer Weile. »Fra-anz!«
Und später: »Hallo!«
Warum antwortete er nicht?

Ich robbte auf das Zelt zu – wenn er nur herauskäme! ... Näher ... näher ... und endlich war ich dort. – Ein spitzer Schneehaufen!
Da lag ich und wollte aufgeben, ein Schneeloch graben, mich einbuddeln. Trotzdem stand ich auf und suchte weiter. Getrieben von der Kraft zu überleben.
Ich war so unterkühlt, daß es mich am ganzen Körper schüttelte. Aber als ich zurückging, merkte ich verwundert, daß ich gar nicht mehr so müde war. Die Schneefläche unter meinen Füßen war jetzt auf seltsame Weise unbestimmbar, so daß ich öfter ins Leere tappte. Alles um mich herum war unbestimmbar, ich konnte höchstens 8 Meter weit sehen.
Ich ging fast gedankenlos. Plötzlich erschrak ich, glaubte, wieder Rufe gehört zu haben. Ich drehte mich im Kreis und lauschte in alle Himmelsrichtungen. Und da, deutlicher als vorher, hörte ich jemand rufen.
»Reinhold!« Wieder war es Franz.
»Hallo!« schrie ich, so laut ich konnte.
»Reinhold!«
»Franz«, bat ich ihn, »bleib stehen und rufe in regelmäßigen Abständen, sonst finde ich das Zelt nicht.«
Keine Antwort. Nur einmal noch hörte ich ihn rufen. Wieder fand ich ihn nicht.
Später begann ich, um Hilfe zu rufen, aber niemand hörte mich. Ich blieb lange an derselben Stelle und schrie in regelmäßigen Abständen. Der Sturm aber muß alle meine Rufe geschluckt haben.
Ich war jetzt nicht mehr verzweifelt – am liebsten hätte ich mich hingelegt, um zu schlafen. Da fiel mir ein, wo ich Franzens Stimme am deutlichsten gehört hatte: auf dem Rücken, bei der glattgefegten Eisfläche. Ich ging rasch aufwärts, fand aber den Platz nicht, erkannte nichts wieder. Es gab kein klares Aufwärts mehr, nur diese Schneefläche um mich, deren Umkreis sich zusehends verkleinerte. Der Sturm nahm zu, von Minute zu Minute ...
Und wieder konnte ich Franzens Stimme hören; sie mußte aus dem Zelt kommen. Er will mich einweisen, dachte ich. Nur in den Sturmpausen hörte ich Wortfetzen, meinen Namen. Wieder antwortete ich und rief den seinen. Wieder wartete ich auf eine Antwort, die nie kam. Ich irrte planlos auf dem großen Plateau umher, rastete ...
Damals dachte ich, ich würde sterben. Ich saß im Schnee, den der Sturm unter mir wegriß. Ich war so müde, daß ich aufgehört hatte zu gehen, das Zelt zu suchen. An Wangen und Nase klebten Schnee und Blut. Den Bart, an dem zentimeterlange Eiszapfen hingen, hatte ich mir teilweise ausgerissen, um noch atmen zu können.
Ab und zu glaubte ich, ich würde vor Durst ersticken. Ich öffnete die zerrissenen Lippen und träumte von einem Schluck heißem Tee. Dann sah ich gedankenverloren auf die winzige Schneefläche, die im Schneesturm noch zu sehen war. Die Nacht kam, man merkte es an dem dicken grauen Nebel, der mit Schnee gemischt war. Wie ein Käfig stand er um mich.
Als der Sturm ein wenig nachließ, wälzte ich mich zur Seite, stemmte eine Faust in den Schnee und stand auf. Ich ging wieder – heute noch weiß ich nicht, wo und wohin.
Bei der nächsten Rast faßte ich einen klaren Gedanken, dem ich mein Leben verdanke.
Wieder saß ich am Rand einer Windgangel, Blut tropfte aus dem Bart in den Schnee. Da kam mir die Idee, gegen den Sturm zu gehen, immer gegen den Sturm. Nur so konnte ich aus diesem Käfig entkommen, in dem ich mich im Kreis bewegte.

Lager 2 (5850 m) im Schmetterlingstal.

Der Wind kommt von Süden, dachte ich, Wetterstürze kamen am Manaslu immer von Süden. Das war mir während der Expedition aufgefallen. Wenn ich also gegen den Wind ging, überlegte ich, mußte ich in die Südwand hinunterkommen.
Natürlich wußte ich, daß ich bei diesem Schneesturm niemals durch die Südwand hätte absteigen können. Das wollte ich auch nicht. Unser Zelt stand am Plateau, wenig oberhalb des Ausstiegs aus der Südwand. Senkrecht zur angenommenen Windrichtung, links und rechts vom Zelt, waren Felsen, die einzigen auf weiter Fläche. Daran erinnerte ich mich. Wenn ich die fand, dachte ich, mußte das Zelt dazwischen liegen.
Mochte der Sturm noch so wüten, ich würde nicht aufgeben, bevor es Nacht war. Wirklich, nun tappte ich rückwärts, tastete die Fläche ab, blieb wieder im Schnee stecken. Lange bewegte ich mich mit dem Rücken gegen den Sturm, gebückt, nach Luft ringend. Plötzlich kam ich zum Südwandabbruch, wandte mich zurück zum Grat, fand die Felsen, ging die Strecke dazwischen zweimal, dreimal – beim vierten Mal sah ich das Zelt.
»Franz!« rief ich, als ich nur noch wenige Meter entfernt war. »Ich bin da!«
Etwas rührte sich. Dort war also der Eingang. Da stand wirklich das Zelt!
Ich war so froh, daß ich laufen wollte, doch die Füße blieben im Schnee stecken, ich fiel hin. Jemand half mir auf die Beine und stützte mich. Als ich sein Gesicht neben dem meinen sah, frage ich:
»Bist du es, Horst?«
»Ja, ich bin's, der Horst!« antwortete er.
Ich hatte ihn nicht sofort erkannt. Er führte mich die letzten Schritte bis zum Zelt, half mir hinein. Mit dem Kopf voraus kroch ich durch den engen Schlitz. Andi begrüßte mich. Schnee bedeckte die Daunensäcke.
So glücklich ich war, meine Kameraden Horst Fankhauser und Andi Schlick anzutreffen, so furchtbar traf mich die Entdeckung, daß Franz Jäger nicht im Zelt lag. Ich meinte, er müßte drin sein, er müßte schon seit Mittag da sein. Stunden vor dem Sturm mußte er im Lager 4 angekommen sein, er hatte doch nach mir gerufen!
Andi begann mich abzureiben, mir den Schnee vom Gesicht zu pflücken. Dann hielt er mir einen Becher warmen Tee an den Mund. Ich konnte nicht trinken, auch nicht sprechen, es schüttelte mich am ganzen Körper, der Atem ging schnell und unregelmäßig.
»Ist der Franz nicht da?« brachte ich endlich hervor.
Andi schüttelte den Kopf.
»Ich habe ihn doch rufen hören, hier ganz in der Nähe!«
»Wann und wo?« fragte Horst, der noch am Zelteingang stand.
»Öfter und nur da am Plateau, seit Stunden schon suche ich nach dem Zelt.«
»Ich will einmal schauen!« rief Horst draußen und ging.
Wenig später kam er zurück.
»Es stimmt«, sagte er, »ich habe ihn auch rufen hören.«
»Wo?« fragte Andi.
»Da oben, am Plateau, er ruft ›Reinhold‹, ich habe mich nicht getäuscht.«
Als ich angekommen war und von den Rufen erzählte, meinte Horst, es könnten auch Halluzinationen gewesen sein. Jetzt aber war er überzeugt, daß Franz draußen im Schneesturm rief.
Andi und Horst machten sich sofort fertig für eine Suchaktion. Sie sprachen nicht weiter darüber, für sie war es selbstverständlich, Franz zu Hilfe zu kommen – trotz Nacht und Schneesturm, trotz Kälte und Höhe.

Sie zogen alles an, was sie hatten.
»Vergiß den Biwaksack nicht«, sagte ich noch zu Andi, bevor er hinausging.
»Wir werden bald wieder da sein«, hörte ich noch einen der beiden sagen, dann nichts mehr. Der Sturm heulte.
Kurz darauf unterbrach das Piepsen des Funkgeräts die eisige Stille im Zelt.
»Lager 4, bitte melden!« Es war Bulle aus dem Lager 2.
»Vor etwa 10 Minuten bin ich allein hier eingetroffen, in ganz schlechter Verfassung, weil ich mindestens fünfmal um das Zelt herumgelaufen bin, bevor ich es finden konnte. Hier herrscht ein furchtbarer Schneesturm, auf dem großen Plateau war es unmöglich, sich zu orientieren. Während des Abstiegs im letzten Teil habe ich öfter Franz rufen hören. Er ist weit vor mir abgestiegen, weil er auf den Gipfel verzichtet hat. Er muß sich verirrt haben und hat anscheinend das Zelt noch nicht gefunden. Horst ist vorhin hinaus und hat ihn ebenfalls rufen hören. Andi und Horst, die vor etwa einer Stunde hier eingetroffen sind, sind jetzt aufgestiegen, um ihn zu holen. Hoffentlich finden sie ihn bald. Bitte kommen!«
»Reinhold, zuerst wollen wir hoffen, daß ihr da oben den Franz möglichst bald bei euch habt. Und als nächstes freuen wir uns natürlich alle wahnsinnig, daß du den Gipfel geschafft hast. Wie geht es dir?«
»Ich bin ein bißchen unterkühlt, weil ich drei Stunden das Zelt gesucht habe. Ich war nicht einmal sicher, ob ich es heute noch finden würde. Mit viel Geduld und meinem Orientierungsvermögen habe ich schließlich zwei Steine entdeckt und mich nach ihnen ausgerichtet, so bin ich hierhergekommen. Es war aussichtslos, mit Kompaß zu arbeiten, weil ja keine Karten da sind. Wir sind relativ spät aufgebrochen, da es in der Früh' stürmte. So mußte ich in sechs Stunden mehr als 800 Höhenmeter machen, um den Gipfel zu erreichen. Ich war auf dem Gipfel, allerdings gab es Nebel und nur schlechte Fotomöglichkeiten. Dafür habe ich einen Japanerhaken oben gefunden und den fotografiert, einen zweiten herausgeschlagen und als Gipfelzeichen mitgenommen. Dann bin ich abgestiegen. Franz war schon viele Stunden vor mir zurückgegangen. Ich habe einen Handschuh von ihm gefunden, und als ich ihn immer wieder rufen hörte, nahm ich mit Sicherheit an, er sei bereits im Zelt. Als ich hier eintraf, war er aber nicht da. Das schockierte mich sehr. Nachdem ihn Horst eben vor fünf Minuten wieder rufen hörte, sind Andi und er aufgestiegen, um ihn herunterzutragen. Ich hoffe, sie können ihn in einer halben Stunde herbringen. Ich habe jetzt eine Lampe vors Zelt gehängt, damit es leichter zu finden ist. Bitte kommen!«
»Reinhold, wie geht es deinen Füßen? Bitte kommen!«
»Meinen Füßen geht's ausgezeichnet, ich habe garantiert keine Erfrierungen, auch an den Händen nicht. Ich hatte Angst, daß ich die Nase erfroren habe, aber auch die ist wieder warm. Ich habe meinen halben Bart ausgerissen, weil Schneezaggeln und Eis daran hingen, aber das macht nichts. Ich bin nur etwas unterkühlt. Wenn ich einen halben Liter Tee trinke, werde ich schon wieder in Ordnung sein. Es ist jetzt nur wichtig, daß der Franz kommt, dann ist alles gut. Ich melde mich dann sofort bei euch.«
Nach diesem Funkgespräch waren die Freunde im Lager 2 zugleich glücklich und betrübt – betrübt und besorgt, da Franz nicht zurückgekommen war. Die Sorgen waren jedoch noch nicht so groß, weil sich Andi und Horst in guter Verfassung befanden. Wir alle glaubten, daß sie Franz bald gefunden haben würden.
Ich wartete vergeblich, 30 Minuten, 45 Minuten, eine Stunde. Sie kamen nicht.

Immer wieder kroch ich aus dem Zelt, um zu rufen, um ihnen Orientierungshilfe zu geben. Dabei entfernte ich mich nur bis zu 5 Meter vom Lager, so daß ich es in den Umrissen noch erkennen konnte.
Ich war verzweifelt, erschöpft und fror. Im Zeltinnern lag der Schnee bereits eine Spanne tief. Die Lampe, die ich vor den Eingang gehängt hatte, mußte ich alle zehn Minuten entkrusten, weil das Licht sonst nur matt durch die Schneeschicht schien.
Alle halbe Stunde meldete sich unser Expeditionsleiter Wolfgang Nairz vom Lager 2. Immer noch konnte ich ihm keine positive Antwort geben. Wir erwogen alle Möglichkeiten, hofften, daß die anderen sich in einem Schneeloch verschanzt hätten. Zu dritt könnten sie sich gegenseitig wärmen.
Wir überlegten, warum Franz nicht im Zelt gewesen war, als ich im Lager 4 ankam, und fanden nur zwei Gründe. Der eine: Franz hatte das Zelt erreicht, es aber wegen des Schneesturms später wieder verlassen, in der Hoffnung, mich einweisen zu können. Dabei mußte er die Orientierung verloren haben und irrte nun wie ich vorher planlos auf dem großen Plateau umher. Die zweite Möglichkeit bestand darin, daß Franz beim Abstieg auf mich warten wollte wie seinerzeit Kempter auf Buhl am Nanga Parbat – und daß er vom Sturm überrascht worden war.
Dann kam Bulles Stimme aus Lager 2 über das Funkgerät:
»Wir wissen zwar nicht, wie es Franz und den anderen geht, aber wenn möglich müßt ihr auf irgendeine Art morgen ins Lager 3 herunterkommen. Wolfi und ich steigen jedenfalls in der Früh' wieder nach Lager 3 auf und richten dort alles her. Wie weit ihr selbst von Lager 4 herunterkommen könnt, kann man, glaube ich, jetzt noch nicht entscheiden, das müssen wir morgen besprechen. Bitte kommen!«
»Ich selbst schaffe es ohne weiteres hinunter, glaube ich wenigstens. Aber wie es mit dem Franz gehen wird, weiß ich noch nicht. – Wenn's ganz schlimm wird, müssen wir ihn wohl hinunterseilen. Dabei brauchen wir vielleicht einige Sherpas. Bitte kommen!«
»Das werden wir morgen früh beim Aufstieg besprechen. Es gibt auch noch folgendes Problem: Der Andi hat schon wie er oben war geklagt, daß er weiße Füße hat. Wenn er jetzt die ganze Nacht draußen ist, kann das böse Folgen haben. Beim Horst weiß ich nichts dergleichen. Aber das werden wir ja dann sehen. Nach Möglichkeit sollten alle ins Lager 3 herunterkommen, daß man eine entsprechende Behandlung durchführen kann.«
Dann war wieder Wolfi am Apparat:
»Reinhold, du kannst inzwischen ruhig weiterschlafen, ich werde dich in einer halben, dreiviertel Stunde noch einmal mit dem Piepser wecken und fragen, was es Neues gibt. Bitte kommen!«
»Verstanden, dann bleibe ich auf Empfang. Ende.«
Ich lag im Zelt, bemüht, den Kopf zuzudecken, so daß der Schnee, der durch das Fensterloch hereingepreßt wurde, mein Gesicht nicht treffen konnte. In Gedanken war ich bei Franz, Andi und Horst draußen in der Sturmnacht.
Gegen Mitternacht rief mich Wolfi wieder.
»Nichts Neues«, konnte ich nur sagen.
Der Sturm jagte die ganze Nacht über das Hochplateau, verwehte Felsen, grub Eistürme aus, füllte Mulden und erstickte alles. Es fiel so viel Schnee, daß die Hochfläche am Morgen völlig verwandelt war und das Zelt kaum noch herausschaute.
Nachdem Franz, Andi und Horst Stunde um Stunde ausgeblieben waren, hatten die Freunde in den unteren Lagern und ich angenommen, die drei säßen im Biwaksack in

einem Schneeloch. Sie würden bis zum Morgen warten, um dann leichter zum Zelt zurückzufinden. Bis 2 Uhr früh waren wir stündlich in Funkverbindung.
Am Morgen kam Horst zurück. Allein. Unsere schlimmsten Befürchtungen waren wahr geworden!
Als Horst allein vor dem Zelt stand, konnte ich nicht ahnen, was in dieser Nacht geschehen war. Das Wetter schien besser zu werden. Der Sturm hatte nachgelassen, aber er heulte immer noch.
Horst ließ sich ins Zelt fallen. Ich schüttelte ihn mit aller Kraft, schrie ihm ins Ohr, hielt ihm einen Becher mit heißem Tee hin. Doch er vermochte nicht zu trinken. Kurz darauf – Horst hatte den Reißverschluß am Zelteingang zugezogen – merkte ich, daß er sehr traurig war.
Dann begann er zu erzählen. Sein schneeverklebtes Gesicht sah müde aus, seine Augen waren rot...
Nachdem Andi und Horst das Zelt verlassen hatten, um nach Franz zu suchen, marschierten sie Richtung Manaslu-Gipfel. Der Sturm war kurzfristig erträglich geworden. Wieder hörten sie Franzens Stimme, konnten ihn aber nicht finden. Nach kurzer Zeit steigerte sich der Sturm erneut, die Gesichter der beiden waren vereist, an eine Rückkehr ins Lager dachten sie vorerst nicht.
Ihrem Gefühl nach waren es einige Stunden, die sie aufwärts gingen. Wegen des immer stärker werdenden Sturms hatten sie inzwischen die Rufe von Franz verloren, und als sie dann ins Lager 4 zurückkehren wollten, war dies unmöglich. Der Sturm und die hereinbrechende Nacht vereitelten es. Ihre einzige Chance, in diesem Inferno zu überleben, war eine Schneehöhle.
Um ihre Körper einigermaßen gegen die Naturgewalt zu schützen, gruben sie sich ein Loch im Schnee. Drinnen war die beißende Kälte ein wenig erträglicher. Horst massierte Andi, um ihn zu wärmen. Trotzdem drängte Andi immer heftiger, das Zelt zu suchen. Vergeblich versuchte Horst, ihn von diesem gefährlichen Unternehmen abzubringen. Andi litt schon ziemlich an Kältezuständen.
Nach geraumer Zeit, in der Horst Andi versorgt, ihn massiert hatte, bat Andi ihn, mit ihm Lager 4 zu suchen. Andi sehnte sich nach Tee und dem wärmenden Schlafsack. Nach längerem Drängen erst gab Horst nach. Sie verließen die Schneehöhle, gingen hinaus in den immer gleich wütenden Sturm. Mittlerweile hatten sie die Orientierung vollkommen verloren. Dazu kamen der brennende Schmerz im Gesicht, das Reißen des Windes an den Kleiderfetzen, ihre vereisten Bärte und die mit Eiskörnern verklebten Augen, die offen blieben, ohne zu sehen.
Nach langem, verzweifeltem Umherirren erkannte Horst, daß ein Weitersuchen ihr sicheres Ende bedeuten würde. Abermals überredete Horst Andi, in eine Schneehöhle zu kriechen und dort den Morgen abzuwarten.
Andi gab seinem Drängen nach, und so gruben sie die zweite Schneehöhle, denn die erste konnten sie nicht mehr finden. Mit letzter Kraft wühlte Horst im Schnee. Es kostete ihn übermenschliche Anstrengung. Sie verkrochen sich in der Höhle, und wieder versuchte Horst, Andi mit seinem Körper Wärme zu spenden. Andi war vollkommen apathisch, mitgenommen durch die Schrecken der letzten Stunden.
Ungefähr zwei Stunden verbrachten sie in dem eisigen Loch. Horst betreute Andi nach wie vor – er war immer noch äußerst schwach und ziemlich unterkühlt. Einmal sprach Andi von Hildegard, seiner Frau, dann wieder von den Sherpas. Er bebte. Wie in einer

Rückzug im Schneesturm in der Manaslu-Wand.

Lager 4 in 7400 Metern Höhe. Der Schneesturm hatte nachgelassen, Andi Schlick und Franz Jäger lagen unter einer 2 Meter hohen Neuschneedecke begraben.

Traumerinnerung sah er die Sherpas vor dem aufsteigenden Rauch im Basislager, hörte ihre Gebete, die er nie verstanden hatte. Er erinnerte sich an den Stein, auf dem das Opferfeuer brannte, und an das im Gebet immer wiederkehrende Wort »Manasuli«.
Als Andi sich nach ziemlich langer Zeit aufraffte und mit klarer Stimme zu Horst sagte, er wolle nach dem Wetter sehen, glaubte dieser, Andi habe sich durch seine Massage erholt, fühle sich besser.
Andi ging hinaus und kam nicht zurück.
Nach kurzer Zeit machte sich Horst Sorgen. Er verließ die Schneehöhle. Von Andi fand er keine Spur mehr. Sein Rufen ging im tobenden Sturm unter. Andi blieb verschwunden.
Horst schrie, doch der Sturm riß ihm die Worte vom Mund. Sein Gesicht war im Nu vereist. Er war nahe daran, den Verstand zu verlieren, wollte hinausrennen in die Nacht. Mit eisernem Willen zwang er sich in die Schneehöhle zurück. Mehrmals noch kroch er hinaus. Doch keine Spur, kein Laut, nichts.
Nur mühsam konnte er sich aufrecht halten. Ab und zu ließ er sich auf den Rand der Schneehöhle fallen. Das ist also das Ende, dachte er, ich werde erfrieren.
Es blieb ihm nichts anderes übrig, als in die Höhle zurückzukriechen. Nur dort bestand eine Chance, diese Nacht zu überleben. Noch einmal verließ er das Loch, um nach Andi Ausschau zu halten. Umsonst. Wenn er sich von der Höhle entfernt hätte, um nach ihm zu suchen, so hätte dies wahrscheinlich auch für ihn den Tod bedeutet.
Den Rest der Nacht kämpfte Horst um sein Leben. Nur nicht einschlafen, sagte er sich immer und immer wieder. Er bewegte sich. Endlos dauerte die Nacht, heulte der Sturm. Noch immer wollte er nicht glauben, daß Andi nicht mehr da war.
Die Minuten wurden zu Stunden, zu Ewigkeiten. Bis 4 Uhr morgens dauerte das Inferno, und noch immer kein Zeichen von den Kameraden.
Endlich graute der Morgen, die längste und härteste Nacht seines Lebens war vorbei. Er hatte gesiegt – gegen den Schlaf, die Kälte, die nie von seiner Seite gewichen war. In immer größeren Kreisen ging er um die Höhle herum. Er suchte ein Lebenszeichen von Andi. Nichts.
Horst war verzweifelt. Das Wetter hatte sich soweit gebessert, daß er genügend Sicht hatte, um nach Lager 4 absteigen zu können. Er wühlte sich durch den in der Nacht gefallenen Neuschnee.
Mit dem winzigen Hoffnungsschimmer, Andi könnte vielleicht das Zelt erreicht haben, machte er sich an den Abstieg. Nach drei Stunden Wühlarbeit im tiefsten Schnee erreichte er das Lager. Nun war auch seine letzte Hoffnung zunichte, die letzte Chance begraben …
Es war ein Wunder, daß Horst diese Nacht überlebt hatte. Er erwärmte sich ein bißchen und trank Tee. Nur aufgrund seiner gewissenhaften Vorbereitung, seiner ausgereiften Fähigkeit, auch in lebensgefährlichen Lagen klar und folgerichtig zu überlegen, hatte er diese weiße Hölle überstanden.
Jetzt erst erzählte er mir, wieso er und nicht ein anderer ins Lager 4 aufgestiegen war, um uns den Rückzug zu decken.
Aufgrund seiner blendenden Verfassung war Horst am Morgen des 25. April von Lager 2 zum Lager 3 marschiert. Nach einer kurzen Rast kletterte er mit Andi über die Eiswand zum Lager 4 weiter. Das konnte nur er. Hans Hofer und Hansjörg Hochfilzer fühlten sich an diesem Tag nicht wohl und ließen Horst gern den Vortritt. Im Lauf des Tages stiegen die beiden ins Basislager ab, um sich zu erholen.

»Im Lager 3 lud ich mir noch eine Kanne Benzin auf«, berichtete Horst. »In der Eiswand kamen wir zügig vorwärts. Auf halbem Weg verschlechterte sich plötzlich das Wetter, und der Sherpa kehrte um. Wir erreichten das Zelt am späten Nachmittag. Das Wetter hatte sich weiter verschlechtert, der Sturm pfiff und drohte, den Zeltstoff in Fetzen zu reißen. Ich sicherte das Zelt mit einem Seil und rammte dazu Skistöcke tief in den Schnee. Dann kamst du.«

An diesem Morgen beteten die Sherpas in allen Lagern. Auch die Nacht hindurch hatten sie gebetet: »Manasuli, Manasuli ...«

Der Koch im Basislager ahnte noch nichts von der Tragödie, als er am Morgen das Reisig fürs tägliche Opferfeuer auf dem Stein vor der Küche aufhäufte. Er tat es wie immer, und der Küchenjunge sprach die Gebete nach: »Manasuli, Manasuli ...«

Am Funkgerät berichtete dann Horst, wie alles zugegangen war. Alle Expeditionsteilnehmer, die so sehr auf einen guten Ausgang gehofft hatten, insbesondere Wolfi, waren erschüttert.

Kurz nach dem Funkgespräch hörte der Sturm auf. Der Wind flaute ab. Es wurde hell, kalt und dann sogar windstill. Nur am westlichen Himmelsrand, über der Annapurna-Kette, hing ein schmaler dunkler Streifen.

Eine halbe Stunde später – Horst hatte sich halbwegs erholt – schien im Tal schon wieder die Sonne. Die Nebel hatten sich aufgelöst, und ich ging einmal rings ums Zelt. Dann begannen wir unverzüglich mit der Suche. Die Schneedecke, mit der das Plateau bedeckt war, schien grundlos zu sein, die Windverwehungen waren oft mannshoch, die Hügel abgefegt, die Mulden angefüllt.

»Von dort oben kam ich herunter«, sagte Horst und wies nach Osten.

Ich konnte keine Spur sehen. Es war kalt. Am Plateau standen Schneemauern. Keine Spur. Das Zelt zugeweht, alles ganz verweht.

Wir gingen und gingen. In unserer Daunenbekleidung sahen wir aus wie Astronauten. Wir suchten, fanden aber keinen Anhaltspunkt von den Freunden. Also suchten wir weiter. Die Sonne schien, es war eisig kalt. Im Süden und Westen standen wieder Wolken. Wir waren müde, doch wir befanden uns erst in der Mitte des Plateaus. In dieser weißen Wüste waren wir die einzigen dunklen Punkte.

Wenn wir von Norden nach Süden marschierten, blies uns der Wind ins Gesicht. Wir konnten das Zelt nicht erkennen. Mitten durch das Schneefeld hatten wir einen tiefen Graben gezogen – unsere Spur. Der Schnee war wie feiner Sand.

Einige Stunden waren wir schon unterwegs. Und noch immer keine Spur von den Vermißten. Wir waren den Kreis, der in Frage kam, zweimal abgegangen, sahen aber nur Mulden und Schneehaufen. Doch wir wußten, irgendwo mußten sie liegen – und wir marschierten weiter, um sie zu finden.

Wir fanden sie nicht.

Und so suchten wir weiter. Jeden Rücken waren wir schon zweimal abgegangen, doch wir sagten uns, wo immer sie sein mochten, wir mußten sie finden. Von da, wo wir in einem Schneehaufen gestochert hatten, gingen wir über weite Flächen. Doch wir sahen nichts Besonderes – und waren todmüde.

Trotzdem stiegen wir ein langes Stück aufwärts, bis in die Nähe des Südwestgrats, aber wir entdeckten auch dort nichts. Schließlich gaben wir uns geschlagen, gingen abwärts, zurück zum Lager.

Ich dachte an Andi. Gegen Morgen mußte er gestorben sein. Bevor ihm jemand helfen konnte, hatten ihn wohl Sturm und Kälte aufgerieben. Er muß völlig unterkühlt und in Trance gewesen sein, wie ein Schlafwandler. Alle seine Instinkte waren auf die Suche nach Franz gerichtet. Der Nähe des Todes wurde er sich wohl erst bewußt, als er Franz nicht mehr hörte. Er hatte sich von der Höhle im Schnee entfernt, und der reißende Orkan hatte ihn verschlungen.

Stunden vor Andi mußte Franz gestorben sein. Er muß auf mich gewartet haben und starb wohl den Erfrierungstod, obwohl er aus Sorge vor Erfrierungen auf den Gipfel verzichtet hatte. Bevor wir uns trennten, hatte er mir versprochen, er werde Tee kochen und ihn warmhalten für meine Rückkehr. Wie Andi ist auch er gestorben in der Hoffnung, einem Freund helfen zu können.

Als das Zelt in Sicht kam, schaute ich noch einmal zurück. Ich wollte nicht glauben, daß die beiden für immer verschwunden waren. Der Schnee schimmerte hell.

Da bemerkten wir etwas, das wie ein Körper aussah und unter Schnee begraben war. Wir gingen wieder zurück. Als wir näherkamen, häufte sich etwas Dunkles aus der hellen Fläche. Doch als wir angekommen waren, lag nur eine Windgangel vor uns ... Wir waren sehr traurig.

Mühsam wühlten wir uns wieder zurück. Ich hatte fürchterlichen Durst. In meinen Vorstellungen sah ich Wasser. Ich sah es in einem See, der weder Anfang noch Ende hatte; ich sah es aus Brunnen fließen; ich sah es in irdenen Töpfen und Krügen. Wir marschierten in Richtung Zelt, traten einen tiefen Graben in den Schnee, mußten immer öfter sitzen bleiben.

Ich lag im Schnee und holte Atem. Dann stand ich auf, schöpfte nochmals tief Luft und bewegte mich erneut vorwärts. Zwei, drei Schritte. Wir saßen und gingen, gingen und saßen. Ich schob die Beine nach vorn und hielt mit dem Pickel das Gleichgewicht. Ich konnte die Schuhe nicht sehen, weil sie in Schnee schwammen. Die Hose war mit Schnee verkrustet.

Mittags dann – wir suchten immer noch – verschlechterte sich das Wetter neuerdings, und wir mußten, nachdem Hilfe von Lager 3 nicht in Frage kam, absteigen. Bei jeder Rast dachte ich, ich schaffe es nicht bis zum Zelt. Immer wieder stand ich auf, und wir gingen drei Schritte, aber nur drei Schritte. Wenn wir wieder saßen, war das Zelt immer noch unendlich weit weg.

Schließlich kamen wir doch zum Lager 4. Ich warf noch einen Blick hinein, wühlte zwischen Schnee und Kleidungsstücken, um vielleicht etwas Wichtiges zu finden. Aber ich fand nichts, nicht einmal meinen zweiten Anorak.

Ich kroch heraus. Die Wolkenbank im Süden kam immer näher. Man konnte auf der großen weißen Fläche viele Schatten sehen. Ich suchte nach Skistöcken, aber es waren keine da.

Und immer wieder blickten wir über die Schneefläche. Einen Menschen hätte man von weitem gesehen. Die Luft war so klar, der Schnee so weiß.

Am Zelt hing ein Seil, und ich machte es auseinander. Wir banden uns für den Abstieg zusammen. Ich hörte das Zelt im Wind flattern.

Wenn ich an die Zeit hier oben dachte, kam sie mir lang vor. Wie ein Monat. So viel war geschehen.

Der Hang zum Lager 3 war mit Neuschnee beladen. Wir querten ihn und waren heilfroh, daß keine Lawine abging. Ich fühlte mich wie gerädert, wenn ich an die toten Freunde dachte. Wir wühlten uns abwärts, ruhten uns aus, wühlten weiter.

Mit Sorge verfolgten die anderen unser Kommen mit dem Fernglas. Das Wetter verschlechterte sich mehr und mehr.
Einerseits waren wir froh, daß die Expeditionsleitung den Abstieg angeordnet hatte. Ein noch längeres Verbleiben oben, bei diesem schlechten Wetter, hätte zu einer weiteren Tragödie führen können. Andererseits waren wir bedrückt, weil die Suche nach den Freunden erfolglos geblieben war.
Im Eishang zwischen Lager 3 und Lager 4 lagen ungeheure Neuschneemengen, und die Kameraden hatten Angst, daß noch etwas passieren könnte.
Nach stundenlangem Wühlen im tiefsten Schnee näherten wir uns schließlich Lager 3 und wurden dort von Josl Knoll empfangen. Er hatte uns beim Abstieg dauernd beobachtet. Als er sah, daß wir ziemlich weit unten waren, ging er uns ein Stück entgegen und half uns beim Spuren. Wir waren glücklich über diese Hilfe.
In Lager 3 nahmen er und Urkien sich unser in rührender Weise an. Urkien, unser Sirdar, versorgte uns mit Getränken, Josl untersuchte unsere Erfrierungen. Er massierte Horsts Füße und erreichte, daß sie wieder warm wurden.
Auf der Luftmatratze sitzend, die erfrorene Hand auf den Knien, betrachtete ich Urkien, der mit den Händen voller Kleidungsstücke noch Tee holte, um ihn uns zu bringen. Dabei verbrannte er sich im Eifer zu helfen die Finger, als er versuchte, die Kanne ohne Tuch vom Kocher zu heben. Obwohl zu guter Letzt keiner von uns beiden trinken konnte, hinterließ diese selbstlose Hilfsbereitschaft in mir den tiefsten Eindruck.
Mir schien, als sei ich in diesen Tagen uralt geworden.
Als Horst und ich uns nach einigen Stunden soweit erholt hatten, daß wir an einen weiteren Abstieg denken konnten, begleitete uns Josl hinunter ins Lager 2.
Dort erwarteten uns Wolfi und Bulle. Wenige Tage später ergänzte Bulle sein Tagebuch:
»Wenn man sich ihren harten und langen Weg vergegenwärtigt, so waren die beiden, obwohl sie erschöpft waren, in einer erstaunlich guten Verfassung. Nachdem sie sich etwas erholt hatten, habe ich mich der Erfrierungen der beiden angenommen.
Beide hatten Erfrierungen zweiten Grades, aber die Situation war insofern günstig, als die Kälteschäden nur etwa zwölf bis 24 Stunden zurücklagen, so daß mit einer intensiven Therapie viel zu retten war. Ich verabreichte Reinhold und Horst intraarterielle Infusionen für ihre Erfrierungen an Armen bzw. Beinen.«
Dies führte glücklicherweise später zu einer vollständigen Heilung unserer Verletzungen.
Horst und ich lagen neben Bulle im Zelt. Obwohl unser Arzt selbst krank war (Höhenlungenödem), bemühte er sich rührend um uns.
In jener Nacht begann es wieder zu stürmen. Und es stürmte zehn Tage lang ...

NICHT DAS ZIEL, DER STIL MUSSTE GEÄNDERT WERDEN

Nachdem auch meine zweite Achttausender-Expedition in einer Tragödie geendet hatte, war ich entschlossen, diese Art von Besteigung nicht mehr zu wiederholen. Entweder würde ich allein gehen oder mit einer kleinen Mannschaft und nur dann zum Gipfel, wenn jeder das Risiko selbst tragen würde. Der blitzartige Vorstoß zum Gipfel aus der Wandmitte, wie wir es am Nanga Parbat und am Manaslu praktiziert hatten, war offensichtlich mit Mannschaften zu gefährlich und damit unverantwortbar.

Ich hatte weder die Rupal-Expedition noch jene zur Manaslu-Südwand selbst geleitet, trotzdem fühlte ich mich mitverantwortlich.

1973 scheiterte ich bei einem Versuch, den Nanga Parbat im Alleingang zu besteigen; 1974 mit einer klassischen Expedition an der undurchstiegenen Makalu-Südwand. 1975 endlich erhielt ich die Genehmigung, den Gasherbrum I, den Hidden Peak im Karakorum, über die Nordwestwand in einer Kleinexpedition zu besteigen.

Ich lud den Zillertaler Bergführer Peter Habeler als einzigen Teilnehmer zu meiner Expedition ein, stellte 200 Kilo Expeditionsgepäck zusammen und legte mir eine völlig neue Logistik zurecht: Nach dem Anmarsch, einer zwei- bis vierwöchigen Akklimatisationszeit im Basislager und der Wandbeobachtung wollte ich mit Peter ohne Vorbereitungsarbeiten und ohne Fremdhilfen in einem Zug bis zum Gipfel und zurück ins Basislager gehen.

Diese Mini-Expedition kostete weniger Geld und weniger Zeit als die großangelegten klassischen Expeditionen. Sie war aber voller Unbekannter.

Heute, da dieser Stil viele Nachahmer gefunden hat, haben wir neue Erfahrungen gesammelt und wissen, daß der Alpenstil nicht nur sportlicher, sondern auch sicherer sein kann als der schwerfällige Expeditionsstil.

Die Manaslu-Südwand ist inzwischen öfter – mit und ohne Sauerstoffmasken – über unsere Route wiederholt worden. Niemandem allerdings ist es bis heute (1998) gelungen, unseren Weg durch die Rupalflanke zu wiederholen – nicht im Expeditions- und nicht im Alpenstil.

Oben links: Lager 1 (6000 m) der italienischen Lhotse-Expedition 1975 im klassischen Himalaja-Stil. ▷
Oben rechts: Im Gegensatz dazu das winzige zweite Biwak (7100 m) von Messner und Habeler wenige Wochen später am Hidden Peak; hinten rechts der Masherbrum.
Unten links: Reinhold Messner und Peter Habeler auf ihrem einsamen Weg zum Hidden-Peak vor der Kulisse des Baltoro Kangri.
Unten rechts: Der Anmarsch zum Lhotse erfolgte mit 600 Trägern; im Hintergrund der Island Peak.

Von Askole, der letzten Oase beim Anmarsch zum Hidden Peak, sind es noch gut 100 Kilometer bis ins Basislager: Gletscherströme, Biwaks unter freiem Himmel, ein Meer von Schutt und Eis, faszinierende Berge.

Geschickt kletterten die einheimischen Balti-Träger über die gefährlichen Felsen oberhalb des reißenden Braldo-Stromes.

Das Basislager (5100 m) am Abruzzi-Gletscher; im Hintergrund das Westbollwerk des Hidden Peak.

Zwölf Tage lang begleitete ein Dutzend Träger die Messner-Expedition von Skardu bis zum Basislager, acht Tage brauchten sie zurück.

◁ Soweit es die Steilheit der Wand erlaubte, filmte Reinhold Messner den Aufstieg durch die Nordwand des Hidden Peak.

Ein winziges Zelt – außen Perlon, innen Seide, 3 Kilo schwer – hatten Messner und Habeler durch die 1200 Meter hohe Wand bis in 7100 Meter Meereshöhe getragen. Hier verbrachten sie die letzte Nacht vor dem Gipfelangriff. In der Nacht nach dem Abstieg zerfetzte es der Sturm.

Gasherbrum I – Hidden Peak

DIE HERAUSFORDERUNG: EIN ACHTTAUSENDER IM ALPENSTIL

Am 5. August 1975 saß ich im Basislager am Fuße des Hidden Peak und war traurig. Seit dem Abflug in München vor vier Wochen hatte ich nichts mehr von meiner Frau Uschi gehört. Wenn ich bei dem schlechten Wetter oft stundenlang im Zelt lag und darüber nachgrübelte, was wir hier wollten und warum wir zum Hidden Peak aufgebrochen waren, fand ich keine Antwort. Hörte ich aber auf, mir diese Fragen zu stellen, las ich oder marschierte ein Stück über die von Schotter begrenzte Moräne bergwärts, erschien mir plötzlich alles klar und selbstverständlich. Ich wußte es einfach, weil ich etwas tat, es zielbewußt tat und mit Spannung auf den ersten Gipfelangriff wartete.

Das Wetter schien hier in einem regelmäßigen Rhythmus zu verlaufen: drei bis vier Tage schlecht, drei bis vier Tage gut. Es war uns klar, daß wir die nächste Schönwetterperiode nutzen mußten, um den entscheidenden Gipfelangriff zu wagen. Unsere Rucksäcke waren fertig. Immer wieder hatten wir sie aus- und eingepackt. Ein Pfund zuviel hätte den Erfolg kosten können, eine Kleinigkeit zuwenig ebenfalls.

Peter und ich mußten alles selbst schleppen, in der Wand hingen keine Fixseile, und es warteten keine vorbereiteten Hochlager auf uns. Wir hatten zwar bei den beiden Erkundungsvorstößen die endgültige Anstiegsroute festgelegt, in die Wand selbst aber waren wir noch nicht eingestiegen.

Ich rappelte mich auf und trat vor das Zelt. Während ich mich suchend umblickte, entdeckte ich, daß sich die Gipfel des Gasherbrum II und des Hidden Peak aus dem Nebel herausgeschält hatten. Wurde das Wetter doch besser? Konnten wir morgen schon aufbrechen? In den Schlafsack zurückgeschlüpft, sah ich auf die Uhr: Nein, heute aufbrechen, Mitternacht war schon vorüber.

Das erste Morgenlicht riß mich aus meinen Träumereien. Zeit zum Aufbruch!

Der Gletscher war noch relativ ruhig. Die Bäche, die untertags bei Sonneneinstrahlung durch alle Spalten gurgelten, über Eiswälle sprangen, waren jetzt gefroren. Die Lawinenrinnen noch ungefährlich und die Séracwände fest wie betonierte Mauern. Keine Eiszapfen, die abbrachen, ohne daß wir sie berührten.

Die einzigen Geräusche, die wir machten, als wir in den unteren Eisbruch einstiegen, waren das leise Knirschen unserer Schuhsohlen auf dem fest gefrorenen Schnee und das Zischen, wenn die mit Gamaschen geschützten Schuhe aneinanderrieben. Alle Spalten lagen offen. Wir kannten den Weg von den beiden Erkundungsvorstößen her so gut, daß wir es wagen konnten, ohne Seil zu klettern.

Peter bildete die Nachhut. Ich stieg zunächst voraus und achtete peinlich darauf, den richtigen Weg nicht zu verlieren.

Ich blickte zu den Sternen empor, die teils schon verblaßt waren, teils noch kalt funkelten. Sie verrieten einen klaren, schönen Tag. Bald wich die Morgendämmerung einem glasigen blauen Licht, und die beiden Gipfelgrate der Chogolisa zeigten bereits eine

◁ Peter Habeler am Gipfel des Hidden Peak (8068 m); im Hintergrund der Masherbrum.

wärmere Färbung. Peter und ich marschierten noch unbeschwert, obwohl unsere Rucksäche, gefüllt mit Haken, Seilen, Steigeisen, Nahrungsmitteln, Kocher und Schlafsäkken, schwer waren. Mehr als 20 Kilo pro Mann.
Wir sprachen nicht miteinander und empfanden das Schweigen der frühen Stunde beruhigend, die Stille des Morgens als einen Teil von uns selbst. Das Gefühl der Angst und Unabwendbarkeit, das mich in der letzten Nacht einige Male befallen hatte, war ganz von mir gewichen und hatte jener Selbstverständlichkeit und Ruhe Platz gemacht, die mich mit Beginn jeder großen Besteigung erfüllt. Ich fühlte jetzt die Kraft jedes einzelnen Muskels, und wenn ich mich von einer kleinen Stufe im Eisbruch zur nächsten emporschnellte oder wenn ich über einen Eisgraben sprang, spürte ich das Selbstbewußtsein wachsen. Unsere Beine überwanden mühelos jeden Aufschwung und griffen in flachen Mulden weiter aus. Ich genoß es, wenn der eisigkalte Morgenwind mir den letzten Schlaf aus Bart und Haaren blies, empfand es nicht einmal hemmend, daß der Rucksack hoch über meinem Kopf aufgetürmt war.
Peter konzentrierte sich abwechselnd auf den Weg, dann wieder auf seine Beine, die wie Federn gespannt zu sein schienen. Ohne je weiter darüber nachgedacht zu haben, wurde mir bewußt, wie wichtig diese einfachen Erfahrungen zu Beginn einer Besteigung sind, und ich fühlte mit jedem Schritt, daß meine Zuversicht, meine Kraft und meine Selbstsicherheit wuchsen. Ich wußte auch, daß es nicht die Kraft und die Ausdauer sein würden, von denen der Erfolg zu guter Letzt abhing, sondern der Wille, der »letzte Wille«, sowie der Glaube an ein Ziel, das mir jetzt so überzeugend nah und logisch erschien.
Peter hatte wieder aufgeschlossen und war neben mir stehen geblieben.
»Ich glaube, es geht, Reinhold.«
»Ja, wenn das Wetter hält.«
»Diesmal muß es halten!«
Ich brach das Gespräch ab, das mich aus meinen einfachen Empfindungen gerissen hatte, und setzte den Aufstieg fort, bemüht, den alten Rhythmus wiederzufinden.
Ohne nochmals zu rasten, überkletterten wir einige steile Eisstufen und erreichten bald die flache Mulde oberhalb des ersten Eisbruchs. Von dort zieht der Gletscher gleichmäßig ansteigend, aber flach hinein ins Gasherbrum-Tal, links und rechts begrenzt von mächtigen Eis- und Felswänden. Für einige Minuten legten wir die Rucksäcke ab.
Wenige Meter oberhalb unserer Raststelle durchzog eine lange breite Spalte den Gletscherboden: ein erster ernstlicher Gefahrenmoment an diesem Morgen. Wir beschlossen, uns anzuseilen. Ich nahm das 20 Meter lange Seil vom Rucksack, kramte meinen Klettergürtel hervor und band mich an den wasserabstoßenden Perlonstrick. Peter hatte dasselbe getan.
Nach dieser routinemäßigen Arbeit nahmen wir unsere Rucksäcke wieder auf. Jetzt erst merkten wir, wie schwer sie waren. Ich schüttelte das Gewicht etwas zurecht und begann dann, am gestrafften Seil den Spaltenrand entlangzugehen. Peter folgte in einem Abstand von 20 Metern. In der Hoffnung, bald eine Stelle zu finden, an der ich auf die gegenüberliegende Lippe springen konnte, querten wir ein gutes Stück nach rechts.
Peter und ich hatten die wenigen Haken und Eisschrauben, die wir mitführten, gleichmäßig untereinander aufgeteilt, so daß jeder sich selbst aus der Spalte hätte befreien können und auch den anderen jederzeit sichern konnte. Es war für uns selbstverständlich, sozusagen ein längst getroffenes stillschweigendes Übereinkommen,

Der Hidden Peak von Norden.

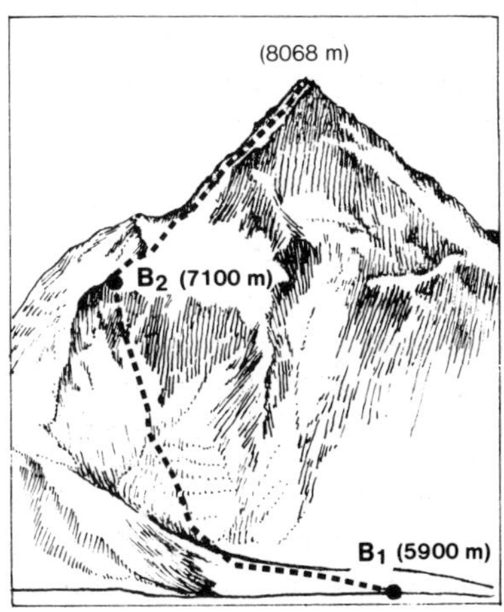

Die Route von Messner und Habeler: B 1 = erstes Biwak, B 2 = zweites Biwak.

daß wir abwechselnd führen wollten, daß einmal ich, dann wieder Peter vorausstieg, daß jeder von sich aus bereit war, sowohl die Arbeit des Führenden als auch die des Sichernden zu übernehmen.

Inzwischen war es 7 Uhr morgens geworden. Die Sonne fiel, was nur an glasklaren Tagen vorkam, wie ein riesiger heller Keil in das obere Gasherbrum-Tal. Dabei traf sie die Ostwand des Gasherbrum V, und es dauerte nicht lange, da begannen die ersten Lawinen zu donnern. Peter und ich bewegten uns noch im Schatten, und ich zögerte einen kurzen Augenblick, bevor ich den Sprung über die hier 2 Meter breite Spalte wagte. Vorsichtshalber hatte sich Peter vorher etwas vom Spaltenrand entfernt, seinen Pickel in den hartgefrorenen Schnee gerammt und mir versprochen, das Seil vorsichtig, aber nicht ruckweise nachzugeben. In dem Augenblick schon, in dem ich den gegenüberliegenden Spaltenrand berührte, ließ ich mich nach vorn fallen, so daß ich mit dem Pickel im Firn sofort Halt fand. So hätte ich mich auch dann festhalten können, wenn der Sprung nicht ganz gereicht hätte. Die Spalte schien endlos in die Tiefe zu gehen. Brüchiges Eis hing an ihren Wänden, und es fröstelte mich unwillkürlich, wenn ich mich vorbeugte, um in sie hinunterzuschauen. Dann entfernte ich mich einige Meter vom Spaltenrand, rammte den Pickelstiel in den Schnee, zog das Seil ein und sicherte Peters Sprung über die Spalte.

Nun marschierten wir, noch immer im Schatten, weiter aufwärts. Untertags, bei Sonneneinstrahlung, waren diese Gletschertäler ungemein gefährlich. Dann taten sich plötzlich neue Spalten auf, Eistürme brachen in sich zusammen, und auch die Spurarbeit war ungleich härter als in den frühen Morgenstunden. Solange die Sonne den Schnee nicht aufweichte, war das Steigen keine Schinderei. Nur da und dort sanken wir knöcheltief ein. Meistens aber war der Schnee so hart, daß nur die Sohlen ihn leicht ritzten und kaum eine Spur zurückblieb. Es war hier noch nicht notwendig, die Steigeisen anzuziehen. Ganz selten nur kamen die blanken Stellen bis an die Oberfläche durch, und wir versäumten es nie, sie rechtzeitig zu umgehen.

Wir waren etwa in der Mitte der leicht ansteigenden Schneefläche, als auch uns die ersten Sonnenstrahlen streiften. Das Licht war sehr grell und schmerzte in den Augen. Wir mußten die Brillen aufsetzen. Danach konnten wir wieder weitersteigen.

Zuerst hielten wir noch die alte Richtung ein, bogen dann zwischen riesigen Séractürmen nach rechts und peilten den rechten Rand des Eisbruchs an. Dort überquerten wir – wie wir es auch bei unseren Erkundungsgängen gemacht hatten – einen steilen, etwas lawinengefährlichen Hang und erreichten das Gasherbrum-Tal, wo wir biwakieren wollten.

Wir hätten noch genügend Zeit und auch Kraft gehabt, weiter durchs Gasherbrum-Tal aufzusteigen, bis unmittelbar unter die Nordwestwand des Hidden Peak zu gelangen, zogen es aber vor, an der uns schon gewohnten Lagerstelle zu nächtigen. Dort kannten wir den Wind, wußten zudem, daß die Mulde lawinensicher war und daß wir uns auch bei schlechtesten Bedingungen in kurzer Zeit ins Basislager zurückretten konnten.

Die Sonne stach jetzt vom Himmel. Sie brannte auf das Dach unseres Zeltes, so daß wir es mit den Schlafsäcken abdecken mußten. Die Rucksäcke hatten wir teilweise ausgepackt und im Freien vor den Zelten stehen gelassen.

Peter wurde so sehr von Kopfschmerzen geplagt, daß er sich hinlegte, ein Schmerzmittel nahm und zu schlafen versuchte. Stunden noch peinigte ein heftiger pochender Schmerz seinen Kopf und erschwerte ihm nicht nur das Sprechen, sondern auch das Atmen. Er lag stumm da, starrte die Zeltdecke an und stöhnte.

In einem kleinen Aluminiumtopf versuchte ich inzwischen, etwas Tee zu bereiten und hatte Mühe, den Gaskocher so aufzustellen, daß das Wasser nicht überlief. Ich gab Peter etwas von dem heißen Getränk, und er schlürfte es langsam. Dann versuchte er von neuem zu schlafen. Doch weder der Tee noch das ruhige Liegen verdrängten seine Schmerzen.

Eine starke innere Unruhe ließ sie ihn später für Augenblicke vergessen. Unter dem Eindruck der Hilflosigkeit und Einsamkeit döste er vor sich hin und schief darüber ein.

Auch ich mußte eine Zeitlang geschlafen haben. Beide wachten wir erst wieder auf, als die Sonne hinter dem Gasherbrum V untergegangen war und es in unserem Zelt kalt wurde. Peters Kopfschmerzen waren vorbei, und er war wieder aktionsfähig, angriffslustig und überzeugt, daß unser Unternehmen gelingen müsse. Die Sonne blinzelte durch den Spalt zwischen Gasherbrum V und IV und fiel wie ein Bündel von dort auf den Gipfel des Hidden Peak.

Wieder tranken wir Tee. Später, immer noch vor dem Zelt, leerten wir unsere Rucksäcke aus, prüften nochmals alle Sachen und stellten sie neu zusammen. Einiges, was wir nicht unbedingt zu brauchen glaubten, wie überzählige Gaskartuschen, auch etwas Nahrungsmittel und mehrere Felshaken, ließen wir am Lagerplatz zurück. Wir machten zwei Rücksäcke zurecht, jeden etwa 13 Kilo schwer.

Richtig zur Ruhe kamen wir aber auch dann nicht, als die Rucksäcke gepackt waren, die Pickel im Schnee steckten und das Seil aufgeschlagen über dem Zelteingang hing. Meine Gedanken gingen hin und her zwischen freudiger Erwartung und einem unbestimmten Unbehagen über die Anstrengungen und Gefahren der nächsten Tage. Seite an Seite standen wir im kalten Abendwind unter dem nicht mehr strahlenden Himmel, der immer noch heller zu werden schien.

Als wir zum Zelt zurückkehrten, war es schon später Abend, und die Sonne war verschwunden. Wir machten es uns in dem engen Zelt so bequem wie möglich und kochten noch einmal Tee. Trinken war jetzt wichtiger als alles andere. Wir mußten für morgen genügend Flüssigkeit auftanken, denn untertags gab es keine mehr. Es hätte zuviel Kraft und damit auch Zeit gekostet, Wasser oder Tee im Rucksack mitzuschleppen.

Eine Weile schaute ich Peter über seine Schultern hinweg zu, wie er kochte und mit den Pfannen und Löffeln hantierte. Die Suppe war heiß und sehr gesalzen. Das Brot, das wir dazu aßen, hart, so daß es beim Kauen krachte. Ein Villnösser Bauer hatte es mir vor der Abreise gebracht, als Wegzehrung für den Gipfel. Dieses selbstgebackene Bauernbrot war leicht, nahrhaft und sättigend, ideal für einen Achttausender.

Während des Essens plauderten wir miteinander. Wir ermunterten uns gegenseitig und bestärkten uns in der Erwartung, daß wir am nächsten Tag den schwierigen Teil der Wand hinter uns bringen würden. Der Erfolg hing jetzt nur von unserer Kondition ab und davon, ob wir genügend akklimatisiert waren. Unsere klettertechnischen Fähigkeiten mußten ausreichen, um die Wand zu schaffen. Wir hatten in den Alpen, allerdings in viel geringerer Meereshöhe, schon weit schwierigere Wände bezwungen.

Freilich waren wir uns beide bewußt, daß wir mit dieser Besteigung eine neue Grenze anpeilten. Keiner von uns hatte bisher versucht, einen so hohen Berg ohne jede Unterstützung von unten anzugreifen, und wenn auch die klettertechnischen Schwierigkeiten nicht anders überwunden werden mußten als bei anderen Expeditionen oder Alpenbesteigungen, waren wir doch völlig auf uns allein gestellt, hatten nicht einmal die

moralische Unterstützung einer Bodenmannschaft, geschweige denn die medizinische Betreuung eines Arztes oder auch nur die geringste Hoffnung, daß uns jemand holen würde, wenn etwas passieren sollte.
Der Mittelteil der Hidden-Peak-Nordwand ist erschreckend steil, so steil etwa wie die Matterhorn-Nordwand. Wenn Peter und ich daran dachten, daß wir da oben eventuell brüchiges Gestein vorfinden könnten, waren wir uns nicht ganz sicher, ob unser Mut ausreichen würde, darüber hinwegzuklettern. Ein erfahrener und gut trainierter Bergsteiger kommt auch eine Wand mit brüchigem Gestein hinauf, solange sie nicht überhängend ist und er die Griffe und Tritte nur auf Druck belasten kann. Die instinktmäßig ausgeführte Bewegungsfolge verhindert dabei, daß er die lockeren Griffe nach außen belastet oder aus dem Gleichgewicht gerät, mindestens solange er im Fluß der Bewegung bleibt und nicht ruckartig hin und her steigt.
Das wußten wir beide, und wir hatten es oft schon geübt, nur fragten wir uns jetzt, ob es uns gelingen würde, dieselben Techniken, die wir in den Alpen sogar im Schlaf beherrschten, auch in 7000 oder 8000 Metern Meereshöhe einzusetzen. Dort oben zählte nicht allein die klettertechnische Geschicklichkeit, dort oben entschieden in erster Linie Ausdauer und Wille. Jene Zähigkeit, die, gepaart mit Selbstvertrauen, diese letzte, grenzenlose Einsamkeit ertragen hilft. So wichtig es jetzt auch war, die Schwierigkeiten und die Steilheit der Wand abzuschätzen, uns auf den Bewegungsablauf und all die möglichen Überraschungen einzustellen, so wichtig sollte es anderntags sein, uns von Standplatz zu Standplatz die Wand hinaufzuschwindeln, den richtigen Durchstieg zu finden. Wenn es in dieser Wand einen Durchschlupf gab, dann höchstens einen oder zwei. Es lag nun an uns, auch wenn wir die Aufstiegsroute in groben Zügen schon festgelegt hatten, sie am nächsten Tag Stück für Stück aus der Wand herauszulesen und immer genau dort hinzufinden, wohin wir kommen wollten, wo es den nächsten brauchbaren festen Halt gab.
Dieser Instinkt für den richtigen Weg war sowohl meine als auch Peters Stärke. Vielleicht sind wir keine besseren Bergsteiger als viele andere auch. Sicher haben wir viel Erfahrung, mehr als ein Dutzend guter Bergsteiger zusammen. Aber das war nicht ausschlaggebend. Da wir beide schon seit 25 Jahren kletterten, hatten wir uns allmählich eine traumwandlerische Sicherheit angeeignet, eine Art Instinkt, der auch im Schock oder bei Erschöpfung nicht versagte. Was wir den anderen aber in hohem Maße voraus hatten, war das Zusammenspiel von Erfahrung und Können, zudem ein gegenseitiges Vertrauen, das nahezu grenzenlos war.
Uns durften in den nächsten Tagen kein Fehltritt und keine Fehleinschätzung unterlaufen, denn jeder Fehltritt hätte unweigerlich zum Tod, jede Fehleinschätzung zur Demoralisierung und damit zum Scheitern geführt. Bei einer Alpenkletterei schürft man sich bei einem Sturz meistens die Knie oder Ellbogen auf. Man schlägt sich vielleicht irgendwo an oder bricht sich das Bein. In 7000 Metern Meereshöhe und darüber ist es damit nicht abgetan. Jeder Sturz würde nicht nur einen gefährlichen Schock, sondern gleichzeitig auch eine beträchtliche Schwächung auslösen. Und selbst wenn es ohne jegliche Verletzung abginge, wäre der eine nicht mehr fähig, den anderen zu retten, geschweige denn, ihn hinunterzutragen. Wenn auch nur das Geringste passierte, saßen wir in der Falle.
An all das dachte ich, während ich im Zelt lag und einzuschlafen versuchte. Die Tatsache, daß ich diese Überlegungen zu Ende denken konnte, ohne es mit der Angst zu tun zu

Peter Habeler

bekommen, war ein Zeichen dafür, daß mein Selbstbewußtsein sehr stark und daß Peter der bestmögliche Partner für dieses kühne Unternehmen war.
Die Route, für die Peter und ich uns entschieden hatten, liegt etwas östlich von der Fallinie jenes Eiswulstes, der am untersten Teil aus der Nordwestwand des Hidden Peak herausquillt. Es war unserer Meinung nach der einzig verantwortbare, gleichzeitig der direkteste Anstieg.
Es war soweit. Wir warfen die Rucksäcke in den Schnee, zogen die Steigeisen an und seilten uns an. Obwohl die Sonne die vorspringende Felsklippe in der Wandmitte streifte, blieben die Rinnen ruhig, so daß wir uns nicht vor Steinschlag zu fürchten brauchten. Nur während ich das Seil aufschoß und mittels einer Eisspirale an einen Séracwulst hängte, sprangen einige Fels- und Eisbrocken über die Gasherbrum-Wand. Zischend schlugen sie im Schnee am Einstieg ein. Die Schneefläche unter dem Bergschrund war flach und ohne Spalten, so daß wir ungehindert hin- und hergehen konnten. Unsere Schuhsohlen ritzten den harten Firn nur wenige Millimeter tief, und das Gehen war vorerst nicht besonders anstrengend.
Im Gasherbrum-Tal waren wir rasch vorangekommen, und es war großartig gewesen, wie die Sonne langsam die Wände links von uns überflutet hatte. Der Ausblick, der sich uns jetzt bot, war atemberaubend: Wir standen unmittelbar zwischen zwei Achttausendern.
Peter und ich gingen ein paar Schritte, dann bot mir Peter ein Stück Schokolade an, und wir blieben nochmals stehen, um die Gurte an den Steigeisen enger zu ziehen.
Da war ständig ein Geräusch, das überall mitschwang. Während der letzten Stunde, als wir durch das leicht gewellte Gasherbrum-Tal marschiert waren, hatte diese Art Summen immer mehr an Stärke zugenommen. Unsere gleichmäßigen Schritte störten es nicht, und nur wenn wir in den Rastpausen kurz miteinander sprachen, verstummte es. Dieses Geräusch kam nicht vom Wind, nicht aus sich plötzlich öffnenden Gletscherspalten, sondern aus dem Berg selbst. Aus allem, was um uns war, aus Schnee und Eis und Fels und aus der Luft, die jetzt noch wie festgefroren im engen Tal stand.
Ich war auch bei früheren Expeditionen immer wieder von Geräuschen dieser Art gefesselt gewesen. Doch niemals vorher hatte mich diese lautstarke Totenstille, dieser Begleitton der Einsamkeit so ruhig gestimmt. Der Anstrengungen und Gefahren unseres Aufstiegs voll bewußt, war ich jetzt weder ängstlich noch aufgeregt, sondern zuversichtlich und ganz erfüllt von jenem Geräusch, das mich zu tragen schien.

Ich schaute zu Peter hin, um zu sehen, ob er ebenso empfand wie ich. Seine Bewegungen verrieten, daß er in seinem Element war und restlos zuversichtlich. Nur sein Gesicht war nachdenklich, und die Augen blickten etwas nervös. Man sah, daß sein ganzer Körper, sein ganzes Wesen mit Spannung geladen waren.
Bei manchen Bergsteigern löscht das Bergerlebnis alle anderen Empfindungen aus. Für sie gibt es keine Spannung und keine Angst, kein Gestern und kein Morgen, wenn sie irgendwo klettern. Während sie in einer Wand sind, existiert für sie nichts rundherum. Nicht das Tal und nicht ihr Leben unten im Tal, überhaupt nichts. Diese Zufriedenheit und Unbekümmertheit bemächtigt sich meiner, wenn ich klettere und wenn ich dabei gut vorankomme.
Solange wir am frühen Morgen durch das Gasherbrum-Tal marschiert waren, schien die Welt aus nichts anderem zu bestehen als aus dem Schnee, den meine Füße zertraten, den Wänden, die links und rechts steil emporragten. Da waren noch der Pickel, der Rucksack und der Rhythmus, aus dem ich nicht kommen durfte. Aber jetzt, wo wir am eigentlichen Wandfuß standen und uns für den Aufstieg zurechtmachten, stellten sich die normalen Ängste und Sorgen wieder ein. Vielleicht brachten die nächsten Tage schlechtes Wetter? Ja, die Witterung konnte hier plötzlich und unerwartet umschlagen, und es wäre unendlich anstrengend und schwierig gewesen, bei Nebel und Neuschnee einen Weg zurück zu finden. Wenigstens einen Tag lang würden wir brauchen, um durch die Wand über uns abzusteigen, und zwei bis drei Tage, um bei einem Wettersturz durch den Eisbruch ins Basislager zurückzukommen. Auch die Tatsache, daß das Wetter jetzt strahlend schön war und die Luft ruhig, schloß einen Wetterumschwung in fünf, sieben oder zehn Stunden nicht aus.
Im Moment allerdings waren wir unserem ersten Biwak noch viel zu nahe, um konkret Angst zu bekommen. Hier und jetzt wäre es bei einem Schlechtwettereinbruch ein leichtes gewesen, den Entschluß zur Rückkehr ins Basislager zu fassen und zu verwirklichen. Weiter oben aber würde dies viel, viel schwieriger sein. Bei Lawinengefahr mußten wir natürlich abwarten. Wir könnten dann nicht mehr durch die steile Wand zurückklettern. Oben kamen zudem Wetterstürze viel schneller, die Stürme waren stärker. Vielleicht hielt das Wetter aber auch, bis wir oben waren. In großer Höhe, wo es oft Monate, vielleicht sogar Jahre dauern kann, bis ein warmer, windstiller Tag einen gefahrlosen Aufstieg garantiert, muß man überlegter und gleichzeitig entschlossener handeln als in den Alpen.
Inzwischen hatten wir die Steigeisen zum dritten Mal kontrolliert und auch die Ausrüstung noch einmal geprüft. Es war alles in Ordnung. Wir nahmen die Rucksäcke auf, die Pickel in die Hände und näherten uns mit gleichmäßig ruhigen Schritten dem eigentlichen Wandfuß.
Wenn wir Erfolg haben wollten, mußten wir jetzt zügig steigen, immer höher hinauf steigen. Vom nächsten Biwakplatz aus nur gab es eine Chance, einen Gipfelvorstoß zu unternehmen.
»Jeder geht seinen Rhythmus«, sagte Peter.
Ich nickte: »Einmal steigst du, dann steige wieder ich voraus.«
»Ich denke, wir schaffen es. Wenn das Wetter noch zwei Tage hält, sind wir oben.«
Wir wechselten uns regelmäßig in der Führung ab, und derjenige, der gerade vorauskletterte, bestimmte den Weg. Der andere folgte, die Tritte des Führenden ausnützend. So ruhte sich jeweils einer aus, um die nächste Wegstrecke spuren zu können. Es war nicht

immer klar ersichtlich, wo die beste Routenführung verlief, trotzdem vertraute einer dem anderen grenzenlos. Gespräche waren überflüssig, sie hätten uns nur beim Atmen behindert.
Peters Füße kragten über mir aus der blanken Eisfläche. Die oberste Eisschicht war so weich, daß die Frontalzacken der Steigeisen bis zu den Schuhkappen hin in das Eis eindrangen, und so hart, daß wir einen sicheren Stand hatten. Gute Verhältnisse. Der Hebel beim Klettern – von der Schuhspitze bis zur Ferse – war bei unseren Dreifachschuhen allerdings größer als gewohnt, die Wadenarbeit enorm.
Nach jeweils 25 Schritten rasteten wir. Dabei schlug Peter eine winzige Stufe in das Eis, rammte dann, sobald er mit dem rechten Fuß auf dem Tritt Halt gefaßt hatte, die Haue des Pickels ein. Dann erst lehnte er den Oberkörper über das Eis, hielt sich am Pickel fest und verschnaufte. Er wartete, bis auch ich mich zu seinem Sims hinaufgearbeitet hatte, und stieg dann die nächsten 25 Schritte voran.
»Wie ist das Eis bei dir?« schrie ich hinauf.
»Es wird besser, firnig.«
Peter dachte jetzt an das brüchige Band über ihm.
»Die Felsen allerdings sehen schlecht aus.«
Ich hatte von unten schon gesehen, daß da hellere Flecken in der Wand waren.
Am Standplatz angekommen, schob ich einige Schneekörner in den Mund, lehnte den Oberkörper gegen den eingerammten Pickel und ruhte mich aus.
Ich hatte es immer schon geahnt, daß Peter der ideale Mann für große Höhen war, jetzt lieferte er den Beweis. Er kletterte ausdauernd und schlafwandlerisch sicher, überlegt und gleichmäßig, auch dann, wenn seine Kräfte nachließen. Ich war überzeugt, daß ihm nichts passieren würde, und sofern es überhaupt einen Weg zum Gipfel gab, er würde ihn finden.
»Willst du rasten?« fragte Peter. »Hier könnten wir gut stehen.«
»Nein, ich gehe gleich weiter«, wehrte ich ab. »Solange die Eiswand nicht von der Sonne bestrahlt wird, sollten wir das ausnützen.«
Peter stimmte völlig mit mir überein. Auch wenn die Steinschlaggefahr nie ganz gebannt war, so war die Wand jetzt in den Vormittagsstunden, da die Steine hoch über unseren Köpfen noch angefroren waren, sicherer als am Nachmittag. Wir wollten die Gefahren, die uns stets gegenwärtig waren, nicht noch herausfordern.
In der Wärme der Mittagssonne gerieten dann nach und nach Eisstücke, Gestein und Geröll in Bewegung, und schon kamen die ersten Brocken in großen Sprüngen die leicht konkave Wand heruntergehüpft. Die Wege des Steinschlags waren unberechenbar. Wir waren aufgrund der Steilheit der Wand wie an sie gefesselt und konnten nicht mit schnellen Bewegungen ausweichen. Es blieb uns nichts anderes übrig, als solange zu warten, bis die schwirrenden Geschosse unmittelbar über unseren Köpfen waren, dann erst konnten wir uns aus ihrer Schußlinie winden.
In den Alpen würde man eine solche Wand normalerweise nachts durchsteigen, um das Steinschlagrisiko zu verringern. Aber hier wäre es nachts wohl zu kalt gewesen, und wir hätten wahrscheinlich den idealen Weg nicht finden können.
Hätten wir jetzt die Lage bedacht, in der wir uns augenblicklich befanden, es wäre zum Verzweifeln gewesen. Wie winzig und einsam zwei Menschen doch an einem Achttausender sind! Wir aber stiegen in dieser 2000-Meter-Wand unermüdlich Schritt für Schritt aufwärts, konzentrierten uns nur auf die Kletterstrecke, die zwischen einer und der

nächsten Rastpause, also mit 25 Schritten, zurückzulegen war, nicht aber auf die ganze Gipfelwand.

»200 Meter dürften wir jetzt haben«, schätzte ich ab.

»Ja, vielleicht sogar 250 Meter.«

Ich spürte aus Peters Worten, daß auch er zufrieden war mit unserem Tempo. Trotzdem würden wir aber noch mindestens acht bis zehn Stunden bis zum nächsten Biwakplatz brauchen. Die Wand wurde immer steiler, und weit über unseren Köpfen wölbten sich Überhänge vor, die jeden Weg zum Gipfel abzusperren schienen. Aber – und das wußten wir aufgrund unserer Beobachtungen aus dem Gasherbrum-Tal – nur über diesen Felsen gab es eine flache Stelle, auf der wir unser Zelt aufschlagen konnten. Extrem steil fiel die Wand unter uns ab, ohne größere Terrassen und Simse ragte sie über uns auf. Wenn die Schneeauflage nur nicht dicker wurde. Das Spuren war weit anstrengender als das Steigen am blanken Eis.

Ich versuchte, Peter zu fotografieren, der jetzt schräg rechts unter mir kletterte, aber es wollte nicht klappen. Nachdem ich unter Mühen den Fotoapparat wieder in die mit Astronautenfolie beschichtete Segeltuchtasche gesteckt hatte, schaute ich nochmals zu Peter hinunter. Verrückt, dachte ich, einfach verrückt, wie er da heraufkommt. Das muß ich filmen, diese Szene muß rein!

»Warte!« rief ich, obwohl Peter schlecht stand. »Sieht einfach irrsinnig aus!«

Es war nicht nur umständlich, sondern auch gefährlich, die Kamera aus dem Rucksack zu holen und zu kurbeln. Ich durfte dabei das Gleichgewicht nicht verlieren und lehnte mich deshalb mit dem Oberkörper etwas an die Wand. Das kleinste Nachgeben des rechten Fußes, der in einer handgroßen Kerbe stand, das geringste Schwanken mit dem Oberkörper, und ich lief Gefahr, unrettbar die Wand hinunterzustürzen.

Sehr langsam, aber gleichmäßig kamen wir voran. Der 25. Schritt, der letzte vor der Rastpause, schien manchmal die Hölle zu sein, aber schon nach einigen Verschnaufminuten kletterten wir jeweils weiter. Jetzt hatten wir schon mehr als die Hälfte des ersten Wandaufschwungs hinter uns. Wenn wir in der zweiten Hälfte ebenso schnell waren, mußten wir am Abend den Biwakplatz über dem brüchigen Band erreichen.

Wir konnten also beruhigt weitermachen, und so schoben wir uns aufwärts. Immer wieder in der Führung abwechselnd, uns gegenseitig aufmunternd, brachten wir Stück für Stück der Wand hinter uns. Manchmal kletterte nur einer, oft kletterten wir gleichzeitig hintereinander.

Vielleicht war es nur das gegenseitige Vertrauen, das uns auf die üblichen Sicherungsmittel Seil und Haken verzichten ließ, diese gewissermaßen ersetzte. Vielleicht war es auch die Besessenheit von der Idee des Achttausenders zu zweit, die ein klein wenig für diesen extravaganten Kletterstil verantwortlich war. In erster Linie aber war es das instinktive Wissen, daß wir unter den gegebenen Umständen nicht fähig waren, die notwendigen Seile und Haken für eine schulmäßige Sicherung mitzutragen. Wahrscheinlich war die unsere die einzige Methode, um über die Wand zu zweit den Gipfel zu erreichen. Mit Sicherheit war sie ungefährlicher, als sie für den Außenstehenden von unten ausgesehen haben mochte.

Plötzlich streiften einige Schneeschollen meine linke Hand, mit der ich mich am Eis abzustützen pflegte. Die Erfahrung sagte mir, daß irgendwas geschehen sein mußte, und ich schaute zu Peter hinauf. Er fluchte, weil ihm ein Tritt ausgebrochen war, stieg aber schon wieder weiter. Ohne den geringsten Schock ob dieses kleinen Mißgeschicks hatte

Peter seinen Rhythmus sofort wiedergefunden. Er kletterte so, daß das Gleichgewicht auch dann noch erhalten blieb, wenn einer der drei Haltepunkte, die wir bei jeder Bewegung benützten, plötzlich versagte. Solange wir zwei feste Haltepunkte hatten, stürzten wir nicht, bemühten uns aber trotzdem, immer drei Fixpunkte bei jeder neuen Bewegung zu erhalten.

Inzwischen waren wir bis unmittelbar unter die Felsstufe gelangt, die in 6900 Metern Meereshöhe die Wand abriegelt. Wir überlegten, wo wir sie am besten anpacken könnten, und beobachteten einige Rinnen, die aus der konkaven Eisfläche spinnenarmartig hineinzogen ins brüchige Gestein. Nachdem wir uns auf breiteren Schneestufen, die wir mit dem Steigeisen aus dem Hang gescharrt hatten, ausgeruht hatten, versuchte ich, den ersten Felsaufschwung zu überklettern. Das Gestein war fürchterlich brüchig, aber nicht ganz senkrecht, so daß ich die Tritte und Griffe größtenteils nur auf Druck belasten konnte. Nach wenigen Bewegungen schon war mir klar, daß ich die Handschuhe ausziehen mußte, und peilte nun mit den Augen einen etwas abschüssigen, aber großen Tritt an, auf dem es möglich war, freihändig zu stehen. Ich zog zuerst den linken Handschuh aus, steckte ihn in die Brusttasche des Anoraks, anschließend den rechten Handschuh.

Dann griff ich mit bloßen Händen in einen schmalen Spalt. Der Fels war kalt, aber nicht so eisig, daß man mit den Fingern daran kleben blieb, wie dies am Eisen der Fall war, an der Haue des Pickels oder an den Karabinern. Unangenehmes Gefühl. Immer wenn ich die Finger vom Pickel zog, glaubte ich, daß ein Stück Haut daran hängen geblieben sei.

Peter, der sich mit ausgestreckten Armen an dem Felsen festhielt, schaute mir aufmerksam zu. Ich hatte nach den ersten Schritten in diesem brüchigen Gestein alle Hemmungen abgeschüttelt und konzentrierte mich vollkommen darauf, zwei Stützgriffe ausnützend, eine kurze Querung nach rechts auszuführen. Die Handfläche platt auf einen schwach ausgeprägten Felsvorsprung gedrückt, die Steigeisenspitzen in den schottrigen Fels gebohrt, verschob ich mein Gewicht Zentimeter für Zentimeter, tastete mit den Händen erst dann wieder weiter, wenn ich eine Bewegung sicher zu Ende führen zu können glaubte.

Obwohl ich völlig frei stieg und bei der unmenschlichen Anstrengung in dieser Höhe am ganzen Körper leicht bebte, war ich doch ruhig. Es war ein so inniger Kontakt zu Peter da, daß ich mich gesichert fühlte, als würde ich am Seil gehen. Immer wieder mußte ich meine Fäuste in schmale Risse stecken, die mit feinem Schnee gefüllt waren. Unvermeidlich blieb er an der warmen Haut hängen.

Allmählich raubten mir die Kälte und der Schnee das Gefühl in den Fingern. Eine längere Rast wäre jetzt nur Kraft- und Konzentrationsverschwendung gewesen. So stieg ich weiter, trotz der eisigen Klumpen, in die sich meine Hände verwandelt hatten. Rechts von mir erspähte ich eine Eisrinne, die endlich einen Rastplatz versprach. Dort hoffte ich, wieder meine Handschuhe anziehen zu können. Ich war ganz zuversichtlich, daß Peter die Stelle sicher überwinden würde, und schaute ihm ebenso konzentriert zu, wie er mich vorher beobachtet hatte. Es gab nicht die geringste Unsicherheit in seinen Bewegungen, und obwohl auch er wegen der eisigen Kälte die Zähne zusammenbeißen mußte, lag doch nicht einmal der Hauch eines Schreckens auf seinem Gesicht. Instinktiv fanden seine Fingerspitzen die richtigen Spalten, umklammerten sie Felsvorsprünge. Sein Schwerpunkt, das Gewicht über den Frontalzacken der Steigeisen, lag immer so, daß diese nicht plötzlich abrutschen konnten.

Einige tiefe Atemzüge preßten die Luft aus mir heraus, und ich begann, über die Rinne oberhalb des Felsens weiterzusteigen. Wie es darüber weitergehen sollte, wußte ich noch nicht. Ein rascher Blick über die Schulter zurück bewies mir, daß Peter die Querung bereits hinter sich hatte und sich nun, schwer atmend, auf meinem vorigen Standplatz ausruhte. Die Stirn gegen seinen Unterarm gepreßt, lehnte er sich gegen die Felswand und verschnaufte.

Unwillkürlich mußte ich daran denken, woran wir uns hier, in diesem brüchigen Gestein, überhaupt hätten sichern sollen. Es waren zwar Ritzen vorhanden, aber jeder größere Haken hätte den Fels abgespalten, und kleinere hätten sowieso nicht gehalten.

Peter hatte inzwischen die Handschuhe aus seinen Taschen geholt und zog sie wieder an. Seine Hände schmerzten nicht mehr. Er hatte überhaupt kein Gefühl mehr darin. Er vermochte nicht zu sagen, wie er sich mit ihnen in dieser schwierigen Querung gehalten hatte.

Den Kopf hintübergebeugt, schaute ich in die Höhe: der Himmel ein mattes Weiß auf blauem Grund. Dort, wo er mit den Bergkämmen den Horizont bildete, war das Blau noch mehr verschwommen. Ein greller Lichtschein ging von den nach Westen geneigten Firnhängen aus. Der Blick direkt in die Sonne war unerträglich. Unter uns die Täler in bläulichem Dunst, schon ein Stich ins Violette; ein fast magischer Schimmer. Da und dort schien die Dunstglocke zu brodeln, als würde die Erde darunter kochen.

Mir war, als hingen wir zwischen Himmel und Erde: unergründliche Tiefe oben und unten. 1200 Meter fehlten noch bis zum Gipfel, weit mehr als 2000 Meter waren es bis in den Grund der Täler. Verschwommen schon wie das bläuliche Leuchten unter mir meine Gedanken: Noch 200 Meter, dann sind wir vorerst gerettet!

Die Rinne verengte sich mehr und mehr zum Kamin. Die Beine weit gespreizt – ich hatte Vertrauen in die Felsen gewonnen – stieg ich durch den Spalt aufwärts. Ich vermochte nicht abzuschätzen, ob ich mich irgendwo abfangen konnte, wenn ich abrutschen würde. Deshalb drückte ich vorsichtshalber fester mit meinen Händen gegen die parallel emporziehenden Felswände, zwischen denen ich kletterte. Wenn ich jetzt auch nur ein Stück rutschte, mußte ich Peter mitreißen. Einen Stürzenden hätte er niemals halten können. Doch der Kamin wurde nochmals enger. Ein Glück, denn wir konnten uns nun besser in ihm verkeilen.

Durch die anschließende Rinne stieg ich, bis ich sie zu einem Gratrücken nach links verlassen konnte, und über diesen erreichte ich eine Schulter zwischen Nord- und Nordwestwand. Hier rastete ich. Eine steile Schneewand baute sich über mir auf, teilweise felsig, alle Mulden mit Preßschnee gefüllt. Es sah nach Lawinen aus. Ich war unschlüssig, wo wir weitergehen sollten, und tröstete mich vorerst damit, über dem nächsten Steilaufschwung auf unseren Biwakplatz zu stoßen.

Peter hatte inzwischen meinen Standplatz erreicht und sich sofort über die Schulter zur Steilwand emporgearbeitet. Hier hielt er inne, um frische Kraft und gewissermaßen auch frischen Mut zu sammeln. Den brauchte er, um die ersten Schritte zu wagen. Zuerst stieß er den Pickel in den Schnee, umklammerte dann mit der rechten Hand die Haue, suchte mit der Linken nach einem festen Griff an den Felsen, die inselartig aus dem Schnee ragten, und zog sich nach oben. Seine Arme zitterten vor Anstrengung. Nach endlos scheinenden Sekunden fand er mit dem linken Steigeisen einen kleinen Tritt unter dem Schnee und verlagerte das ganze Gewicht seines Körpers auf diesen unsichtbaren Halt. Der Schnee war zwar locker, aber nicht allzu tief. So schnell es die große Höhe erlaubte,

kletterte Peter schräg links aufwärts. Er steckte dabei den Pickel so weit über sich in den Schnee, daß er, sich an ihm festhaltend, jeweils drei Schritte hintereinander machen konnte. Dies war nicht ganz ungefährlich.
Inzwischen hatte Peter eine Felsstufe erreicht und sich auf sie gesetzt, um mich nachkommen zu lassen. Er hatte gute Arbeit geleistet und hoffte, daß wir diese Spur auch beim Abstieg noch benützen konnten.
»Soll ich jetzt vorangehen?« fragte ich, als ich unter Peters Rastplatz angelangt war. Meine Frage kam etwas zu spät. Peter kletterte schon wieder über mir, und seine kräftigen Bewegungen waren immer noch so zügig, wie sie in den ersten Morgenstunden gewesen waren.
In diesem letzten Steilaufschwung lief oft ein Zittern durch meine Beine, besonders dann, wenn ich mit den Frontalzacken der Steigeisen nur winzige Rauhigkeiten an den Felsen ertastete und mich auf ihnen aufrichten mußte.
Von unserem Standort aus konnten weder Peter noch ich sehen, wie es über uns weiterging. Als Peter jedoch zum ersten Mal seinen Kopf über den Grat hinausreckte, rief er begeistert herunter, daß es oben eine flache Mulde gab, einen geradezu idealen Biwakplatz. Ich kletterte um den Felsvorsprung herum und erreichte die Trittstufe, von der aus Peter diesen letzten Hang in Angriff genommen hatte. Peters freudestrahlendes Gesicht auf der Gratschneide verriet mir, daß wir für heute genug geklettert waren und daß der Biwakplatz seine Vorstellungen sogar noch übertraf.
Die Anstrengung der 1200 Höhenmeter, die wir an diesem 9. August geschafft hatten, war enorm gewesen. Jetzt jedoch schien sie wie weggewischt aus Peters Gesicht, auch wenn sein Körper beim Gehen nicht mehr so ruhig war wie zu Beginn der Kletterei. Mit den geschulten Augen des erfahrenen Bergsteigers, der versucht, immer das Beste aus jeder Situation zu machen, begann er, die Mulde nach der flachsten Stelle für unser Biwak abzusuchen. Es dauerte nicht lange, und wir konnten uns beide auf einem schrägen Schotterplatz in 7100 Metern Meereshöhe hinlegen.
Als ich den Rucksack unter meinem Kopf etwas zurechtgerückt hatte, entspannte ich mich instinktiv, machte mich ganz schwer und holte zum ersten Mal seit mehreren Minuten tief Luft. Nach einer Weile sah ich zu Peter hin, der still neben mir lag, wollte ihm etwas sagen. Er hatte die Augen geschlossen und schien sich, seinem Gesichtsausdruck nach zu urteilen, keine weiteren Sorgen zu machen. Auch ich machte nun die Augen zu und lag regungslos da. Endlich, nach zehn Stunden höchster Anstrengung und Konzentration, konnten wir einfach nur daliegen, die gefährliche Steilwand unter uns völlig vergessend.
»Das Schlimmste haben wir hinter uns«, sagte ich, nachdem ich mich umgedreht und einen Blick auf die Gipfelwand geworfen hatte.
Es fehlten zwar noch 1000 Höhenmeter bis zum höchsten Punkt, diese aber waren weniger steil als das Wandstück unter uns. Zudem lag eine Nacht vor uns, in der wir uns ausruhen konnten.
»Hier kann man's aushalten«, meinte Peter und versuchte, mit den Schuhen die Steine unter sich wegzuschieben.
»Im Abstieg können wir die Felspassage nicht mehr machen«, erklärte Peter entschieden.
»Wenn wir eine Rinne finden, können wir direkt absteigen, sonst müssen wir ...«
Peter unterbrach mich: »Wir hätten doch ein Seil mitnehmen sollen.«

»Wir kommen schon hinunter. Nach dem Gipfel kommen wir überall hinunter«, sagte ich nach einer Weile und in der vollen Überzeugung, daß wir auch die Felsstelle frei abklettern konnten, wenn es keine andere Möglichkeit gab.
Peter war nicht ganz wohl bei dem Gedanken an den Abstieg, verlor aber kein Wort mehr darüber. Er hatte inzwischen die Steigeisen ausgezogen und bemühte sich nun, immer noch hockend, eine Plattform zu bauen. Dabei legte er die größeren Steine an den vorderen Rand des Schotterflecks und schob dann die kleineren mit den Füßen nach, so daß die Rinne am Mäuerchen immer flacher und der Zeltplatz immer größer wurde. Ich half Peter, so gut ich konnte, und verwendete dieselbe Technik wie er. Zum Stehen reichten unsere Kräfte immer noch nicht.
»Du bist großartig in Form«, sagte ich zu Peter.
Er war sichtlich mit sich zufrieden und wußte, daß er jeden Schritt überlegt und sicher ausgeführt hatte. Auch fühlte er, daß seine Kräfte noch reichen würden, um zum Gipfel zu gelangen. Dies hier war seine höchste erreichte Höhe. Und obwohl ihn wieder Kopfschmerzen plagten, scharrte er weiter Schotter an den talseitigen Rand der Plattform. Sich zu mir wendend, sagte er so nebenbei:
»Morgen sind wir oben. Wir nehmen nur das Allernötigste mit, dann sind wir noch schneller als heute. Ich glaube, ich werde auch den Rucksack dalassen.«
»Ich auch, aber die Kamera nehme ich mit, soweit ich sie schleppen kann. Allerdings, auf den Gipfel verzichte ich ihretwegen nicht.«
»Wenn nur diese verdammten Kopfschmerzen nicht wären!«
»Sind sie schlimm?«
»Wie immer, wenn ich eine neue Höhe erreiche und einfach nur dasitze.«
Peter, der vorher noch in aller Gelassenheit auf der Plattform gesessen hatte, blickte jetzt schmerzverzerrt und angstvoll ins Gasherbrum-Tal hinunter, in dem bereits die ersten Schatten lagen. Seine Fröhlichkeit war verschwunden. Er sprach nicht mehr, schien völlig abwesend und fror. Der plötzliche und ungewöhnlich heftige Kopfschmerz machte ihm so zu schaffen, daß ihm fast übel wurde.
Ich band das Sturmzelt vom Rucksack, rollte es aus, legte es auf die Plattform, die wir in mühseliger Arbeit hergerichtet hatten, und breitete es auseinander. Der Untergrund war ein bißchen schief. Das Eis, auf das wir bei unseren Grabarbeiten bald gestoßen waren, hatte es uns nicht erlaubt, eine völlig waagrechte Stelle herzurichten. Zum Glück hatten wir die Zeltgestänge im Tal schon markiert, so daß wir jetzt keinerlei Schwierigkeiten hatten, sie richtig zusammenzusetzen.
Ich hatte mir an der Rückseite des Zeltes zu schaffen gemacht. Peter saß auf der Seite des Eingangs und betastete vorsichtig die Schläfen seines Schädels, der ihm jeden Augenblick zu zerspringen schien.
»Sobald das Zelt ganz steht, kannst du dich hineinlegen und ein bißchen ausruhen. Du mußt versuchen, deine Kopfschmerzen wegzukriegen, dann geht's schon wieder. So wie ich dich kenne, bist du morgen wieder in bester Verfassung.«
An einigen kopfgroßen Steinen verankerten wir die Hauptschnüre des Zeltes, das allerdings etwas kreuzhohl dastand. Auch die Wände hingen leicht nach innen. Der leiseste Windhauch ließ sie flattern. Während Peter seinen Rucksack auspackte, bemühte ich mich, im Windschatten des Zeltes eine Kochstelle zu bauen.
Jede Faser meines Körpers war müde. Ausgelaugt von der ununterbrochenen Anstrengung und einer Spannung, die vom ganzen Körper Besitz ergriffen hatte. Auch das

Das »brüchige Band«, ein steiler Felsgürtel zwischen 6900 und 7100 Metern Höhe, bildete die Schlüsselstelle in der Hidden-Peak-Nordwestwand.

Kochen kostete mich Überwindung. Die Augen brannten vom ununterbrochenen Schauen und Suchen. Knapp darüber, hinter der Stirn, war mir, als hätte sich ein Knoten gebildet.
Es dauerte lang, bis das Eis zu Wasser geschmolzen war, und fast nochmal so lang, bis es so warm war, daß man Tee damit bereiten konnte. Ich befand mich nun nicht mehr in einem Zustand zwischen Schlafen und Wachen, wie es unmittelbar nach dem Aufstieg und während des Zeltaufbauens der Fall gewesen war, sondern war geistig voll da. Mit Behagen schlürfte ich einige Schlucke Tee und stand immer wieder auf, um mich strecken zu können. Die Anstrengung wich langsam aus den Muskeln, und der Knoten über meinen Augen löste sich.
Der spitze Winkel, in dem die messingfarbenen Sonnenstrahlen das Zelt trafen, verriet mir, daß es bald Abend war. Nochmals reichte ich Peter Tee. Er spülte damit eine zweite Kopfschmerztablette hinunter, worauf er sich wieder hinlegte. Immer noch saß ich auf einem Geröllhaufen vor dem Zelt und kochte, schmolz Eis, braute Suppe und Tee. Während der Kocher surrte, suchte ich die Ausrüstungsgegenstände zusammen, die rund ums Zelt verstreut lagen. Ich ordnete sie so, daß wir sie am nächsten Morgen schnell anziehen oder einpacken konnten. Nach einer Weile holte ich tief Luft, um alle Kräfte in mir zu mobilisieren, stieß mich vom Boden ab und ging die wenigen Schritte zum Rand der Schotterfläche. Dort lag kein Schnee, sondern nur Eis. Ich pickelte einige Stücke davon heraus und schaffte sie dann zum Zelteingang. Hier waren sie griffbereit, so daß wir am Abend und am Morgen im Zelt liegend kochen konnten.
Während all dieser Zeremonien war Peter zunächst bewegungslos dagelegen. Er hatte vergessen, daß wir hoch oben am Hidden Peak kampierten, daß morgen der entscheidende Tag sein sollte. Erst als die Kopfschmerzen gewichen waren, spürte er eine Schwerelosigkeit ohnegleichen. Plötzlich war er mit einer solchen Vorfreude auf den nächsten Tag erfüllt, einer Spannung, wie er sie nur vor ganz großen Bergfahrten empfand. Sein ganzes Wesen konzentrierte sich in diesen Stunden auf den kommenden Tag, auf die Kleidung, die anzuziehen war, und auf die Bewegungen, deren Abfolge er jetzt schon überlegte. Überdies waren es die Fragen der Krafteinteilung und des taktischen Vorgehens, die ihn beschäftigten. Alle privaten Gedanken und Gefühle hatte er aus seinem Unterbewußtsein verdrängt.
»Wann müssen wir aufbrechen?« fragte er nach einer Weile.
»Wenn die Sonne aufgeht.«
Alles hing nun davon ab, daß keiner von uns beiden krank wurde, daß das Wetter weiterhin gut blieb und daß wir schnell genug waren, um den Gipfel in den frühen Nachmittagsstunden zu erreichen. Wir hatten uns darüber geeinigt, daß wir spätestens um 15 Uhr am höchsten Punkt sein mußten, andernfalls würden wir ohne Gipfelerfolg umkehren. Es wäre unvorsichtig und verantwortungslos gewesen, auch dann noch zum Gipfel weiterzusteigen, wenn unser Rhythmus nicht den Erwartungen entsprochen hätte. Auch der Abstieg mußte einkalkuliert werden, und ich wußte aus Erfahrung, daß ein nächtlicher Abstieg von einem Achttausendergipfel mit der Müdigkeit und der Konzentrationsschwäche, die da oben unvermeidlich sind, immer große Gefahren mit sich bringt.
Peter war den ganzen Abend über froh gestimmt und doch wortkarg. Er aß wenig, trank aber so viel er konnte und starrte immer wieder ins Leere. Auch ich machte keinen Versuch, eine Unterhaltung in Gang zu bringen, und wenn meine Aufmerksamkeit von

der bevorstehenden Besteigung abließ, schaute ich in Richtung Gasherbrum IV, an dem jetzt die Sonne unterging.
Wir spürten die Kälte nicht, obwohl mit den letzten Sonnenstrahlen auch der Hauch von Wärme verschwunden war. Der Himmel im Westen war rot gefärbt wie Zinnober, und die Berge, die in den Morgenstunden so klar und bis in ihre feinsten Kanten und Rinnen gegliedert gewesen waren, lagen verschwommen hinter einem Vorhang von vielen kleinen Teilchen.
Ein Lichtfleck hing am Gipfel des Hidden Peak, als ich mich vollkommen angezogen ins Zelt zwängte. Schwer atmend kroch ich in den Schlafsack, lockerte die Innenschuhe, legte ein zweites Paar Handschuhe unter meinen Kopf. Die Daunenjacke, eine Sturmmütze und den Rucksack schob ich unter Rücken und Gesäß zurecht und drängte mich dann auf die eine Seite des Zeltes, damit Peter Platz hatte.
Der kleine Schotterfleck, auf dem wir lagen, war im Grunde kaum für ein Biwak geeignet. Doch hatten wir beschlossen, noch bei Tageslicht eine Lagerstelle herzurichten, denn sonst wären wir unter Umständen Gefahr gelaufen, überhaupt keine mehr zu finden. Hier war zwar abschüssiges Gelände und der Platz dem Wind ausgesetzt, wir konnten aber vor dem Zelt unangeseilt und ohne Absturzgefahr herumspazieren, und das war wichtig.
Ausgestreckt lagen wir in unseren Schlafsäcken im Zelt, ich an der Bergseite, Peter talseitig. Beide hatten wir einige Kleidungsstücke unter die Matte geschoben, so daß die Lagerstätten weniger abschüssig waren. Nur so war es zu verhindern, daß wir dauernd übereinanderrollten.
Mit Sorge dachte ich jetzt daran, daß ich beim Biwakbau nur einen einzigen Eishaken hatte setzen können. An diesem war das Zelt fixiert. Alle übrigen Schnüre hingen an losen Steinen. Eine bessere Sicherung war einfach nicht möglich gewesen. Das Gefühl, bei einem starken Sturm mitsamt dem Zelt weggetragen zu werden, konnte ich nicht ganz aus meinem Hirn verbannen.
Noch lange bevor ich ein letztes Mal an diesem Abend mit der Kocharbeit begann, kamen am immer dunkler werdenden Himmel die ersten Sterne zum Vorschein. Hier oben war es noch nicht Nacht, wenn sich diese auch in den Tälern bereits ankündigte. Natürlich hatten wir keine Ahnung, was der Wetterbericht meldete, aber ich war überzeugt davon, daß es auch am nächsten Tag schön sein würde.
Auf dem kleinen Gaskocher, den ich auf einer Felsplatte am Zelteingang wackelig aufgebaut hatte, braute ich eine Dose Tee nach der anderen. Wir tranken ihn abwechselnd, jedoch schweigend und ohne jeden Genuß, aber wir tranken, mußten trinken. Zwar hatten wir beide im Laufe des späten Nachmittags einige Bissen gegessen – gedörrte Pflaumen und ein Stückchen Brot –, jedoch zu einem ausgedehnten Abendessen empfanden wir nicht die geringste Lust. Ein klebriger, fader Geschmack lag in unseren ausgetrockneten Mündern, den auch der Tee nur für einige Minuten verdrängen konnte. Das warme Getränk half gegen Durst, und jeder Schluck wärmte nicht nur den Magen, sondern den ganzen Körper.
Die ersten Stunden im Biwak, ohne jede Beschäftigung. Ich versuchte, den Tag zu rekapitulieren, um so alle anderen Gedanken auszulöschen. Es gelang mir nicht.
Mit offenem Mund lag Peter neben mir. Aus seinen Bewegungen schloß ich, daß auch er wach war. Wenn er schlief, ging sein Atem zeitweise in ein Röcheln über. Zu wenig Sauerstoff im Zelt. Fingerdicker Reif an den Stoffwänden.

Versfetzen liefen durch mein Gehirn: »Mit den Göttern soll sich messen... Mit den Göttern soll sich nicht messen... Mit den Göttern...« Weiter kam ich nicht. Dann: »Durch diese hohle Gasse muß er kommen.« Wie Telegramme erreichten diese Fragmente meinen Kopf, wie damals beim Auswendiglernen für die Schule.
»Frei muß man sein, um so etwas in Ruhe zu Ende führen zu können; frei von Frauen, frei von materiellen Wünschen, frei von Angst.« Endlich wieder ein abgeschlossener Gedankengang.
Wie spät es jetzt wohl war? 3 Uhr, vielleicht auch 4 Uhr? Es blieb immer gleich dunkel im Zelt. Sternklare Nacht draußen...
Rastplatz über der »Sichel«. Die Mulde, die aus dem Gasherbrum-Tal wie eine liegende Sichel gewirkt hatte, war in Wirklichkeit eine riesige konkave Bucht, steil und eisig. Auf einer winzigen Plattform, die Peter in den Schnee getreten hatte, rasteten wir erstmals seit dem Aufbruch um 8 Uhr morgens. Vom Grat aus sahen wir weit unter uns das gelbe Zelt, in dem wir bis zum Morgengrauen biwakiert hatten. Der kleine Schotterfleck lag jetzt in der Sonne...
Nächste Rast an einem Felsblock, den wir nach 28 Schritten erreichten. Dann stiegen wir durch die »Mulde«: klettertechnisch leichtes Gelände, aber anstrengend. Ich zählte wieder die Schritte: zehn, elf... 24, 25. Steil wurde es erst wieder weiter oben. Das hatte ich schon auf den Fotos erkannt. Wir hielten jetzt auf den Grat zu, an dem Nord- und Nordwestwand zusammenstoßen. Nach jeweils 25 bis 28 Schritten waren wir so ausgepumpt, so erschöpft wie nach einem mit äußerstem Einsatz durchgestandenen Mittelstreckenlauf. Und etwa 200 solcher Stücke fehlten noch bis zum Gipfel!
Ein Glück, daß wir so zeitig zu klettern begonnen hatten. Wir waren zwar noch tief, aber das machte nichts; wir waren da, wo wir waren. Das Ziel noch imaginär, aber Ziel. Der Wille getragen vom Glauben an das Gelingen.
Wieder 25 Schritte. Man sah wenig dabei. Nur die Spitzen der eigenen Schuhe, wenn man sie in den Firn stieß, und die Hände. Jeder Schritt so, wie wenn man immer dasselbe Wort vor sich hersagt: 21, 22...
Wenn wir uns setzen konnten, schauten wir ins Tal: Großartige Landschaft! Gipfel so weit das Auge reichte. Dunst nur am Horizont. Wir befanden uns schon weit darüber.
200 Meter weiter oben mußte ich den rechten Schuh ausziehen. Ich spürte die Zehen nicht mehr. Umständliche Manöver: Gamaschen weg, Außenschuh, Strümpfe, Innenschuh, Fellschuh, nochmals Strümpfe. Vorsichtig massierte ich meinen amputierten Vorderfuß.
Als wir auf den Grat zwischen Nord- und Nordwestwand gelangt waren, blieben wir eine Weile stehen. Links vom Gratrücken war es steil, zudem felsig, offenbar zu schwierig. Also verließen wir den Grat wieder nach rechts.
Das Sonnenlicht füllte jetzt alle Schluchten und Täler. In der Ferne jener matte Schleier über den Bergen, wie eine durchschimmernde Mauer.
Ab und zu sagte Peter ein paar Worte: »Es geht schon«, oder: »Da hinten liegt Tibet.«
»Ja«, bestätigte ich dann.
Die Bedeutung dieser Sätze lag mehr in den Lauten als in den Worten. Wir wollten uns gegenseitig versichern, daß wir noch da waren und auch noch fähig zu denken.
Eine Weile lang stiegen wir durch eine S-förmige Rinne empor, aber diese Rinne war zu anstrengend und zudem lawinengefährlich. Zuviel lockerer Schnee lag auf den Platten. Wir verließen sie wieder und kletterten an den felsigen Rippen weiter.

Offenbar waren wir doch höher gekommen; man sah jetzt den K 2. In der Ferne einzelne kleine Wolken am Horizont, wie Fische, weißgrau.
Wenn ich nach zwei Dutzend Schritten reglos am Hang lehnte – nur die Hände umklammerten die Haue des Pickels, dessen Stiel ich noch in den Firn gerammt hatte, bevor mein Wille erlahmte –, spürte ich, wie mein Herz schlug. Von den Waden bis hinauf zum Kopf. Langsam klang das Pochen ab, und ich hörte wieder ein ganz leises Singen, fast monoton. Ein gleichmäßiges helles Geräusch kam aus dem Schnee, aus dem Fels. Nicht vom Wind. Wahrscheinlich hörte es Peter gleich stark wie ich. Am Ende der Rastpausen war es am klarsten. Keine menschlichen Stimmen. Ein Singen, das nur so lange da war, als wir beide uns nicht rührten.
Wir hatten Glück mit dem Wetter, es blieb schön wie am Tag vorher. Beim Spreizen in einer felsigen Rinne hatte sich Peters rechtes Steigeisen gelöst. Seine roten Gamaschen, die den ganzen Fuß von der Schuhsohle bis zum Knie einhüllten, störten ihn beim Steigen. Auch erschwerten sie das Befestigen der Steigeisen. Er zog deshalb die eine Gamasche aus, ließ sie einfach liegen, einen Steinmann darüber.
Wir standen mitten in der Einöde der Gipfelwand. Die steilen, harten Linien der Pyramide liefen über uns zusammen. Zu einem Strich, wo die Fels- und Eiswände zurückwichen. Da oben schien alles zu ruhen. Selbst die dünne Schneefahne hing unbeweglich am überwächteten Grat.
Nicht ein Hauch regte sich, obwohl die Luft leicht war und kalt. Die ganze weiße Fläche unberührt. Seit Jahrtausenden ohne Spur. Die Stimme des Berges hörte sich jetzt nicht mehr an wie ein schläfriges Beten, sondern wie ein träumerisches Summen, das zeitweise völlig abklang, um dann wieder neu zu erwachen.
Peter tat nur mehr das Allernotwendigste. Wohl, um seine Kräfte zu sparen, stieg er schnurgerade empor. Jetzt hatte er eine schmale Felsrippe über mir erreicht, starrte in die Tiefe. Mechanisch rückte er seine Steigeisen zurecht, die sich im Laufe des Aufstiegs nochmals gelockert hatten.
Neben meiner Sicherheit und meiner Gesundheit war ich natürlich auch um die von Peter besorgt. Aber nicht so, wie man als Führer um seinen Gast Sorge trägt, sondern parallel zu meiner Person. All meine Aufmerksamkeit galt uns beiden als einer Einheit. Wenn wir zwei auch nicht durch das Seil miteinander verbunden waren, so fühlten wir doch wie eine Seilschaft, wie ein Gebilde, das in sich ruhte, das in sich eins war. Es war etwas Synchrones in unserem Denken, in unserem Handeln, in unserem Planen. Ein kurzer Blick genügte, um über die Absicht und die Gemütsverfassung des anderen informiert zu sein, um das auszuführen, was der andere wollte. Es waren nicht allein die gemeinsamen Touren früherer Jahre, die uns dieses erweiterte gegenseitige Verständnis gaben. Es war auch die äußerste Spannung, die dieses Sich-eins-Fühlen mit dem anderen steigerte, die Konzentration, die in Gipfelnähe träger, aber differenzierter wurde.
Meist sahen wir gleichzeitig, wo der beste Weg verlief. Unsere Augen entsprachen einem verlängerten Tastsinn. Wenn sie die Wand über uns absuchten, den Schnee prüften oder nach dem Gipfelgrat Ausschau hielten, war es, als griffen unsere Hände danach.
Immer wieder sagte Peter etwas, was ich Sekunden vorher gedacht hatte. Aber es war nicht unbedingt notwendig, daß wir nebeneinander standen oder miteinander sprachen, um jene Leitung zu spüren, jene Kommunikationsströme, die von einem Gehirn ins andere übergingen. Auch wenn wir 20 oder 40 Schritte voneinander getrennt höherstiegen, spürte der eine, was der andere tat, sah oder dachte. Und immer derjenige, der an

der Spitze kletterte, trug die Verantwortung für die richtige Route und für die beste Spur. Der jeweils Zweite ordnete sich bedingungslos unter. Den ständigen Rollenwechsel Führer – Folgender nahmen wir zwar nicht bewußt wahr, vollzogen ihn aber nach jeweils 200 Höhenmetern.
Seit Stunden schon hatte ich die Energie und die mutige Entschlossenheit Peters gespürt, der unterschwellig wußte, daß wir zum Gipfel kommen und am gleichen Tag noch bis zum letzten Biwak absteigen würden. All die Hemmungen und Verunsicherungen, die uns am Tag vorher in der steilen Eisflanke befallen hatten, waren von uns abgebröckelt. Eine breite Ruhe begann sich in uns auszudehnen.
Als am späten Vormittag die Höhe mit jedem Schritt spürbarer wurde, rasteten wir öfter. Peter, der jetzt wieder vorauskletterte, bemühte sich nicht nur, gleichmäßige Stapfen in den harten Firn zu schlagen, sondern auch kleine Stufen zu nehmen. Plötzlich unterbrach er die Stille einer Rastpause, indem er mir zurief:
»Wie geht's denn, Reinhold?«
Ich erhob mich kurz von meinem Pickel, und als ich den Kopf zurücklegte, mußte mir wohl ein optimistisches Grinsen geglückt sein.
»Wir sind schnell genug«, sagte ich, »wir werden es schon schaffen.«
Dann atmete ich wieder hastig und auf den Pickel gestützt, wie immer in den Erholungspausen. Bevor ich weiterkletterte, tauschte ich mit Peter einen Blick. Ich war im Begriff, an ihm vorbeizusteigen, da wurde ich von ihm unterbrochen. »Da oben, das muß der Grat sein, der Gipfelgrat.«
Feine Schneekristalle schwebten zwischen uns und dem tiefblauen Himmel. Abwechselnd kam und verschwand ihr Gefunkel. Der Schneestaub hing in der Luft wie in einem eigentümlich schwerelosen Raum. Das Beruhigende dieses Vorgangs wurde noch verstärkt durch die Tatsache, daß in der Wand völlige Windstille herrschte, daß weit und breit keine Wolke zu sehen war. Zum ersten Mal bei einem Aufstieg zu einem Achttausendergipfel schien die Luft um mich herum stillzustehen, schienen alle atmosphärischen Kräfte aufgehoben. Sogar die Sonne war relativ warm, und nicht einmal der Atem gefror mir an den Bartfransen, die von der Oberlippe in den Mund hingen. Keiner von uns sprach. Keiner brach das Schweigen.
Die Steilheit der Wand war jetzt weniger stark. Je höher wir stiegen, um so mehr neigte sich der Hang. Er zwang uns förmlich, in eine Scharte hinaufzuklettern, die zum Greifen nahe schien.
Leise erst, doch allmählich immer lauter werdend, erhob sich ein Brausen über unseren Köpfen, ein Brausen wie von einem riesigen Blasebalg.
Als Peter den Grat erreicht hatte, spielten die Sonne und der Wind in seinem Haar. Bei mir unten war die Luft noch ruhig. Ich stapfte in der Hoffnung aufwärts, Peters weiteren Aufstieg filmen zu können. Bis in die letzte Faser davon überzeugt, daß wir es bald geschafft hatten, sagte Peter nur diesen einen Satz:
»Das ist der Gipfelgrat!«
Dabei zerrte er wieder den Pickel aus dem Firn und stieg weiter. Der Wind war hier stark, aber nicht unangenehm. In ihm erstarben die Geräusche meines hechelnden Atems und der unregelmäßigen Schritte im Firn.
Am Grat zwischen Nordwestwand und Südwestflanke angelangt, tat sich über dem Ostgipfel des Hidden Peak das Bild Tibets vor uns auf, ein Bild, demgegenüber alles verblaßte, was ich bisher an Weite gesehen hatte. Eine Gebirgslandschaft in Grau und

Weiß, die sich von Felskamm zu Felskamm ins Unendliche fächerte. Die einzelnen Höhenrücken wirkten wie gigantische, plötzlich zu Stein gewordene Sturmwellen. Links davon die höchsten Gipfel des Karakorum, gleich drei Achttausender: Gasherbrum II, Broad Peak, K 2; Grenzberge zwischen Tibet und Pakistan. Wie irrational griffen sie in den schwarzblauen Himmel; sie lähmten den Mut, vergegenwärtigten mir unsere eigene Höhe und Einsamkeit.

Diese Einsamkeit war überwältigend. Wenn ich daran dachte, wie lange wir gebraucht hatten, um bis hierher zu gelangen, schien sie mir eine Ewigkeit. Sie war aber auch still, schweigsam wie der durchsichtige Raum über den Gipfeln, in dem nur noch die Sterne sich drehten. Ich hatte mir diese Einsamkeit immer gewünscht. In vielen Jahren hatte ich mir die Unabhängigkeit dafür erworben. Nun fand ich erstmals die Ruhe, sie zu erleben.

Hier, in nächster Nähe des Gipfels, stand die Welt zeitlos still. Das Brausen des Windes und das Summen aus dem Innern des Berges bildeten einen Teppich über den Tälern, so groß wie das Meer. Dieses anhaltende wogende Geräusch. Die gleitenden Farben im gezackten Rund trafen am Gipfel zusammen in Schwarz und Weiß. Die Atmosphäre war von Ruhe geprägt, nicht von der lähmenden Ruhe des Todes, sondern von der befreienden Ruhe der Leere, die leicht und sorglos im Raum stand. Alle Geräusche waren wie tiefes Schweigen, jede Bewegung nicht Arbeit und nicht Handlung, nur Sein. Das Sein war Frieden, völlig ungestört vom fernen Gang der Jahrtausende.

Im Sucher der Kamera war Peter kaum auszumachen. Seine dunkle Gestalt verschwamm mit dem schwarzen Hintergrund des Himmels. Nur wenn er einige Schritte in die Westflanke abstieg, konnte ich seine Füße im Firn sehen. Jetzt stand er oben auf der höchsten Wächte, scheinbar aufgelöst im Nichts. Ich vermochte nicht zu sagen, wie weit es bis zu ihm war.

Bei dem Gedanken, den Gipfel nach diesem zähen Aufstieg als erster zu betreten, überkam ihn ein Triumphgefühl, eine starke innere Erregung. Ich bemerkte, wie seine Müdigkeit wich und wie er unversehens seinen Schritt beschleunigte.

Daß er oben war, merkte er in dem Augenblick, als er westseitig bis zum Abruzzi-Gletscher sehen konnte. Um sich nochmals zu vergewissern, stieg er an der Gegenseite bis zum ersten Felszacken ab und schlug dort den einzigen Haken ein, den wir bis zum Gipfel mitgenommen hatten. Als er auf die Firnkuppe zurückkehrte, trafen wir zusammen, umarmten uns.

Peter konnte die Freudentränen nur schwer zurückhalten. Lange saßen wir dann schweigend da und schauten in die Runde. Die spontane Erregung wurde schwächer, und mit der Rast kam der Friede zurück. Wieder erwachten die Stimmen der Stille, und eine einschläfernde Müdigkeit schlich sich in unser Denken, Schauen, Fühlen. Nur die Spuren der Steigeisen im harten Firn und der Pickel mit der winzigen Europafahne neben dem Rucksack erinnerten daran, daß wir auf dem höchsten Punkt des Hidden Peak saßen.

Die Luft über den Bergen war mit feinen Zeichnungen übersponnen. Zeichnungen, die sich um einen Mittelpunkt scharten, hier und dort mit purpurnen und goldenen Flecken durchsetzt. Die Gipfel selbst – Baltoro Kangri, Chogolisa, Masherbrum, Mustagh-Turm, die Gasherbrums, Broad Peak, K 2 – bildeten ein Chaos aneinandergelehnter Flanken und Wände. Da und dort versperrten sie die Aussicht. Weiter hinter ihnen verschwammen dunklere Felskämme und Himmel zum Horizont. Darüber standen wie weiße Minaretts Wolken, Nebel und zeitweise bunte Blumen.

Wir saßen am Gipfel, im Mittelpunkt eines unendlichen, leeren Raumes. Tief unten in den Tälern lag milchiger Dunst. Der Horizont um mich wuchs wie die Leerheit in mir. Und meine tiefen Atemzüge verdichteten sich zu spontanen Erscheinungen in einem reinen, visionären Kreis. Mit einem unbeschreiblichen Gefühl der heiteren Gleichgültigkeit erwachte ich aus diesem Zustand der Harmonie, aus einer Art Nirwana.
Wir mußten absteigen, zurück ins Biwak ...
Jeder suchte sich jetzt – Gesicht zur Wand – seinen eigenen Weg neben der Aufstiegsspur. Jetzt war all mein Planen und Denken nicht mehr auf den Gipfel bezogen, sondern auf das Basislager und darüber hinaus schon auf daheim. Sprunghaft tauchten im Unterbewußtsein Gedanken auf, die beim Aufstieg nicht dagewesen waren:
»Wir waren oben.« – »Mein dritter Achttausender.« – »Der erste Mensch, der drei Achttausender bezwungen hat.«
Wir rasteten jetzt nicht mehr so oft, hatten Müdigkeit und Zeit vergessen.
Nach weniger als zwei Stunden waren wir 100 Meter über der »Sichel«, das Terrain begann flacher zu werden. Ich zwang mich aufzupassen, wie ich mich beim Aufstieg gezwungen hatte, einen Schritt vor den anderen zu setzen.
Im klaren Licht der späten Nachmittagssonne stolperten wir auf das Zelt zu, das wir lange vorher schon mit den Augen fixiert hatten. Das Abendessen bestand aus Suppe, Tee und Schokolade. Danach legten wir uns ins Zelt, lauschten auf die Laute des Abends und freuten uns über den klaren Sonnenuntergang. Schließlich zogen wir die schweren Außenschuhe von den Füßen und krochen in den Schlafsack.
Ich schlief gut, aber dann, im Morgengrauen, hämmerten Zahlen durch mein Bewußtsein: 15, 16, 17 ... Mein Gehirn zählte, immer wieder von vorne beginnend, ohne Ergebnis und ohne Sinn, zählte immer noch Schritte.
Peter fuhr aus seinem leichten Schlaf auf. Er schnappte nach Luft, wie jemand, den man in einen Plastiksack gesteckt hat. Der starke Wind und das Geflatter der Zeltwände bildeten sofort eine akustische Brücke vom engen Zelt zur kalten Nacht in mehr als 7000 Metern Meereshöhe. Peter öffnete und schloß ein paarmal die Augen, blickte sich im Dämmerschein um, versuchte, sich zurechtzufinden. Es war ungefähr 5 Uhr morgens.
Jetzt sahen wir, daß das Zelt am Fußende aufgerissen war. Der Wind trieb feinen Pulverschnee herein, der sich am Kopfende aufstaute. Im Schlaf hatte wohl einer von uns die Ausrüstungsgegenstände, die wir am Abend am Fußende des Zeltes abgelegt hatten, zu sehr an die Stirnwand gedrückt, so daß der Sturm sie zerreißen mußte. Peter hatte tief geschlafen. Die veränderte, dramatische Situation, so schrecklich sie war, vermochte ihn nicht aus der Ruhe zu bringen.
Langsam begann die Schwere der Beine einer Unruhe zu weichen, die ein leises Zucken in den Füßen nach sich zog. Um dem eisigen Schnee zu entgehen, der immer wieder über mein Gesicht wehte, schob ich mir die Daunenjacke, die ich nachts auf den Schlafsack gelegt hatte, über den Kopf. Meine Bewegungen waren ungeschickt, irgendwie automatisch, so, wie wenn jemand im Schlaf seine Decke zurechtrückt. Der Wind fuhr so eisig durch das Zelt, daß ich es nicht mehr länger aushalten konnte. Ich erhob mich halb, um die Lage zu kontrollieren. Haare und Pullover waren schneeverklebt, am Fußende des Zeltes wirbelte ständig neuer Schneestaub herein. Im Zeltinnern war es jetzt wie draußen: stürmisch und unangenehm. Nur die Müdigkeit hatte uns so spät aufwachen lassen.
An allen Graten pfiff der Wind. Ein Rauschen und Dröhnen, das unsere Gespräche und das Flattern der Zeltplanen übertönte. Der Wind zerrte mit solcher Kraft an allem, was

herumlag, daß ich das Gefühl nicht loswerden konnte, daß er uns mitsamt dem Zelt einfach wegtragen würde.
Ich öffnete den Zelteingang und hatte augenblicklich das Gefühl, in einem Gebläse zu liegen. Instinktiv griffen Peter und ich nach den Habseligkeiten, die lose im Zelt herumlagen. Wir suchten unsere Rucksäcke und verstauten alles in ihnen, was wir nicht anziehen wollten. Dann legten wir sie ins Freie und hatten im nächsten Augenblick auch schon selbst das Zelt verlassen. Wir zogen die Schlafsäcke heraus und bemühten uns, sie im Sturm zusammenzufalten. Als wir die Schuhe anzogen, begannen die ersten Kleidungsstücke davonzufliegen, und mit einem hastigen Blick prüften wir, ob Steigeisen und Pickel noch dalagen. Dann saßen wir auf unseren Rucksäcken und schauten zu, wie der Sturm das Zelt zerfetzte.
Wir mußten – obwohl noch müde vom Gipfelgang und der wie in Erstarrung verbrachten Nacht – den Abstieg ins Gasherbrum-Tal fortsetzen. Keiner von uns beiden kam auf den Gedanken, ihn hinauszuschieben. Wir wußten: Je länger wir hier oben blieben, um so beschwerlicher wurde der Abstieg, und je früher wir ins Tal zurückkamen, desto besser war es. Wieder einmal nahmen wir nur das Allernötigste mit und ließen alles – Gaskocher, überflüssige Nahrungsmittel und auch Klettermaterial –, was wir in den nächsten Tagen nicht mehr brauchten, oben zurück. Diese Gegenstände würden in einigen Tagen vom Sturm weggeblasen oder im Eis eingefroren sein. Als wir nochmals die Rucksäcke kontrollierten und unsere Schlafmatten mit einer Reepschnur zusammenschnürten, stieß ein Windstoß das Zelt um.
»Wir können froh sein, daß wir rechtzeitig ausgezogen sind«, sagte Peter.
Obwohl jetzt jene Spannung, die uns beim Aufstieg Schritt für Schritt weitergetrieben hatte, verflogen war, waren wir nach wie vor konzentriert. Wir wußten, daß auch der Abstieg die ganze Aufmerksamkeit forderte. Bei den Bedingungen, wie wir sie jetzt vorfanden, war der Abstieg entschieden schwieriger als der Aufstieg.
Wenn wir die ersten 1000 Meter lebendig hinunterkommen wollten, mußten wir uns voll einsetzen, mit aller Kraft und mit allem Können zusammenarbeiten. Wir konnten uns in dieser Wand ruhig etwas verausgaben, denn wichtig war, daß wir das flache Gasherbrum-Tal überhaupt erreichten. Tiefer unten würden wir schon weiterkommen, wenn nicht mehr gehend, dann wenigstens kriechend.
Die Genugtuung über den sensationellen Erfolg, die erste Zwei-Mann-Expedition auf einem Achttausender gewesen zu sein, war nun in den Hintergrund getreten. In der Tat war das angesichts des schwierigen Abstiegs völlig bedeutungslos. Immer noch saßen Peter und ich am Rand der kleinen Schotterterrasse, die das schräg einfallende Morgenlicht zaghaft erhellte. Die umliegenden Gipfel schimmerten rosa. In den Tälern lag noch die Nacht. Dort unten schien es vollkommen ruhig zu sein. Kein Sturm.
Peter und ich hatten dasselbe angezogen wie zum Gipfelangriff, nahmen die Rucksäcke mit unseren Fotoapparaten, der Filmkamera, den belichteten Filmen und dem Notproviant auf und begannen mit dem Abstieg. Die wenigen Schritte zum Rand des Plateaus gingen wir etwas unsicher. Der Sturm fuhr uns an, versuchte uns umzuwerfen.
Unheimlich steil fiel die Wand unter uns ab. Es kostete einige Überwindung, den sicheren Boden zu verlassen und in den scheinbar unendlichen Schlund hineinzusteigen. Aber wir mußten hinunter. In der Wand war der Wind weniger stark als am Biwakplatz. Und selbst dort tobte er jetzt nicht mehr so laut wie zuvor. Sobald die Sonne stärker wurde, mußte er ganz abflauen.

Polternd brach ein kleiner Stein unter meinen Steigeisen aus. Es klang ungewohnt laut, das Geräusch übertönte sogar den über unsere Köpfe hinwegzischenden Sturm. Peter drehte den Kopf zur Seite und sah den Steinen nach, die, mit jedem Aufschlag eine kleine Lawine auslösend, in die Tiefe hüpften. An der Geschwindigkeit der fallenden Steine und an ihrem nicht enden wollenden Fall waren die Steilheit und Länge der Wandflucht abzulesen.

Peters Sicherheit und Entschlossenheit litten nicht unter dieser beunruhigenden Gewißheit. Nach wenigen Schritten schon hatten wir beide unser Gleichgewicht und den inneren Rhythmus wieder gefunden, kletterten nun die gleiche Route, über die wir aufgestiegen waren, abwärts. Das Gesicht zum Berg gewandt, machten wir einige Schritte, wobei wir uns vorsichtig mit den Händen an zwei Felsgriffen festhielten, tasteten dann mit den Händen tiefer, während die Füße nun auf festen Tritten standen. Wieder kletterten wir ganz automatisch nach der Drei-Punkte-Regel. Dann verschwand Peter unmittelbar unter mir in einem Kamin. Zwischen meinen Beinen durchblickend, konnte ich seine Bewegungen verfolgen.

An diesem Morgen hatten wir keine Zeit gehabt, den Tagesablauf in aller Ruhe zu besprechen. Auch jetzt flogen ab und zu nur Wortfetzen von einem zum anderen.

»Es ist gar nicht so schwierig, wie ich gedacht habe«, sagte Peter.

»Ja«, brummte ich.

Peter fuhr fort, wie in Trance tiefer zu klettern. Immer wieder, wenn er einen sicheren Felsvorsprung erreichte, wartete er und ließ mir den Vortritt, so daß er sich beim Nachsteigen etwas ausruhen konnte. Wenn ich vorausging, bemühte ich mich, aus der Fallinie unserer Abstiegsroute leicht herauszuqueren, um so nicht etwaigem Steinschlag von oben ausgesetzt zu sein. Das war aber nicht immer möglich, und besonders dort, wo wir uns an schmale Rinnen halten mußten, kletterten wir manchmal unmittelbar übereinander. Jedes Steinchen, das der Obere auslöste, hätte den Unteren aus der Wand schlagen können, wenn die Fallgeschwindigkeit groß genug wurde. Wir bemühten uns deshalb, den Abstand möglichst klein zu halten, in unserer Müdigkeit nicht gleichgültig zu werden.

»Vorsicht, Stein!«

Ich blickte hinauf zu Peter, sah einen kleinen schwarzen Punkt, der sich direkt unter seinen Füßen gelöst hatte und auf mich zukam. Im nächsten Augenblick wich ich auch schon aus und schaute der verhängnisvollen rollenden Kugel nach, wie sie in der Tiefe verschwand.

»Ist etwas passiert?« rief Peter erschrocken.

Ich hielt unwillkürlich einen Herzschlag lang die Luft an, ehe ich antwortete.

»Nein.«

Peter musterte den Fels, an dem er stand, wich dann nach rechts aus, um dort über weniger gefährliches Gelände eine Rinne zu erreichen.

Unser Abstieg vollzog sich anfangs mit quälender Langsamkeit. Der Schnee war teils mehlig, so daß die Steigeisen an den Felsen kratzten, teils war er harschig und darunter so hart, daß die Steigeisen nicht bis zum Grund durchstoßen konnten. Es galt nun, jeden Fuß so zu setzen, daß er nicht plötzlich einbrach oder abglitt, immer so, daß er einen Gegendruck spürte. Der Schnee krallte sich hier in die 60 Grad geneigten Rinnen. Er war wohl nur deshalb liegen geblieben, weil diese Schlunde schmal waren. Immer wieder verengten sie sich wie Flaschenhälse.

Im Gegensatz zum Aufstieg konnten wir beim Abstieg weit mehr Schritte machen, ohne rasten zu müssen. Bei den Verschnaufpausen genügte es mir nicht mehr, einfach nur dazustehen. Ich war bemüht, eine kleine Stufe in den Firn zu schlagen, um beide Füße waagrecht aufsetzen zu können. Im Grunde war dieser Abstieg kein kompliziertes Vorgehen, aber auch nicht eintönig. Er forderte viel Energie, auch wenn wir jetzt mit jedem Schritt in die Tiefe in sauerstoffreichere Luft gelangten.

Immer mehr kam ich zu der Überzeugung, daß eine Sicherung, wie wir sie uns zwischendurch gewünscht hatten, tatsächlich nicht viel Sinn gehabt hätte. Wir hätten nicht immer einen sicheren Standplatz bauen können. Eine Sicherung erfüllt auch in derartigen Wänden nur dann ihren Zweck, wenn der jeweils Sichernde genügend Haken unterbringen kann, an denen er sich selbst befestigt.

Das letzte, unterste Drittel des Abstiegs war das anstrengendste und deshalb gefährlichste. Die Wand war hier steil und teilweise blank, so daß wir nur die vordersten Spitzen der Zwölfzacker einrammen konnten. Wir hielten das Gleichgewicht mit dem Pickel in der Rechten und einem Haken in der Linken, rasteten öfter als früher. Wir arbeiteten immer noch ohne Sicherung – bis auf den psychologischen Rückhalt, den die Anwesenheit des anderen jedem von uns gab. Jedes Abrutschen hätte unweigerlich zum Absturz geführt, und obwohl die Wand unten flach auslief, bestand keine Chance, den Sturz bis ins Gasherbrum-Tal zu überleben. Nicht, daß wir in diesen Stunden an unsere Verantwortung dachten, aber wir kletterten mit größter Umsicht. Und dies trotz der ständigen Anspannung. Obwohl wir jetzt recht schnell tiefer kamen, empfanden wir unsere Geschwindigkeit als Schneckentempo. Bei jeder Rastpause berechnete ich im Geiste die Strecke, die noch bis zum Wandfuß fehlte.

Jede einzelne Stufe aus dem Eis hauen, um dann richtig rasten zu können; mit dem schweren Rucksack beim Klettern nicht das Gleichgewicht verlieren – das waren meine Gedanken, die meinen Willen immer wieder von neuem ankurbelten.

In vier Stunden hatten wir etwa 600 Höhenmeter geschafft. Ebensoviele fehlten noch bis zum Bergschrund, der unten als ganz schmaler schwarzer Streifen zu erkennen war. Peter keuchte vor Erschöpfung. Die eisige Luft der immer noch schattigen Wand fuhr ihm stechend in die Lungen. Seine Arme waren vom ständigen Druck auf Haken und Eispickel bleiern schwer, seine Füße drohten ab und zu nachzugeben. Wenn er stehen blieb, um einige Minuten zu rasten, wurde eine Qual gegen die andere ausgetauscht. In jeder Ruhepause sackte eine lähmende Schwere in seine Beine, das Stechen der Lungen war dann noch stärker spürbar, und seine Muskeln wurden von krampfähnlichen Spannungen zusammengezogen. Er stöhnte vor Übermüdung. Einzelne Rotztröpfchen waren ihm an Bart und Oberlippe zu Eis gefroren.

Unser Ziel, das Gasherbrum-Tal, war immer noch in allzu entmutigender Ferne, als daß es sich gelohnt hätte, sich in Gedanken daran zu klammern. Also konzentrierten wir uns auf die Dinge, die unmittelbar vor uns lagen. Auf die schier endlose Eisflanke unter unseren Füßen. Wieder einige Schritte und wieder einige Schläge in das harte Eis, um eine Kerbe zum Stehen zu haben. Fünf Stunden dauerte dieser Abstieg schon, und immer noch fehlten 300 Höhenmeter bis zum Wandfuß.

Immer häufiger legten wir Ruhepausen ein, die sich länger und länger hinzogen. Ich versuchte, meinen Körper zu betrügen, ihn dazu zu verleiten, die Abstände von Standplatz zu Standplatz größer werden zu lassen. Durch die Suggestion, daß unten alles aus sei, daß unten alles leichter würde, holte ich das Letzte aus mir heraus.

»Noch einen Schritt, dann kannst du wieder ausruhen.« Dieses »noch einen Schritt« sagte ich immer wieder, und so konnte ich die Kletterstrecken zwischen den Rastpausen nach und nach verdoppeln.
Aus dem Augenwinkel sah ich plötzlich, daß Peter, der gerade rechts unter mir kletterte, seinen Rucksack abgeworfen hatte. In tollen Sprüngen und Sätzen wirbelte dieser die Wand hinunter, rollte im Gasherbrum-Tal aus. Im ersten Moment war mir bei diesem Schauspiel ein kalter Schauer über den Rücken gelaufen, aber dann merkte ich, daß Peter trotz des fallenden Gewichts die Balance halten konnte und seinem Rucksack gelassen nachsah. Sein rechtes Steigeisen hatte sich offensichtlich gelöst, und um es wieder befestigen zu können, hatte er den Rucksack abwerfen müssen. Mit der unförmigen Last auf dem Rücken hätte er nicht genügend Spielraum gehabt, die Gurte wieder enger zu schnallen.
In diesem Augenblick bemerkte ich, daß auch eines meiner Eisen locker war. Unsicher stand ich in der Wand. Ohne weiter darüber nachzudenken, nahm auch ich die eine Schlaufe des Rucksacks von der Schulter, wand mich etwas, und schon war mir die Last entglitten. Wie Peters Rucksack wenige Minuten vorher, so sauste auch meiner die Wand hinunter. Das erste Stück rollte das rote Bündel, dann machte es gewaltige Sätze. Ich sah noch, wie es über die Randspalte schwirrte und unten in mehrere Stücke zerschellte.
Es war mir gleichgültig, ob ich den Rucksack wiederfinden würde oder nicht, ob ich die Sachen zurückbrachte oder nicht. Wichtig war in diesem Augenblick nur, daß das Steigeisen hielt und ich nicht selbst die Wand hinunterstürzte.
In Gedanken war ich noch bei unseren beiden Rucksäcken, als ich meinen Abstieg fortsetzte. Plötzlich gab es ein knirschendes Geräusch unter meinem Fuß, und ich merkte, daß sich eine große Scholle, eine Eiskruste, gelöst hatte, sich bewegte. Gerade noch rechtzeitig konnte ich mein Gewicht mit den Armen abfangen. Ein paar kleine Schritte mit den Füßen, und ich hatte wieder Halt. Die Scholle rutschte immer schneller und war bald zu vielen kleinen Stücken zerstoben.
Instinktiv versuchte ich, mein Gewicht gleichmäßig auf Arme und Beine zu verlagern, um so eine größere Haltefläche zu haben. Um die Gefahr des Ausgleitens in jedem Augenblick auszuschalten, kletterte ich immer noch mit Pickel und Stichel.
Während der Rastpausen dachte ich an überhaupt nichts. Peter hatte sich auf einer relativ angenehmen Stufe zusammengekauert und das Steigeisen in Ordnung gebracht. Seine Augen waren starr, und der Schnee, der überall an seiner Kleidung klebte, ließ ihn wie ein Stück Fels mitten in dieser blanken Eisfläche erscheinen.
Eine Stunde später lasen wir im Gasherbrum-Tal unsere Rucksäcke auf.
Durst! Wie ein Stück Leder klebte die Zunge am Gaumen. Staub und Erde im Rachen. Seit dem Abend vorher hatten Peter und ich nichts mehr getrunken. Nun strebten wir lechzend dem Biwakplatz zu, wo wir nicht nur einen Kocher, sondern auch einige Gaskartuschen zurückgelassen hatten.
Der Himmel hatte jetzt die Farbe von Wasser auf moosgrünen Steinen. Weit draußen im Gasherbrum-Tal ein kleiner See. Nein, das war eine Spalte, der lange dunkle Fleck rechts vom ersten Lagerplatz war nichts als eine Spalte. War ich schon farbenblind? Verrückt? Geplagt von Halluzinationen?
Peter war ein Stück voraus. Er ging nicht mehr wie ein Mensch, sondern wie eine Maschine, der Wille war sein Motor. Er war zum Umfallen müde, aber er blieb nicht stehen. Er ging und ging und ging, den Oberkörper leicht vornübergebeugt, mit kleinen,

gleichmäßigen Schritten. Er wäre nicht wieder hochgekommen, wenn er sich jetzt hingesetzt hätte.

Nach einer vierstündigen Rast auf dem Biwakplatz rappelten wir uns wieder auf, stopften in die Rucksäcke, was wir unbedingt zu brauchen glaubten, und begannen mit dem Abstieg über die Eisbrüche in Richtung Basislager.

Wir kamen nicht weit. Der Schnee war noch weich, die Sonnenglut unerträglich. Nach 200 Metern – Peter war gerade ein zweites Mal in eine Spalte getreten – beschlossen wir, an die alte Biwakstelle zurückzukehren und am anderen Morgen erst abzusteigen.

Der Abend und die Nacht vergingen wie im Flug. Langsam wich die Müdigkeit aus unseren ausgetrockneten Körpern. Gegen Morgen setzte der Wind fast ganz aus. Statt des Flatterns der Zeltwände war nur ein leises Singen zu hören. Die ungewohnte Stille machte mich schläfrig und benommen. Eine Zeitlang dösten wir noch vor uns hin, im Unterbewußtsein das Heulen des Sturmes aus der vergangenen Nacht noch immer im Ohr, das Zerren am Zelt in den Knochen. Mir war, als sei eine nächtliche Fahrt im offenen Wagen plötzlich zu Ende. Es trieb feinen Schneestaub durch die Entlüftungsöffnungen in die Biwakhülle.

Als Peter und ich aus dem Biwaksack krochen, bröckelte der Schnee, der sich nachts zwischen unseren Schlafsäcken angesammelt hatte, ab und lag nun auf den gelben Isoliermatten.

Peter richtete sich auf, versuchte, sich zu strecken. Es blieb beim Versuch. Er blickte um sich: Felsen, Berge, darüber ein Stück Himmel, im Süden die Gipfelwand des Hidden Peak, die jetzt jede Sicht nach Tibet versperrte.

Der Himmel hatte immer noch jene weißblaue Farbe, die eine andauernde Schönwetterperiode vermuten ließ. Nur im Osten breitete sich eine Goldtönung über den Horizont. Das Blau in den Tälern war noch durchsichtig, der Schnee in der Morgendämmerung schmutziggrau.

Der Abstieg ins Basislager am Morgen des 12. August glich einem Spaziergang. Die Rucksäcke halb leer, der Schnee hart, alle Gletscherbrücken gefroren. Die beiden Eisbrüche hatten sich zwar verändert, aber wir fanden trotzdem einen Weg.

Die Bergsteiger der polnischen Gruppe, all jene, die nicht mit Wanda Rutkiewicz, der Leiterin, in den Hochlagern saßen, waren die ersten Gratulanten. Sie sprachen von einer neuen Epoche des Sportalpinismus, die wir eingeleitet, und einem neuen, logischen Weg, den wir einer jungen Generation von Abenteurern gezeigt hätten. Erstmals wäre es uns gelungen, den sportlichen Schwierigkeitsalpinismus in die größten Höhen, in die letzten von Erschließung und technischer Nutzung verschont gebliebenen Winkel zu tragen.

Wir selbst hatten uns bei unserer Planung weniger von diesen Gedanken leiten lassen, als vielmehr von der Faszination dieses härtesten Ödlands der Erde, von der Frage nach der Lebensfähigkeit zweier Menschen in der letzten Einsamkeit einer Grenzsituation. Diese Expedition hat mir nicht nur bewiesen, daß man einen Achttausender zu zweit genauso wie einen Alpenberg besteigen kann, sie gab mir auch eine Antwort auf die Frage nach der existentiellen Grundsituation des Menschen. Und schon hatte ich begonnen, mich in einem neuen Verhältnis zur Welt zu sehen.

Manchmal dachte ich daran, was gewesen wäre, wenn wir am Gipfel des Hidden Peak eingeschlummert oder wenn wir gar nicht bis dorthin gekommen wären. Für die Welt bliebe es einerlei. Nur Peter und mir hätte eine weitere Dimension unseres Seins gefehlt.

Am 13. Juli hatten wir Skardu in Richtung Basislager verlassen. Am 13. August verließen wir zusammen mit Khaled, unserem Begleitoffizier, das Basislager zum Rückmarsch nach Skardu. Genau vier Wochen lang hatten wir uns für den Gipfel akklimatisieren können, genau fünf Tage hatten wir für die eigentliche Besteigung gebraucht. Wir waren dabei der Grazer Expedition unter Hans Schell um einen Tag zuvorgekommen und dies, obwohl sie zwei Wochen vor uns aufgebrochen war, für den Gipfelangriff Sauerstoffgeräte und Hochlager eingesetzt hatte. War unser System deswegen das bessere?
Nein, da gab es kein besser oder schlechter, unser System war nur anders gewesen. Schell hatte vorbildlich operiert. Er darf sich rühmen, eine der kleinsten Expeditionen geführt zu haben, die je einen Achttausendergipfel erreicht hat.
Am zweiten Tag des Rückmarsches, auf dem Weg von Concordia nach Urdukas, entlud sich ohne jeder Vorankündigung ein Eisregen über uns. Es war unmöglich abzuschätzen, wie lange er wohl dauern würde. Naß und trüb die Sicht. Eine Brühe, die sich zusammensetzte aus Nebeln, peitschendem Regen, Hagel und Schnee, den uns der Wind direkt ins Gesicht trieb. Wie viele kleine Nadeln stachen die Graupelkörner auf der Haut. Schmerzen im Gesicht, Wasser, das vom Haar über den Rücken bis in die Schuhe lief, Gefühllosigkeit in den Zehenspitzen. Dazu reißende Bäche, nasse Steine und dieses gleichmäßige, ohrenbetäubende Rauschen, wenn wir an Flüssen vorbeikamen. Das ununterbrochene Pfeifen des Windes. In der Ferne ab und zu das Getöse von Lawinen, die links oder rechts vom Gletscher niedergingen. Nicht selten verliefen wir uns und mußten, wenn wir zwischen den Spalten nicht zurechtkamen, ein Stück des Weges wieder zurückgehen, eine andere Route suchen.
In Urdukas, wo wir unser zweites Rückmarschlager aufschlugen, dauerte es keine halbe Stunde, dann herrschte völlige Stille, der Wettersturz war vorüber.
Auch unsere Aufregung, die uns in den Stunden während des Gewitters erfaßt hatte, klang ab wie der Regen, und so sauber jetzt die Steine und das Gras waren, so klar waren auch meine Gedanken.
Mit der Wasserflasche in der Hand machte ich mich auf die Suche nach einer Quelle. Da hörte ich ein schwappendes Geräusch in den Schuhen. Die Füße eisigkalt und dazu Wasser bis an die Knöcheln. Ich mußte erst die Kleidung wechseln.
Die Quelle, aus der wir beim Anmarsch getrunken hatten, war inzwischen versiegt. Ich suchte weiter, bis mir ein leises Geräusch, ein gleichmäßiges Tropfen zwischen den Steinen, den richtigen Weg wies. Mit Mühe fand ich die unterirdische Quelle, die zwar wenig, aber immerhin Wasser hergab. In zwanzig Minuten war meine Flasche gefüllt.
Am nächsten Vormittag standen wir oberhalb von Liligo vor einem milchig-grauen Gletscherbach. Jetzt aber stellte ich mir nicht mehr wie beim Anmarsch die Frage: »Wie werden wir ihn überqueren?« Nun wußte ich, daß es ging. Die Ungewißheit, die zu Beginn unseres Unternehmens nur zögernd gewichen war, kam jetzt gar nicht erst auf. Wir wurden entschlossener mit jedem Tag und jedem Schritt, den wir hinter uns brachten. Jetzt waren die Hindernisse keine Hindernisse mehr, sie wurden einfach genommen. Das bedurfte keiner Selbstüberwindung, wir fürchteten keine Mühen und Gefahren mehr. Nicht die mindesten Bedenken, den Fluß zu überqueren. Beim Anmarsch hätten wir hier nicht nur gezögert, wir hätten vielleicht eine ganze Nacht lang gewartet, bis die Wassermenge zurückging.
Woher kam plötzlich diese Entschlossenheit, diese Härte gegen uns selbst? Vielleicht aus dem Wissen, daß wir uns nicht mehr zu schonen brauchten, vielleicht hatten wir gelernt,

Hitze und Hunger, das harte Leben hier zu ertragen. Wir brauchten nicht mehr zu sparen mit unseren Kräften, unserem Mut, unserer Haut. Wir waren rücksichtslos mit uns selbst, am Anfang jeder neuen Schwierigkeit gelassen, dann ohne alle Bedenken.
Ich tastete in der eisigen Brühe mitten im Fluß, die Beine gefühllos. Ich zögerte nicht, jedenfalls solange nicht, bis mir das Wasser am Bauch stand, erst dann blieb ich stehen. Die Steine, die an meine Schienbeine schlugen und die mich mit jedem Stoß ein Stückchen flußabwärts schoben, taten nicht weh, auch wenn da nachher blaue Flecken waren. Peter folgte, wir stützten uns gegenseitig mit den Händen, balancierten. Als wir noch in der Strommitte gegen die Fluten kämpften, hatten wir das andere Ufer im Geiste schon berührt. Mit den Augen saugten wir uns an ihm fest und tasteten, den Atem anhaltend, in den tiefsten Strudel. Das Wasser bedrängte uns, trieb jedoch keinen ab. So fest hing jeder mit seinen Augen am jenseitigen Ufer.
Unsere Rückkehr in die Niederungen war ein einziger Gewaltmarsch. Tag für Tag wurden die Etappen über den unbarmherzigen Baltoro-Gletscher länger.
»Einmal und nie wieder!«
Wir gingen wie in Trance, die Lippen aufgerissen, Hautfetzen an Nase und Wangen. 50 Kilometer in zehn Stunden.
Zwei Tage blieben wir in Askole, dem ersten Dorf – Wiesen Bäume, Menschen! Wie Musik die Geräusche am frühen Morgen: Das Zirpen der Grillen und Zikaden, das Singen und Schlagen der Vögel; irgendwo krähte ein Hahn, dazwischen bellte ab und zu ein Hund; Bauern, die ihre Ochsen auf den Feldern antrieben, Kindergeplärr, Mädchenstimmen.
Trotzdem, wir wollten weiter. Wieder endloses Ödland.
»Da waren wir noch nie.«
Peter konnte sich an viele Passagen nicht mehr erinnern. Der Gedächtnisschwund, der bei jeder ähnlichen Achttausender-Besteigung unvermeidlich ist, machte sich bemerkbar.
Ich erinnerte mich an einen Ausspruch von Uschi. Einem neugierigen Journalisten gegenüber, der dem Schwanken der Manneskraft in extremen Höhen auf der Spur war, hatte sie geäußert:
»Der Reinhold geht so lange, bis er seine eigene Frau nicht wiedererkennt.«
Wie es ihr jetzt wohl ging?
Während ich am Lhotse gewesen war, hatte sie sich immer gut gefühlt. Sie hatte sich wenig Sorgen gemacht, kaum Angst gehabt. Sie wußte, die Mannschaft war erfahren, und in wenigen Wochen, vielleicht schon zum Gipfelsturm, würde sie bei uns sein.
Nun, bei der Hidden-Peak-Expedition, war alles ganz anders. Uschi war angespannt, müde. Sie grübelte viel über alles nach. Ich glaube, es ist eine Frage der inneren Harmonie. Fühlt man sich als ein Teil der Umwelt, eines Freundeskreises, so ist es leicht, heiter und gleichmütig zu sein. Sie aber hatte sich ziemlich ausschließlich auf mich konzentriert, und obwohl sie im Grunde ein Mensch ist, der gut allein sein kann, kam sie sich jetzt verlassen vor, nicht nur einsam. Durch ein ganzes Mosaik von widrigen Umständen vollständig aus der Bahn geworfen, konnte sie diese Isolation nicht ertragen.
Während des Rückmarsches konzentrierte ich mich auf Uschi wie auf eine greifbare Vision. Ihr Bild begleitete mich tagsüber beim Gehen, nachts erschien es mir im Halbschlaf. Zwischendurch Angstträume, wie immer, wenn ich nach großen Expeditionen auf dem Weg zurück in die Zivilisation war.
Nur die eine halbe Stunde in den Ästen des ersten Aprikosenbaumes in Tschongo konnte ich alles vergessen.

Immer wieder floß der Genuß des Gehens durch meine Glieder. Als ob der ganze Körper leichter geworden wäre, gleichzeitig auch stärker.
»So könnte ich jahrelang dahinmarschieren, immerzu gehen, gehen.«
Die Terrassenkulturen in der Talsohle erschienen an diesem Vormittag sumpfig. Überall Wassergräben und Pfützen, die in der Sonne glitzerten. Ein krasser Gegensatz zu den braunen, ausgedörrten Berghängen darüber, die unmittelbar aus dem Tal aufstiegen. Trotz der frühen Stunde stand die Sonne schon hoch, die Luft über den Feldern aber war noch angenehm, fast kühl. Sie erweckte in meiner Haut die Erinnerung an Frühling, an den Frühling in Südtirol. An einen Tag im April vor mehr als 20 Jahren, mit Blumen auf den Wiesen und Bächlein, feuchter Erde und frischem Laub. Eine Zeit, die zu den wenigen wahrhaft frohen Wochen meines Lebens gehörte.
Seit wievielen Jahren war ich im Frühling nicht mehr daheim gewesen? Seit sechs, seit sieben? Das Frühjahr war überall anders, und überall auf der Welt kam es zu einer anderen Zeit. Daheim aber war es weicher, mit Wiesen wie Spannteppichen; die Luft so klar wie frisches Wasser. Auch hier war die Erde feucht und warm – ich zog sogar die Schuhe aus –, aber weniger jung.
»Im nächsten Frühjahr will ich daheim bleiben.« Dieses Versprechen entlockten mir meine nackten Fußsohlen.
Es war noch früher Morgen, als wir Tschongo verließen. Das Geräusch stürzender Wasser mischte sich hoch in der Luft mit dem Wind zu einer auf- und abschwellenden Symphonie, die uns ständig begleitete. Wir hatten die Hemden abgestreift und marschierten mit nackten Oberkörpern durch die Felder, an strauchbestandenen Wassergräben entlang. Das taufrische Laub strich mir um Brust und Arme. Die Wassertropfen blieben an der Haut hängen wie an Blütenblättern.
Wie dünn meine Arme geworden waren. Die Arme, mit denen ich mich an bleistiftbreiten Leisten hatte hinaufziehen können, sahen aus wie die Arme irgendeines untrainierten Büroangestellten.
Ich wog noch 59 Kilo, hatte 16 Pfund verloren.
»Die Schottertraverse dürfte jetzt kein Problem mehr sein.«
Der Anblick des Hanges rief noch einmal die schaurigen Bilder des Anmarsches in mir herauf: lastgebeugte Träger, ein rollender Körper, Khaled wie ein lebender Stein im tosenden Wasser, angstgetriebene Menschen, die die Gischt schluckte und wieder frei ließ, weit vorne im Fluß eine abtreibende Last. Damals, vor fünf Wochen, waren die Steine von überall gekommen, auf einer Breite von 10, 20, 30 Metern nichts als Steine. Steine wie Geschosse und dazwischen Dreck.
Auch diesmal pfiffen Steinhagel über unsere Köpfe. Wieder hieß es sich ducken, sich unter Vorsprünge pressen. Die Steinlawine war noch keine Sekunde vorbei, als ich aufschaute. Peter lief, während die letzten Trümmer ins Wasser klatschten, schon weiter. Nichts wie raus aus dem schlüpfrigen Schlund, weg, bevor die nächste Ladung kam, bevor es vielleicht zu spät war!
Wir standen mittendrin in der Querung, ein Zögern gab es nicht. Fest nahm ich den einen Träger, den wir in Askole angeheuert hatten, am Handgelenk, riß ihn mit, als mir Peter den Wink zum Weitergehen gab. Einige kräftige Sätze, ausbalancieren, damit man das Gleichgewicht wiederfand, und weiter. Die Füße berührten den Steilhang nur kurz. Wenn ein Tritt ausbrach, war ich meist schon darüber, dem nächsten Unterstand näher. Wieder eine abgescheuerte Rinne. Mit der bergseitigen Schuhkante hinein in das weiche

Konglomerat, daß die Steine spritzten. Der Träger hinter mir zögerte. Verdenken konnte ich's ihm nicht, trotzdem brüllte ich ihn an.

»Go!«

Keine Sekunde durften wir verlieren. Die Steinschlagpausen waren kurz und gezählt. Er konnte nicht aus, also hetzte auch er vorwärts, dem Ende der gefährlichen Querung zu. Noch 500, noch 400 Meter.

Wir kletterten weiter, immer am Braldo entlang, oft zwei, oft 50 Meter über dem Ufer. Die heimtückische Schotterwand darüber, die uns in keiner Sekunde zur Ruhe kommen ließ. Jeden Augenblick konnte sie wieder lebendig werden, und man wußte nie, wo die Steine dann auftauchten. Auf einer Höhe von 500 Metern kam eine ganze Menge zusammen. Ein Stein riß einen zweiten mit, bei uns in der Querung waren es dann schon Hunderte: faustgroße Steine, topfgroße Trümmer. Sie sprangen über senkrechte Stufen, schwirrten durch die Luft, schlugen auf und zersplitterten in tausend Stücke.

Unter Überhängen oder Vorsprüngen rasteten wir jeweils einige Minuten. Sicher sein konnten wir auch dort nicht. Der ganze Berg über uns konnte zusammenstürzen, ins Gleiten kommen. Da lehnte er nun, der Träger, keuchend, bis in die Haarwurzeln zitternd vor Angst. Ehe wir nicht drüben waren, wenigstens 100 Meter über die Steinschlagzone hinaus, würde sich der Schrecken bei ihm nicht legen.

Der Hang gab plötzlich unter meinen Sohlen nach, er federte nicht mehr. Also hatte der Fluß, ohne daß es mir aufgefallen war, den Hang untergraben. Blitzschnell hatte ich die Situation erfaßt. Den Blick auf das Blockwerk am Ufer gebannt, sprang ich hinab. Das Wasser umspülte meine Füße und schlug, als der zimmergroße Erdkeil hinter mir niederging, über meinem Kopf zusammen. Mein Blick flatterte vom Träger zu Peter. Der tat, als sei alles in Ordnung.

»Alles Okay?«

»Sahib patschnaß – hoffentlich kommt jetzt nichts von oben – hoffentlich jetzt nicht«, murmelte der Kuli verschüchtert.

»Saugefährlich dieser Hang«, kommentierte Peter nur und gab ihm mit der Hand die Anweisung zum Weitergehen.

»Weiter, wir müssen da heraus!«

Und als Aufmunterung für mich: »Long live the crew!«

Der Kuli stand immer noch unschlüssig unter dem Felsvorsprung, zusammengekauert, geduckt wie in einem Bunker. Die Steilwand war nach jeder Handbreite anders: einmal lehmig, dann schottrig, teilweise senkrechtes, buckliges Gestein. Mit der Schaufel des Pickels scharrte ich ab und zu Stufen aus dem lehmigen Schotter. Sie waren für den Träger eine Art Verpflichtung, uns zu folgen.

Nach diesen letzten lebensgefährlichen Passagen hatte sich meine Müdigkeit schlagartig um ein Vielfaches gesteigert. Wie weit war es noch bis nach Dassu? Stunden oder Tage? Ich hatte kein Verhältnis zur Zeit mehr, hatte aufgehört, sie zu messen, einzuteilen.

ENDLICH HATTE ICH MEINEN WEG GEFUNDEN

Mit der Besteigung des Hidden Peak war mir klar geworden, daß sich das Himalaya-Bergsteigen radikal verändern würde. Ich wußte nun sicher, daß es möglich sein würde, einen Achttausender im Alleingang zu klettern, und ich begann, an einen so kühnen Plan zu denken. Noch mehr aber beschäftigte mich die Frage, ob auch die Besteigung des Mount Everest im Alpenstil durchführbar wäre. Nur wenn ich ohne Flaschensauerstoff auskäme, konnte ich diese Idee realisieren.

1978 schloß ich mich einer österreichischen Expedition zum Mount Everest an, die Wolfgang Nairz organisiert hatte und leitete. Im Rahmen dieses Unternehmens wollte ich mit Peter Habeler ohne Sauerstoffmaske bis zum Gipfel steigen. Wenn dies gelänge, so dachte ich, könnte ich in einem zweiten Schritt den höchsten Berg der Welt auch im Alpenstil oder sogar im Alleingang versuchen.

Mein Bergsteigen hatte damals nichts mehr gemein mit dem Eroberungsalpinismus der fünfziger und sechziger Jahre. Es war ein Versuch, den Verzichtsalpinismus zum Tragen zu bringen, der mir allein noch sinnvoll erschien, nachdem der Mensch mit Hilfe der Technik gelernt hatte, auf den Mond zu fliegen.

Die Ideen, die ich bei meinen Klettertouren in den Alpen realisiert hatte – Sicherheit durch Schnelligkeit, Disziplin des Risikos, innere Sicherheit statt Sicherungs- und Fortbewegungshilfen – waren an den Achttausenderwänden genauso anwendbar. Und vor allem wäre das persönliche Erlebnisfeld dabei so groß, wie es für die ersten Pioniere gewesen war, die mangels technischer Hilfen ausschließlich auf die eigene Geschicklichkeit, den Instinkt und ihre Leidensfähigkeit angewiesen waren.

Mein Bergsteigen war nicht auf Eroberung aus. Es war Selbstzweck. Mit dem schrittweisen Verzicht auf all jene Steighilfen, die sich die Eroberungsalpinisten geschaffen hatten, um den Erfolg mit allen Mitteln zu erzwingen, »eroberte« ich mir eine gute Portion Ungewißheit zurück. Jene Ungewißheit, die allein die Basis für meine Abenteuer sein konnte.

Rechts und nächste Doppelseite: Im gefährlichen Spaltenlabyrinth des Khumbu-Eisbruchs. Mit etwa 50 Leitern und über 1000 Metern Fixseilen wurde die Route für Mannschaft und Hochträger gangbar gemacht. Nächste Seite, kleines Bild: Das Everest-Basislager (5340 m). ▷

Aufstieg durch die Lhotse-Flanke; rechts die Zelte von Lager 3 (7200 m).

△ Lager 2 (6400 m), das vorgeschobene Basislager, am Fuße der Everest-Südwestflanke.

▽ Peter Habeler auf etwa 8200 Metern Höhe; im Hintergrund das winzige Sturmlager am Südsattel.

CARRERA

Expedition zum Endpunkt

OHNE MASKE AUF DEN MOUNT EVEREST

Allein kletterte ich in der Lhotse-Flanke. Mein Oberkörper schwankte beim Aufstieg an den Fixseilen hin und her. Noch war die Hitze erträglich. Die Sonne verkroch sich hinter wirbelartigen Nebeln, die sich aus dem Nichts bildeten und wieder verschwanden. Am frühen Morgen hatte ich mich endgültig entschlossen, in die Richtung zu gehen, aus der der Wind kam. Ich gehe schon seit jeher lieber gegen als mit dem Wind und brauche manchmal seinen Geruch wie einen Wegweiser. Obwohl alles dagegen sprach, glaubte ich fest daran, daß das Wetter gut bliebe. Diese Schnelligkeit, mit der ich aus jeder Windänderung oder Wolkenfahne ein gutes Wetterzeichen herauslas! Die Nebel hatten einen anderen Geruch als die Luft hier oben, und wenn Wind aufkam, wurde alles steriler. Das ist der einzige Grund, warum ich den Wind nicht so gern mag.

Wie anstrengend waren doch früher solche Aufbruchstage für mich! Psychisch anstrengend. Alle Beziehungen hinter mir zu lassen, ist für mich viel schwieriger als das Klettern.

Auch am nächsten Morgen, beim Aufstieg vom Lager 3 zum Südsattel, erlebte ich nur die Gegenwart, eine fast selbstverständliche Alltäglichkeit. Nicht, daß mir das Steigen langweilig war, auch nicht zwanghaft. Ich spürte es als eine Vertiefung meines Selbstverständnisses.

Am Genfer Sporn überholte ich Dati, unseren zweiten Sherpa-Sirdar, der, ohne Last kletternd, bis dorthin gespurt hatte. Ich brauchte nur weiterzugehen, wenn sich nach kurzen Verschnaufpausen Sinnlosigkeit breitmachte. Bei der Anstrengung in dieser Höhe war mir, als könnte mich jeder Schritt, jeder Atemzug aus meiner Bedeutungslosigkeit retten, als hätte das Leben in dieser Höhe keinen anderen Sinn als mich selbst.

Nach dreieinhalb Stunden war ich am Südsattel. Im Zelt richteten Peter Habeler und ich uns ein. Wir kochten den ganzen Nachmittag Tee. Als ob das viele Trinken allein eine Sauerstoffmaske ersetzen könnte. Zwischendurch schliefen wir kurz ein. Immer wieder wachte einer, nach Luft hechelnd, auf. Unser Dasein bestand nun einfach aus einem tieferen und schnelleren Atmen.

Am Abend – unsere drei Sherpas waren längst wieder abgestiegen – schleppte sich der englische Kameramann Eric Jones, der uns am Südsattel filmen sollte, ins Lager. Nun war alles vorbereitet für den entscheidenden Tag. Das Wetter war phantastisch. Als ich um 18 Uhr, nachdem uns vom Basislager über Funk gutes Wetter signalisiert worden war, noch einmal vor das Zelt trat, erkannte ich im Westen jeden Gipfel als Silhouette in der untergehenden Sonne.

Mir war, als ob sich alle Wünsche, alle Hoffnungen in meinem Kopf zur Gewißheit verdichteten. Tief in mir selbst befindlich, bündelte ich mich zu jenem einmaligen Energieausbruch, der meine Neugierde und meinen Ehrgeiz befriedigen sollte. All die Schmähungen, die unserem »wahnsinnigen« Versuch vorausgegangen waren, berührten

◁ Abstieg nach dem Gipfelgang über die Lhotse-Flanke. Vorhergehende Seite: Reinhold Messner am Tripol auf dem Gipfel des Mount Everest (8848 m).

Die offizielle Grußkarte der Mount-Everest-Expedition 1978 des Österreichischen Alpenvereins mit den Mannschaftsmitgliedern.

mich jetzt nicht mehr. Seit einem Jahr war ich bereit, bis an den Rand meiner Existenz zu gehen, das Letzte zu wagen.
Peter und ich kannten einander seit 15 Jahren, jeder hielt den anderen bergsteigerisch für unfehlbar. Das beruhigte.
»7. Mai 1978, Südcol, 8000 Meter. Zu zweit im Zelt, etwa ½9 Uhr abends«, sprach ich telegrammartig auf mein Minitonband.
»Die Zeltwand ist unten völlig vereist, der Kocher surrt, und wir warten auf den letzten Tee, den wir ohne Zucker trinken werden. – Peter, glaubst du, daß wir morgen hinaufkommen, ganz hinauf?«
»Ich weiß es nicht. Bis Lager 5, glaube ich, kommen wir aber sicher.«
»Möglicherweise bis zum Südgipfel«, sagte ich, »aber alles andere steht noch in den Sternen.«
»Mir kommt es wahnsinnig weit vor von hier bis zum Gipfel.«
»Ja, aber schau: Bis zum Gipfel sind es noch 800 Meter, bis zum Lager 5 500 Meter. Heute haben wir in kurzer Zeit die Strecke von 7200 Meter bis auf 8000 Meter, also 800 Höhenmeter zurückgelegt, bei unguten Verhältnissen, bei sehr viel Schnee, bei sehr viel Spurarbeit. Ich glaube fest, daß wir es bis zum Südgipfel schaffen.«
»Das wäre zwar nicht weiter als heute«, meinte Peter darauf, »nur höher oben.«
Ob das so viel ausmachen würde, fragte ich.
»Wenn es so gut geht wie heute und wir den Flüssigkeitsverlust einigermaßen wettmachen können, klappt es. Ich bin jedenfalls optimistisch.«
»Es wird sehr vom Wind abhängen.«

»Sicher«, antwortete Peter, »wenn ganz starker Wind kommt, haben wir nicht die geringste Chance.«
»Die Abendstimmung heute war wirklich ein Traum«, sagte ich.
»Aber es war wahnsinnig kalt. Es hat heute vorm Zelt mindestens minus 35 Grad. Ich bin völlig durchgefroren. Hier kannst du dich nicht mehr erwärmen.« Wie recht Peter hatte.
»Beim Liegen«, sagte ich, »spürt man den Sauerstoffmangel gar nicht so stark.«
»Nur weil wir völlig passiv sind, weil wir nichts tun.«
»Aber bei jeder Tätigkeit, wenn ich mich aufrichte zum Beispiel, bin ich sehr schnell müde. Wenn das morgen nicht besser wird, weiß ich nicht, wie es weitergeht.«
»Die ganze Sache wäre einfach, wenn wir Sauerstoffflaschen hätten.«
»Wir nehmen uns halt immer nur ungute Dinge vor.«
»Aber das eine sage ich dir, ehe ich blöd werde, drehe ich um!«
»Ich auch!«
»Wenn ich irgendwelche Gehirnschäden feststelle, bleibe ich zurück.«
»Sprach- oder Gleichgewichtsstörungen oder ähnliches, dann müssen wir umdrehen.«
»Wenn wir noch verhältnismäßig weit unten sind und nur einer Probleme hat, dann soll der andere weitergehen. Aber ich möchte schon höher kommen als Norton 1924.«
»Also über 8600 Meter?«
»Das waren damals allerdings vage Höhenangaben.«
»Und der Nordgrat ist mit dieser Seite nicht zu vergleichen.«
»Ganz oben, sagt Wolfi, sei es sehr still, auch auf der anderen Seite.«
»Aber so ein Tag wie heute, wenn man gut geht, wenn man sich wohlfühlt und wenn es so phantastische Weitblicke gibt, das ist schon eine faszinierende Sache. Übrigens: als ich heute über den Genfer Sporn geklettert bin, habe ich wieder Töne gehört; keine Musik, ein Murmeln und Summen, so wie nachts in großen leeren Kirchen. Hast du noch nie die Berge singen gehört?« fragte ich Peter.
»Nein, da singe ich lieber selber.«
»Ich singe wenig und höre gern. Du mußt nur aufpassen, an manchen Stellen gibt der Berg Töne von sich, ohne Rhythmus und eigentlich auch ohne Melodie, einen gleichbleibenden Summton.«
»Wie das Beten der Lamas?«
»Ja, etwa in der Art. Ob die vielleicht ihre Gesänge aus den Bergen haben?«
»Hoffentlich gibt es morgen keinen Wind.« Peter brachte unsere Unterhaltung wieder auf die Realität zurück. »Das fürchte ich am meisten.«
»Solange er sich in Grenzen hält, solange man das Gesicht abdecken kann, geht es. Ich habe mehr Sorgen um meine Füße.«
»Meine Zehen sind eiskalt.«
»Ich habe Schwierigkeiten mit dem linken Fuß, weil da die Zehen weg sind«, sagte ich, und die Stümpfe kann ich nicht gut bewegen. Wir sind heute sehr lange im Schatten gegangen.
»Ich kann mir nicht vorstellen, warum Eric so lange gebraucht hat, achteinhalb Stunden vom Lager 3 ins Lager 4«, wechselte Peter das Thema. Die normale Gehzeit wird sechs Stunden sein.«
»Ja, das mag stimmen. Und wir haben heute zwischen drei und vier Stunden gebraucht. Man darf sich gar nicht vorstellen, wie weit wir jetzt von der übrigen Welt entfernt sind.«

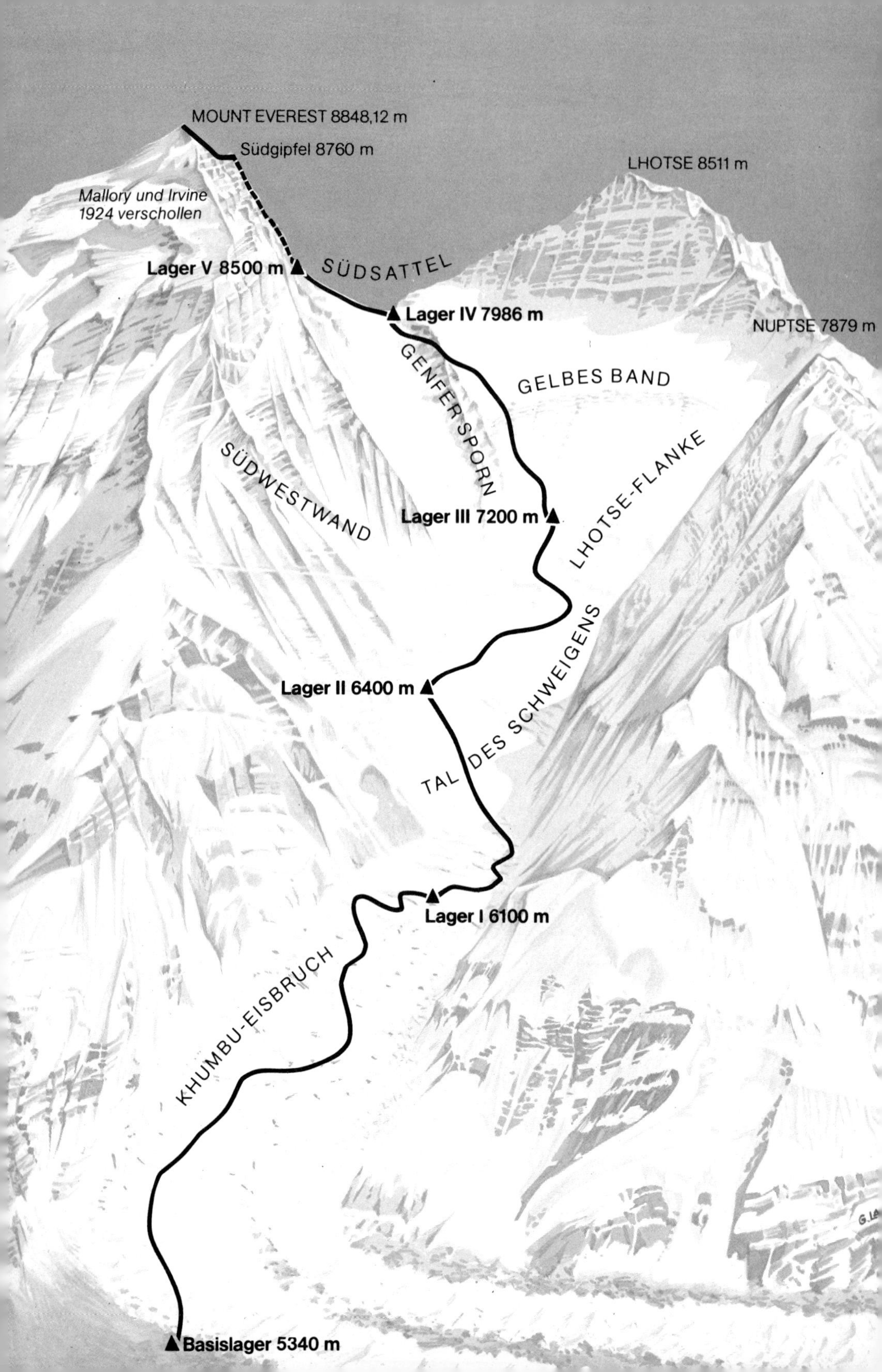
MOUNT EVEREST 8848,12 m
Südgipfel 8760 m
LHOTSE 8511 m
Mallory und Irvine
1924 verschollen
Lager V 8500 m
SÜDSATTEL
Lager IV 7986 m
NUPTSE 7879 m
GENFER SPORN
GELBES BAND
SÜDWESTWAND
LHOTSE-FLANKE
Lager III 7200 m
Lager II 6400 m
TAL DES SCHWEIGENS
Lager I 6100 m
KHUMBU-EISBRUCH
Basislager 5340 m

»Hier kann dir kein Mensch helfen, und wenn du am Ende bist, dann bist du tot, bist du gewesen.«
»Ein Rückzug über das Band am Genfer Sporn ist problematisch.«
»Ich habe mein Testament schon gemacht.«
»Ich sage dir, das Band ist gefährlich.«
»Als ich es das erste Mal gemacht habe, das war ein Spaziergang gegen heute. Aber ich habe vorausgesehen, was kommt: kleine Schneebretter, darunter glatte Platten, da ist Vorsicht geboten.«
»Wir haben heute noch keine vier Liter getrunken.«
»Grausig schmeckt das«, sagte Peter, als ich ihm den Becher reichte.
»Wir müssen aber trinken. Draußen weht schon wieder der Wind.«
»Weiter oben vor allem.«
»Der Wind ist zwar von Vorteil, weil er die Wolken wegbläst, aber er ist lästig. Wenn es nicht schneit in der Nacht, und das glaube ich nicht, gehen wir morgen früh. Ich glaube, wir haben morgen einen schönen Tag.«
»Jetzt ein Bier zum Schlafen!«
»Bier? Ich wäre schon mit einem guten Tee zufrieden.«
»Und wenn schon kein Bier, dann wenigstens Glühwein.«
»Das wäre eine feine Sache, davon könnte ich vier Liter saufen.«
»In den Oberschenkeln spüre ich noch Kraft«, sagte Peter.
»Ich auch.«
»Nur hatte ich solche Kopfschmerzen, daß ich alles doppelt sah.«
»Ganz ideal ist es nicht, daß wir morgen von hier aus aufsteigen. Besser wäre ein Zelt 200 Meter höher, dort könnten wir fast genausogut schlafen.«
»Die Nacht in dieser Höhe und ohne Sauerstoff wird uns zusetzen.«
»Erholen können wir uns hier nicht mehr, aber ich glaube, wir bauen auch nicht ab.«
»Ich weiß nicht, Reinhold, ich glaube, wir bauen ab. Das kann gar nicht anders sein. Wenn wir auf 8000 Metern schlafen, kannst du nicht erwarten, daß du am nächsten Tag der gleiche Mensch bist.«
»Das letzte Mal, nach der Nacht, als es das Zelt zerfetzt hat, bin ich aufgestanden und habe tadellos gearbeitet«, gab ich zu bedenken.
Wieder tranken wir.
»Wir sollten zu schlafen versuchen.«
»Mich schüttelt es schon wieder.«
»Ich habe Husten und Schmerzen unter dem linken Rippenansatz, die hatte ich gestern auch schon, aber nicht so stark.«
»Das vergeht wieder.«
»Morgen haben wir schwere Rucksäcke, weil wir Reservematerial und Notproviant ins Lager 5 tragen müssen. Im Fünfer schlafen, glaube ich, ist nicht gut, höchstens beim Absteigen.«
»Abwärts klettern wir noch viel besser als aufwärts, da holt uns niemand ein«, sagte ich.
»Es ist schon von Vorteil, zu zweit zu sein. Es gibt nichts Idealeres als eine Zweierseilschaft, die sich bewegen kann, überhaupt, wenn der eine auf den anderen eingeht.«
»In großer Höhe ist eine Zweier-Seilschaft, die schnell ist, die beste Lebensversicherung.«

◁ Die klassische Route auf den Everest-Gipfel über die Südseite.

»Wenn jemand trödelt, das ist nichts, wie man sich auch nicht verausgaben darf. Jeder muß noch Reservekräfte für den Notfall haben.«
»Und man muß sich kennen, gut kennen.«
»Wir haben nicht viel miteinander gemacht, aber wenn, dann waren es immer big deals«, sagte Peter.
»Wenn wir noch lange reden, brauchen wir die wenige Luft im Zelt auf. Versuchen wir zu schlafen.«
»Gute Nacht!«
8. Mai: Kurz nach 3 Uhr morgens begann ich zu kochen: Tee und Kaffee. Die kopfgroße Schneescholle, die noch vom Vorabend im Zelt lag, gab ich brockenweise in den Topf. Es dauerte lange, bis das Wasser warm war. Wir tranken abwechselnd.
Noch im Schlafsack zogen wir uns zwei Paar Strümpfe und die Innenschuhe an. Die steifgefrorenen Außenschuhe versuchte ich, zwischen meinen Beinen anzuwärmen. Es ist eine lange, atemraubende Arbeit, bis man sich in 8000 Meter Höhe angezogen hat! Zwischen 5 und 6 Uhr machten wir uns endgültig fertig. Ich trug seidene Unterwäsche, einen flauschigen Unteranzug, darüber den ganzteiligen Daunenanzug, doppelschalige Schuhe und Gamaschen aus stark isolierendem Neopren; dazu drei Paar Handschuhe, zwei Mützen, eine Sturmbrille. Für Notfälle hatte ich noch ein Paar Handschuhe, eine Mütze und eine Brille zur Reserve im Rucksack.
Darüber hinaus hatte ich nur das Allernotwendigste bei mir: ein Stück Seil, Kameras, Höhenmesser und ein Minitonbandgerät.
Es störte mich weniger als sonst, daß Rauhreif von der Zeltwand bröselte, daß der Schlafsack außen starrgefroren war und daß in meinem Bart Eiskrusten hingen. Seit sechs Wochen – so lange hielten wir uns schon im Basislager und höher auf – lebten wir mit solchen Unannehmlichkeiten.
Als Peter und ich das Zelt verließen, schlug uns der Sturm einen Schwall Graupelkörner ins Gesicht. Nein, das durfte nicht wahr sein: Der Himmel war wolkenverhangen, im Westen nur ein dünner blauer Streifen! Von Süden her wehte ein scharfer Wind, alle Täler waren mit Nebel angefüllt. Im ersten Augenblick waren wir geschockt, wie gelähmt. Dann aber, im Bewußtsein, daß dies unsere letzte Chance war, entschloß ich mich, so weit zu gehen wie irgend möglich.
»Noch können wir ja zurück«, köderte ich den immer noch zögernden Peter.
Wenn man wie er Frau und Kind hat, wiegen solche Entschlüsse schwerer. Im Unterbewußtsein wächst dann wohl eine natürliche Angstsperre. Ich weiß das von früher, als ich noch verheiratet war. Seit ich wieder allein lebte, fühlte ich mich in Grenzsituationen unbekümmerter, freier. Ich war ganz auf das Weiterkommen konzentriert, es gab kein Vorher und Nachher mehr. Ich hatte nichts zu verlieren als mein Sein. Aber noch existierte ich.
Wir kamen trotz unserer leichten Rucksäcke nur schleppend voran. Durch ein von Spalten zerrissenes Eisfeld ging es dann etwas rascher. Von der Eiskuppe, über der die Gipfelpyramide aufsteigt, konnten wir zum ersten Mal nach Osten sehen, hinüber zum Makalu, einem gewaltigen Granitberg. Eine riesige, fischartige Wolke hüllte seinen Gipfel ein. Es schneite dort schon. Über uns peitschte der Wind Schnee auf, der blaue Streifen am Horizont war verschwunden. Trostlose Leere am Himmel.
Der Schnee unter unseren Füßen war hart, die Zacken der Steigeisen griffen gut. Wir mußten aber immer wieder Rastpausen einlegen, um uns in der dünnen, sauerstoffarmen

Luft erholen zu können. Höher oben, dort, wo der angewehte Schnee knietief lag, wichen wir öfter auf die Felspfeiler aus, die klettertechnisch zwar schwieriger waren, uns aber die Spurarbeit ersparten.
Wir verständigten uns in der Zeichensprache. Immer wenn Peter einen nach unten weisenden Pfeil in den Schnee ritzte – »Wir müssen absteigen!« –, zeichnete ich einen mit der Spitze nach oben: ein stummer Dialog.
Nach vier Stunden erreichten wir das fünfte Hochlager, das für uns nur eine Art Rückendeckung darstellte. Ab und zu wurde der Lhotse-Gipfel frei, dessen Höhe wir nun erreicht hatten, und der scharfe, fein gezeichnete Grat des Nuptse. Wir kochten Tee. Wieder diktierte ich einige Impressionen auf mein Tonbandgerät:
»Peter und ich sind auf 8500 Metern Meereshöhe, im letzten Camp. Wir sind verhältnismäßig schnell heraufgekommen, aber das Wetter ist äußerst schlecht. Wir wissen nicht, ob wir weitergehen sollen oder nicht. Der Schnee ist so tief, die Spurarbeit so anstrengend, daß wir nicht viele Chancen sehen. Wir versuchen jetzt, ein bißchen Schnee zu schmelzen. Heute früh, als wir gesehen hatten, daß das Wetter nicht wie erwartet gut ist, haben wir keine Schlafsäcke mitgenommen. Wir haben uns auf das Allernötigste beschränkt, um möglichst schnell zu sein. Aber jetzt sind wir in der Klemme. Hier abwarten und biwakieren ist ein Risiko, das tun wir nur im äußersten Notfall. Weiterzugehen – wir sind noch recht früh dran – ist aber ebenfalls ein Wagnis. Es zieht hin und her, einmal hat der Makalu eine Wolke, einmal ist er frei; und während ich im Zelt sitze und Tee trinke, fühle ich mich etwas besser. Beim Gehen ist an Reden nicht zu denken, das wäre zu anstrengend. Jedes Sauerstoffteilchen wird gebraucht. Daß wir den Gipfel erreichen, ist fast ausgeschlossen. Aber ein Stück weit werden wir vielleicht noch kommen. Wir werden trotzdem alles versuchen, wir sind beide bei guter Laune und bestem Willen. Auch wenn uns dieses fürchterliche Wetter einen Strich durch die Rechnung machen will – wir wollen gleich weiter.«
»Peter, wie schaut denn im Moment das Wetter aus?« fragte ich aus dem Zelt hinaus.
»Wieder schlecht.«
»Schneit es bereits?«
»Würdest du noch versuchen, ein Stück weiterzugehen?«
»Wir können es riskieren.«
»Wir haben vielleicht, wenn wir die bisherige Geschwindigkeit halten und der Schnee nicht allzu tief ist, eine Chance, in drei oder vier Stunden auf dem Südgipfel zu sein. Weiter zu kommen, wird nicht leicht sein.«
Nach einer halbstündigen Rast balancierten wir weiter. Unser Steigen wurde noch langsamer. Auf der chinesischen, der Ostseite des Grates war der Schnee hart. Aber dann mußten wir wieder auf die nepalesische Seite, weil die andere zu steil war. Wieder mußten wir bis zu den Knien wühlen, den Schnee niedertreten. Der steile Felspfeiler links vom Hillary-Step schien unbegehbar zu sein. Trotzdem querten wir hinaus und tasteten uns mit Hilfe unserer Steigeisenspitzen an Leisten hinauf.
Nach einigen Schritten stützten wir uns immer wieder auf die Pickel und entlasteten so, den Mund weit geöffnet und nach Luft schnappend, den Oberkörper, damit er mit allen Muskeln und Fasern arbeiten konnte. Dennoch hatte ich das Gefühl zu zerspringen. Höher oben hatte ich sogar das Bedürfnis, mich hinzulegen, um weiter atmen zu können.
Es ging immer noch aufwärts, deshalb stieg ich weiter. Ohne viel dabei zu denken. Erst

Aufstieg über den Genfer Sporn.

am Südgipfel seilten wir uns an. Knapp unter dem Südgipfel spannte sich das Seil, ich schaute mich um, aber nur ganz schnell. Peter wollte den Rucksack ablegen, sein Gepäck los sein. Er wollte nichts mehr tragen, ganz frei sein in seinen Bewegungen.
Unterm Südgipfel fingerte ich auch die Kamera aus dem Rucksack und filmte Peter, wie er im jagenden Sturm aufwärts stieg. Vor uns ragte eine gewaltige Firnschneide auf, der schönste Grat, den ich je gesehen hatte. Nach Tibet hin kragten die Wächten mächtig aus, nach Nepal waren sie leicht abgedacht. Der Hauptgipfel schien unendlich weit entfernt. Ich wußte aber – soweit reichten mein Verstand und mein Konzentrationsvermögen noch –, daß in der Höhe die Entfernungen täuschen. In der dünnen Luft erscheint alles viel weiter entfernt. Und jetzt war ich mir sicher, daß wir den Gipfel erreichen würden.
Der Pickel in der Hand war wie eine Balancestange. Unablässig steckte ich ihn in den Schnee, oder ich schleifte seine Spitze am Firn entlang, und das seit Stunden. Es war bereits zu einem Bedürfnis geworden, mich auf den Pickel zu stützen. Ich wäre abgestürzt, wenn ich ihn nicht mehr gehabt hätte, wenn ich ihn nicht mehr hätte einsetzen können.
Im Vorgefühl der Gipfelnähe konnte ich nicht mehr nach oben schauen. Ich wollte nicht wissen, wie weit es noch war. Minuten voll Willen und Selbstbeherrschung, Sturmböen im

Gesicht. Und dann wieder Minuten, in denen ich noch zweifelte und trotz des aufgesperrten Mundes versuchte, die Zähne zusammenzubeißen.
Über den scharfgeränderten Wächtengrat zum Hauptgipfel jagte der Sturm. Peter und ich wollten am Gipfel mit unseren Bewegungen vorsichtig sein. Dabei waren wir aber äußerst ungeschickt und zuletzt von diesen Handgriffen völlig erschöpft. Es war wie eine stille Übereinkunft, daß in der Gipfelzone die Luft zum Reden nicht mehr ausreichte. Wir machten deshalb immer nur Zeichen mit der Pickelspitze in den Schnee. Jeder Windstoß, der mich mit seinen Graupelkörnern direkt ins Gesicht traf, ließ mich ungeschickter werden.
Eine Lustlosigkeit, die mit Trotz zusammenhing. Mußten wir ausgerechnet bei diesem Wetter hier sein? Peter schien mit der Pickelspitze etwas in die Luft zu schreiben. Ich schaute gespannt zu und lächelte schließlich, als er damit fertig war. Im Süden war die Ama Dablam frei geworden, sie wurde von der Sonne beschienen. Vielleicht würde das Wetter doch halten.
Ich stieg in die Scharte ab, die den Südgipfel vom Hauptgipfel trennt, und tastete mich, immer in respektvollem Abstand vom Wächtenrand, voran. Knapp unterhalb des Hillary-Step, der schwierigsten Stelle im Gipfelaufbau, blieb ich stehen. Peter kam nach. Und dann kletterte ich, drei-, viermal rastend, über die Steilstufe. Oben wechselten wir uns in der Führung ab. Von Süden blies uns ein kalter Wind Eiskristalle ins Gesicht. Zwischen dem Fotografieren und Filmen vergaß ich manchmal, mir die Sturmbrille über die Augen zu schieben.
Jetzt, kurz nach Mittag und auf einer Höhe von 8800 Metern, konnten wir uns selbst in den Rastpausen nicht mehr auf den Beinen halten. Wir kauerten uns hin, knieten nieder und klammerten uns an den Stiel des Pickels, dessen Spitze wir in den harten Firn gerammt hatten. Wir sicherten uns nicht gegenseitig, keiner achtete auf den anderen, aber tief im Unterbewußtsein wußte jeder, daß der andere da war und keinen Fehler machte. Die Harmonie unserer Seilschaft war in wiederholten Expeditionen, in Grenzsituationen so gewachsen, daß keiner um den anderen fürchtete.
Das Atmen war so anstrengend, daß kaum noch Kraft zum Weitergehen blieb. Nach jeweils zehn bis fünfzehn Schritten sanken wir in den Schnee, rasteten, krochen weiter.
Ich dachte nicht viel, stieg nur noch automatisch. Mir war entfallen, daß wir am Everest unterwegs waren, am höchsten Berg der Welt. Es war mir auch einerlei, daß wir ohne Sauerstoffgerät kletterten. Jetzt war es allein dieser Punkt, in dem alle Linien zusammenliefen, der Endpunkt, der mich magisch anzog. Die Anstrengung war höllisch, aber ich empfand sie nicht. Es war, als ob meine äußerste Gehirnrinde taub wäre, als ob nur tiefer drinnen im Kopf etwas über mich bestimmte. Ich wollte nicht mehr gehen, kriechen, hecheln. Doch ich wurde angezogen von diesem Endpunkt wie von einem magnetischen Pol. Vielleicht deshalb, weil nur da oben die Lösung möglich war. Mein Verstand war wie ausgeschaltet, tot. Meine Seele aber war durchlässiger, empfindsamer, sie war jetzt groß und greifbar. Sie wollte noch ganz hinauf, um ins Gleichgewicht zurückzuschwingen.
Die letzten Meter zum Gipfel fielen mir nicht mehr schwer. Oben angekommen, setzte ich mich hin und ließ die Füße in den Abgrund baumeln. Ich brauchte nicht mehr weiterzusteigen. Ich holte die Kamera aus dem Rucksack, fummelte lange Zeit mit den umständlichen Daunenhandschuhen an der Batterie herum, bis ich sie zum Laufen brachte. Dann filmte ich Peter.

Nach der stundenlangen Quälerei, die ich doch nicht als Quälerei empfunden hatte, und jetzt, da die monotonen Bewegungen des Gehens und Steigens zu Ende waren und ich nichts anderes machte als atmen, zog eine große Ruhe in meinen Körper. Ich atmete wie jemand, der das Rennen seines Lebens gelaufen ist und nun weiß, daß er sich für immer ausruhen kann. Ich blickte öfter in die Runde, weil ich beim ersten Mal nicht das sah, was ich mir vom Panorama des Everest erwartet hatte, und dabei auch nicht bemerkte, wie der Wind die ganze Zeit Schnee über den Gipfel jagte. In meiner Geistesabwesenheit gehörte ich nicht mehr zu mir und zu meinem Wahrnehmungsvermögen. Ich war nur mehr eine einzige enge, keuchende Lunge, die über Nebeln und Gipfeln schwebte.

Erst als ich ein paarmal kräftig ausatmen konnte, spürte ich wieder Beine, Arme, Kopf. Ich war bei hellem, klarem Verstand, auch wenn mir nicht ganz bewußt war, wo ich mich befand. In dem Augenblick, als Peter bei mir ankam und mich umarmte, brachen wir beide in Tränen aus. Wir lagen, von Emotionen geschüttelt, im Schnee, die Kamera hatte ich weggeworfen. Der Tränenstrom löste plötzlich, nach diesem enormen Willenseinsatz, alles auf. Wir lagen nebeneinander am Gipfel wie zwei, die im selben Augenblick sich selbst vergaßen. Eine Zeitlang lagen wir so da, bis zum Hals zugedeckt von Treibschnee, den Mund aufgesperrt, und ruhten uns aus. Als ich aufstand, starrte mich Peter an, als ob er sich mein Gesicht einprägen wollte, als ob er dieses Gesicht nicht kannte.

Stehend jetzt, im diffusen Licht, mit dem Wind im Rücken, hatte ich plötzlich eine Art Allgefühl. Nicht das Gefühl, es geschafft zu haben und stärker zu sein als alle, die vor uns da waren; nicht das Gefühl, am Endpunkt angekommen zu sein; nicht Allmachtsgefühl – nur ein Hauch von Glücksgefühl tief drinnen im Kopf und in der Brust. Der Gipfel, der mir plötzlich wie ein Ruheplatz erschien. Als ob ich hier oben einen Ruheplatz gar nicht erwartet hätte. Beim Anblick der steilen, scharfen Grate unter uns die Vorstellung, später wären wir zu spät gekommen.

Alles was wir jetzt zueinander sagten, sagten wir aus Verlegenheit. Ich dachte nicht mehr. Während ich wie in Trance das Tonband aus dem Rucksack holte und einige vernünftige Sätze darauf festhalten wollte, schossen mir die Tränen in die Augen.

»Jetzt sind wir am Gipfel des Everest, es ist so kalt, daß wir nicht fotografieren können«, begann ich ein wenig später zu sprechen. Aber sofort wurde ich von Schluchzen geschüttelt. Ich konnte weder reden noch denken, spürte aber, wie mich diese tiefe seelische Erschütterung in ein neues Gleichgewicht warf. Nur wenige Meter unter dem Gipfel wäre die Anstrengung gleich groß gewesen, auch die Sorge und das ertragene Leid; ein derartiger Gefühlsausbruch war aber nur am Gipfel möglich.

Alles was ist, was ich bin, war getragen vom Wissen, daß ich den Endpunkt erreicht hatte. Der Gipfel – wenigstens zeitweilig – als naive, intuitive Antwort auf die Seinsfrage.

Ich empfand kein Gefühl des Triumphes oder der Allmacht, nur das Gefühl, da zu sein, und Dankbarkeit gegenüber meinem Partner. Ich hatte im Glückszustand für kurze Zeit den Verstand verloren, ich stellte keine Überlegungen mehr an. Mich beherrschten Emotionen, die anscheinend ohne jeglichen Widerstand ausbrachen. Wir redeten nicht miteinander, wir fotografierten uns nur.

Peter spürte auf einmal, wie es ihm, wie schon vorher am Hillary-Step, die Finger zusammenzog. Es waren Krämpfe – oder drohte ein Gehirnschlag? Er dachte an den Sherpa, der vor wenigen Tagen halbseitig gelähmt abtransportiert worden war. Gehirnschlag nach Überanstrengung in großer Höhe. Peter wurde unruhig, wollte absteigen.

Und er stieg ab, allein, ohne Seil. Ich sah ihn noch am Südgipfel, während ich oben ein Tonband besprach. Ich packte eine Filmkassette aus und warf statt des Papiers den Film in den Abgrund. Erst als er verschwand, wurde mir klar, was ich getan hatte. Ich nahm eine zweite Kassette aus dem Rucksack und legte dann den Film ein. Nach soviel Konzentration überwältigten mich plötzlich wieder die Gefühle. Erleichtert atmete ich auf. Dann ließ ich alles in den Rucksack fallen, eins nach dem anderen: Tonbandgerät, Filmkamera, Fotoapparat. Ich band die Batterien, die jetzt überflüssig geworden waren, an das chinesische Gipfel-Emblem und hockte mich nochmals hin. Mein Selbstbewußtsein war nicht größer als sonst, obwohl es mir jetzt gelang, gelassen an den bevorstehenden Abstieg zu denken.

Es war erst früher Nachmittag, doch das Licht erweckte den Eindruck, als sei es bereits Abend, und mich überkam die Vorstellung, daß ich schon lange da oben saß, seit einigen Stunden. Trotzdem empfand ich eine bestimmte Unlust abzusteigen, als ob das Absteigen nicht zu meinen Plänen gehörte. Tatsächlich hatte ich mich in der Zeit der Vorbereitungen – das lag schon Jahre zurück – immer nur mit dem Aufstieg beschäftigt, höchstens noch mit dem Gipfel, aber niemals mit dem Abstieg. Ich mußte mich jetzt selbst auffordern, aufzustehen und diesen Punkt zu verlassen.

»Jetzt steigst du ganz langsam den Grat abwärts«, sagte ich zu mir selbst. »Vorsicht am Hillary-Step! Vorsicht, er ist ausgesetzt! In wenigen Stunden bist du in sauerstoffreicherer Luft, dann geht es schon besser.«

Ich strengte mich an, nur vorauszuschauen, nach unten zu schauen, daß ich überhaupt absteigen konnte. Dann betastete ich noch einmal das Seilstück und die Batterie meiner Filmkamera am Tripol und stieg Peter nach, in der Hoffnung, daß er am Südgipfel auf mich wartete.

Wenige Schritte unter dem Gipfel drehte ich mich noch einmal um, und ich bedauerte fast, schon hier zu sein, nicht mehr dort oben zu sitzen. Ich bedauerte, daß ich jetzt absteigen mußte, ohne noch einmal hinaufzukommen, ohne oben zu bleiben, wofür ich doch bestimmt zu sein schien.

Dort, wo Peter abgestiegen war, hatte er mit seinen Steigeisen feine Ritzen im Firn hinterlassen. Im Gegensatz zum Aufstieg konnte ich jetzt beim Abstieg während des Gehens zwischendurch denken. Ich konnte stehen bleiben. In den Rastpausen gab es Momente, in denen ich Lust hatte, mich zu strecken, um aufatmen zu können. Manchmal bestand mein Denken aus spontanen Erkenntnissen: Beim Anblick des im Nebel verschwimmenden Nuptse-Grats war es das tiefe Wissen, daß dies ein trauriger Tag für mich war. Etwas Endgültiges war geschehen. Der Berg, von dem ich abstieg, als zerstörte Illusion.

Der Gipfelgrat des Everest im Rückblick, diese Fußstapfen im Schnee, dieser Pickel in der rechten Hand, das gehörte alles zu mir, das war doch alles ich.

Vom Südgipfel aus ging es nur mehr abwärts. Einen Schritt vor den anderen setzen, Gesicht talwärts, mit größtmöglicher Konzentration den Schnee platttreten, die Steigeisen aufsetzen – das war die Rettung. Noch einmal sah ich den Everest-Gipfel, ein letztes Mal. Endlich war er mir gelungen, nach jahrelangen Wachträumen!

Von Peter nirgendwo eine Spur, auch fast keine Anzeichen mehr von unserem Aufstieg. Als sei der Berg, von dem ich jetzt abstieg, ein anderer, als sei der, der in mir aufgestiegen war, im Nebel verlorengegangen. Dabei hatte ich die Empfindung, Peter ganz nahe zu sein, so, als seien der Berg, Peter und ich eins, undenkbar einer ohne den anderen. Indem

Der völlig verschneite Südsattel (7986 m) mit den beiden Zelten.

ich mit den Augen nach ihm suchte, baute ich an unserer Freundschaft. Ich war nicht böse auf ihn, weil er nicht wartete. Ich war nur besorgt.

Als ich eine halbe Stunde nach Peter am Südgipfel ankam, war er nicht mehr da. Panik mußte ihn erfaßt haben. Während ich langsam durch den steilen Schnee stapfte, mich von einer Stufe in die andere fallen ließ, sah ich auf einmal links eine Rutschbahn im 50 Grad steilen Schneehang. Sie verschwand irgendwo im Nebel. In diesem Augenblick wußte ich – jetzt beherrschte mich wieder Logik –, daß die Ostflanke 4000 Meter tief abfällt und von Spalten durchzogen ist.

Als ich knapp unterhalb des Südgipfels die Rutschspur wieder sah, die sich auf der chinesischen Seite des Everest im Nebel verlor, dachte ich nicht an eine Katastrophe. Ich dachte nur, daß ich jetzt sterben wollte.

Ich stieg am Grat rechts von der Rutschspur ab, fast stolz über die Angst, die es mir verbot, es Peter nachzumachen und auf dem Hosenboden abzurutschen. Ich freute mich schon darauf, mit Peter zusammenzutreffen und ihn von seinem Abstieg erzählen zu hören. Dabei hatte ich das ganz starke Gefühl, mit dem einzig richtigen Mann unterwegs zu sein. Ich brauchte mich nicht um ihn zu kümmern. Peter machte keinerlei Fehler!

Endlich hatte ich entdeckt, wie allein ich war. Es war, als ob sich das Alleinsein in meinem Kopf ausbreitete. Er erschien mir ganz leer und weit. Der riesige Himmel über mir war formlos, ohne ziehende Wolken.
Knapp oberhalb der Stelle, wo auf dem Grat das fünfte Hochlager stand, hatte die Rutschspur ihr Ende. Peter war offensichtlich nach rechts gequert, in die Südostflanke, und über diese weiter hinuntergerutscht zum Südsattel. Während ich allein an den Zelten vorbeistapfte, zwinkerte ich mir zur Bestätigung selber zu: Du hast recht gehabt.
Ich wartete jetzt öfter, bis die Nebel vorbeizogen. Dann konnte ich unten die beiden gelben Punkte, die Zelte, erkennen, sonst sah ich nichts. Aber ich war sicher, daß Peter schon im Camp war oder bald dort ankommen würde.
Wenn ich müde war, setzte ich mich einfach in den Schnee. Endlich empfand ich in mir, wie auf einen Punkt konzentriert, die Erfolgsfreude. Und dieser Punkt breitete sich allmählich aus und füllte dadurch, daß ich sitzen blieb und meine Müdigkeit nicht spürte, bald meinen ganzen Körper aus.
Endlich ein Berg, an dem ich nicht »vorauslebte«. Ich tat nur das, was ich wirklich tat. Sogar knapp vor dem Gipfel noch dachte ich voraus, wußte ich, daß ich bald oben sein würde. Ich spielte nicht mehr, ich tat alles jetzt und hier, weiter konnte und wollte ich nicht denken.
Ich hatte keine Angst, daß ich das Lager nicht erreichen könnte. Aber ich dachte auch noch nicht daran, so wenig ich jetzt daran denken konnte, wie ich mich in den warmen Schlafsack kuscheln würde.
Ich war so müde, daß ich selbst in Gedanken nicht mehr vorauseilen konnte. Über die letzten Schneehänge oberhalb des Südsattels bewegte ich mich wie ein Schlafwandler. Immer wenn ich mich hinhockte, um zu rasten, schaute ich auf die Uhr, aber ich wußte trotzdem nie, wie spät es war. Jetzt, bei den letzten Schritten zum Zelt, hatte ich das Gefühl, etwas einmal geschafft zu haben und es dann nie mehr zustande zu bringen. Geborgenheitsgefühl vor den Zelten.
Es ging aber bald in der allgemeinen Ödnis am Südcol unter. Nur im Zeltinnern gab es wirklich Geborgenheit, dort spürte ich sie. Da waren auch Peter und Eric. Als ich ins Zelt kroch und Peter sah, dieser triumphale Gedanke: Wir haben es geschafft!
Und wir würden auch weiter hohe Achttausender ohne Sauerstoff schaffen. Es kam jetzt ein Zustand der Freude auf, so daß ich sogar das Atmen vergaß und während des Funkgesprächs mit dem Hauptlager nur von Zeit zu Zeit die Luft in mich hineinholte.
Dazwischen wendete ich mich an Peter: »Sag mir nochmal, wie du nach dem Hillary-Step gedacht hast, jetzt seist du nicht mehr du.«
»Nach dem Hillary-Step bin nicht mehr ich selbst es gewesen, der die Steilwand hochgestiegen ist.«
»Peter, wenn wir heute zwischen 5 und 6 Uhr gestartet sind, waren wir ungefähr zwischen 1 und 2 Uhr am Gipfel. Dann haben wir acht Stunden im Aufstieg gebraucht. Du bist in einer Stunde herunter. Das ist Wahnsinn, das ist wirklich Wahnsinn! Und ich in eineinhalb oder eindreiviertel.«
»Schlafen wir wieder in der gleichen Position wie gestern?«
»Ja, ich glaube schon.«
»Heute brauche ich nicht soviel zu kochen.«
»Hättest du in der Früh' gedacht, daß es geht?«
»So hundertprozentig sicher war ich nicht.«

»Wo warst du denn absolut sicher, daß wir es schaffen?«
»Am Südgipfel.«
»Am Südgipfel habe ich angefangen, mehr und mehr zu filmen, und da habe ich lange nicht gewußt, habe ich dich im Bild oder ist das eine Spalte, so stark war der Wind. Da war nur ein schwarzer Fleck und ein wilder Sturm, das hat ungeheuer gut ausgeschaut. Hast du das gar nicht bemerkt?«
»Nein, das habe ich nicht bemerkt.«
Erst im Lager also waren wir beide »high«, euphorisch.
Am Abend schmerzten meine Augen. Peter hatte sich den rechten Knöchel angeschlagen, er war stark geschwollen. Mein Augenlicht wurde von Minute zu Minute trüber, die Pein unerträglich. Zunächst befürchtete ich zu erblinden. In großer Höhe sind Nervenschäden keine Seltenheit, irreversible Gehirnschäden möglich. Dann aber spürte ich es wie Sand in den Augen und wußte, daß ich schneeblind war.
Es folgte eine fürchterliche Nacht. Ich hatte das Gefühl, daß dort, wo früher die Augen waren, zwei Löcher wären. Immer wieder mußte ich mich aufsetzen, ich preßte die Fäuste in die Augenhöhlen, weinte, schrie. Es half, die Tränen linderten den Schmerz. Und Peter umsorgte mich, als wäre ich ein kleines Kind.
Der Abstieg am nächsten Tag, dem 9. Mai, vom Südsattel ins Lager 2 gelang nur, weil ich – schneeblind wie ich war – hinter Peter herstolperte. Unten konnte ich nur mehr einen Meter weit sehen.
Am 10. Mai kamen wir wie zwei Invaliden im Basislager an. Aber unser Gehirn hatte nicht gelitten, so bestätigten es uns die Kameraden. Ob das Unternehmen auch hätte schiefgehen können? Daran dachten wir in diesem Moment nicht. In der Todeszone lagen Erfolg und Mißerfolg so nahe beieinander wie Sturm und Windstille, wie Hitze und Kälte.
Bei den sieben Achttausendern, die ich bis dahin versucht hatte, erreichte ich nur viermal den Endpunkt. Und ich weiß heute, daß – wie bei jedem richtigen Abenteuer – der Weg zwischen Grab und Gipfel sehr schmal ist. Daß man vorher nicht weiß, wo man landet, macht das Sein dort oben nicht sinnvoller. Aber intensiver.

◁ Der Gipfel des Mount Everest; der Kreis markiert das chinesische Emblem.

DER GIPFEL MEINER BERGSTEIGERTRÄUME

Einige Wochen, nachdem ich vom Mount Everest nach Europa zurückgekommen war, packte ich wieder für eine Expedition. Ich wollte ganz allein auf den
Nanga Parbat.
Warum ich es so eilig hatte? Erstens hatte ich ein Permit für diesen Alleingang bekommen. Zweitens fiel mir der Rummel nach der vieldiskutierten Everest-Besteigung – Fernsehauftritte, Vorgestelltwerden, Ausgepreßtwerden – auf die Nerven. Drittens wollte ich nichts sehnlicher, als einen der 14 Achttausender allein besteigen, vom Wandfuß bis zum Gipfel allein. Jetzt, im Hoch des Everest-Erfolges, waren die Voraussetzungen ideal: Ich war in bester Form, war akklimatisiert, hatte mehr Selbstvertrauen denn je.
Diesmal mußte es klappen!
Dieser Anlauf zu einem Achttausender-Alleingang war mein vierter. Mit Ursula Grether, die mich im Basislager des Mount Everest besucht hatte, reiste ich nach Rawalpindi. Dort stieß Terry, unser Begleitoffizier, dazu. Im Jeep und dann zu Fuß erreichten wir nach langen Umwegen das Basislager unterhalb der Diamirflanke. Die Straße durchs Indus-Tal war damals gesperrt und der Anmarsch dadurch kostspielig und lang.
Im Basislager auf 4000 Metern Höhe – ein idealer Platz im Gras mit Quellwasser und zwei Zelten – blieb ich gute zwei Wochen, um mich besser zu akklimatisieren und die Wand zu beobachten. Dann brach ich auf; es war der 6. August 1978. Über eine neue Route, allein und natürlich ohne Sauerstoffmaske, ohne Helfer und ohne vorher Depots angelegt zu haben, wollte ich diesen Achttausender besteigen. Wie ich wieder herunterkommen würde, fragte ich mich vorerst nicht. Ich wollte nur hinauf – auf den Gipfel meiner Bergsteigerträume!

Anmarsch von Nagaton ins Basislager mit ein paar Trägern und zwei Lasteseln über den schuttbedeckten Diamir-Gletscher.

Das winzige Basislager auf etwa 4000 Metern Höhe.

Auf dem Weg über den toten Gletscher zum Wandfuß des Nanga Parbat. Die Tragekraxe, in der sich auch zusätzliche Biwakausrüstung befand, ließ Reinhold Messner am Einstieg zurück.
Seinen Alleingang fotografierte er mittels Selbstauslöser. Ohne Seilsicherung balancierte er über schmale Eisbrücken.

Die ersten Strahlen der Morgensonne streiften die Séracs; die beste Zeit, um in diesem steilen Eis zu klettern. Der dunkle Felsrücken links im Bild ist der Kopf der zweiten Mummery-Rippe. Messners Solo-Aufstieg durch die Diamir-Flanke verlief von der Bildmitte diagonal nach rechts und über den Großen Eisfall wieder nach links.

Blaugraues Licht lag über dem Großen Eisfall.

Messners zweites Biwak in der Fallinie unter der Mazeno-Scharte.

Der Nanga Parbat zwischen Nacht und Tag.

Exponierter Tiefblick aus der Steilwand ins hinterste Diamirtal.

Nach über 50 Stunden allein in der Todeszone lag Reinhold Messner auf etwa 7400 Metern Meereshöhe in seinem dritten Biwak und fotografierte aus dem Zelt heraus den Sonnenuntergang.

△ Ausblick vom Gipfel des Nanga Parbat; rechts die Südschulter (8042 m).

Reinhold Messner am höchsten Punkt (8125 m). ▷

▽ Im Abstieg zum letzten Biwakplatz, knapp 800 Meter unterm Gipfel.

Alleingang

OHNE FREMDHILFE AUF DEN NANGA PARBAT

Seit zwei Stunden kletterte ich im steilen Eis aufwärts. Ich ging nicht besonders schnell, aber stetig und ohne zu rasten. Es war kurz nach 7 Uhr.
Ich mußte mich rechts halten, um die schmale Eisbrücke zu erreichen, die zwischen dem Großen Eisfall und der Mazeno-Wand eingelagert ist. Einen Eisaufschwung hatte ich schon hinter mir: Ohne jede Sicherung, nur mit Steigeisen und Eispickel überwand ich eine etwa 15 Meter hohe, fast senkrechte Eiswand, die den zentralen Lawinengang im Eisschlauch rechts säumt. Wie ich wohl da wieder hinunterkommen sollte, hatte ich mich oben gefragt.
Wieder stand ein Eiswulst vor mir. Er war mindestens 100 Meter lang und hing streckenweise über. Wie eine Böschungsmauer riegelte er die Wand ab. Ich konnte nicht darüber hinwegsehen. Nach rechts wurde er höher. Ich wußte nicht, wie es oben weitergehen würde.
Seit ein paar Stunden war ich allein.
»Left hand«, hörte ich.
»Sicher?« Ich erschrak über meine eigene Antwort. War da jemand? Ja, links schien es wirklich besser zu gehen. Also stieg ich »left hand« an. Als wüßte ich, daß dieser andere recht hatte.
Es war nicht leicht dort, aber es ging. In einer Einbuchtung konnte ich wie in einem Kamin den Steilaufschwung überwinden. Die Beine weit gespreizt, auf Gegendruck an die beiden auseinanderklaffenden Eiswände gestellt, die Hände im Grund der verschneidungsartigen Steilrinne, kletterte ich zentimeterweise höher. Angst? Das Steigen verlangte so viel Konzentration, daß dafür kein Platz war. Ich hatte die Zeit, um zu handeln, nicht aber, darüber nachzudenken, was ich tat oder wo ich war.
Plötzlich leuchtete das Eisfeld um mich herum in einem starken, warmen Licht. Einen Augenblick lang blieb es, dann war nur noch die Luft über mir, als ob sie strahlte. Die erste Sonne streifte die Wand. Ich sah den Strahlenpunkt nicht, aber ich spürte, wie er über den Großen Eisfall blinzelte. Hoch über mir erfüllte das Sonnenlicht jeden Winkel der Diamirwand. Auch meinen Körper wärmte und öffnete es. Alles in mir lebte.
Sonnenaufgang! Das waren herrliche und aufregende Augenblicke. Wie Flugsand hing die Luft unterm Himmel, und der Nanga Parbat zeichnete sich als Schatten am klaren Horizont ab. Noch konnte ich hinauf oder hinunter. Aber ich ließ mich weiter nach oben treiben, hinein in eine Welt, die mir geschlossen und einfach erschien, die nichts Verwirrendes an sich hatte.
»Komm zurück«, hatte mir Terry, unser pakistanischer Begleitoffizier, beim Abschied zugerufen. »Wir warten in jedem Fall auf dich«, hatte Ursula Grether gesagt. Ich schaute hinunter ins Basislager und versuchte, die Zelte auszumachen, aber ich konnte nichts erkennen.

◁ Das Diamirtal in seiner ganzen Länge, gesehen vom Kachal Gali, einem 4000 Meter hohen Paß zwischen dem Diamir- und dem Gunartal. Gegenüber die bis zu 3000 Meter hohen Steilwände der Mazeno Peaks, ganz hinten im Talabschluß die Diamirwand.

Plötzlich war wieder jemand da und sprach zu mir. Zuerst wurde diese Welt des Schweigens nur durch Geräusche einer zweiten Anwesenheit durchbrochen, dann sah ich einen Mann am Rande meines Blickfeldes stehen. Ich hatte das Gefühl, mein früheres Zuhause zu spüren. Mein Vater war da. Ich ging hinter ihm her. Ich fühlte seine Nähe, als ob sich meine Gefühle zu ihm seit meiner Kindheit nicht verändert hätten.
Erst als die Sonne endgültig über dem Horizont aufstieg, war ich wieder allein. Mein Vater war damals genauso alt wie ich heute, als er mich zum ersten Mal auf den Berg mitnahm, dachte ich, während ich mit Zwölfzackertechnik über einen 45 Grad geneigten Eishang stieg. Abwechselnd stieß ich die Frontalzacken der Steigeisen in die spröde Fläche unter mir. Drei kurze Schritte, die Beine leicht gegrätscht, dann erst löste ich den Blick von den Füßen, schaute hinauf. Ich setzte den kurzen Eispickel etwa 80 Zentimeter über mir ein; und wieder drei kurze Schritte. Ich hatte meinen Rhythmus gefunden.
An meine Kindheit konnte ich mich kaum erinnern. An einige Begebenheiten nur; daß ich in einen Graben gefallen war und mir die Stirn aufgeschlagen hatte. Ich konnte mich an eine kleine Waldlichtung erinnern. Nur mein älterer Bruder und ich waren da, und wir waren hilflos. Die Eltern hatten uns dort zurückgelassen. Wir weinten beide. Zuerst mein Bruder, dann auch ich.
»Wie eigenwillig du damals warst.«
»Nicht nur eigenwillig, trotzig.«
»Du bist doch ähnlich wie dein Vater.«
»Das ist nicht ausgeschlossen.«
»Die gleichen archaischen Vorstellungen.«
»Nein, das glaubst du nur, weil ich meist bestimmte.«
»Was heißt meist, immer.«
»Soweit ich mich zurückerinnere, war ich als Kind meinen Brüdern immer überlegen. Darüber bin ich nicht stolz, aber auch nicht unglücklich. Das sind die Tatsachen.
In unserer elfköpfigen Familie hat es immer Altersgruppen gegeben. Die einen waren die Großen, die anderen die Kleinen. Dann gab es nochmals kleinere, das waren wieder die Kleinen.«
»Später die Schule und den eigenen Vater als Lehrer.«
»Ich will mich an die Schulzeit überhaupt nicht erinnern ...«
Plötzlich rutschte mir ein Steigeisen ab. »Aufpassen!« sagte ich laut. Redete ich mit mir selbst?
Ich war schon auf der Höhe des Großen Eisfalls. Das Wetter war nicht schön, aber auch nicht schlecht.
Vor drei Stunden war ich vom ersten Biwak aufgebrochen. Gestern hatte ich die erste Seite der Gutenberg-Bibel, die mir ein Freund als eine Art Gipfelbuch geschenkt hatte, noch einmal geprüft. Er hatte auch eine kleine Aluminiumhülle anfertigen lassen, und in diese Hülse hatte ich das wertvolle Pergament gesteckt und wollte es nun am Gipfel deponieren. Ich wußte ja nicht, ob meine Fotos in Ordnung sein würden, ob ich da oben überhaupt in der Lage sein würde zu fotografieren. Ich wußte auch nicht, ob ich hinaufkommen würde; aber für den Fall, daß ich hinaufkam, hatte ich dieses Schriftstück dabei.
Ich mußte recht gut geschlafen haben – keine Ängste –, denn ich war ausgeruht. Immer noch war ich zuversichtlich. In einem plötzlichen, starken Entschluß machte ich wieder weiter.

Die Diamir-Flanke des Nanga Parbat mit Messners Auf- und Abstiegsroute.

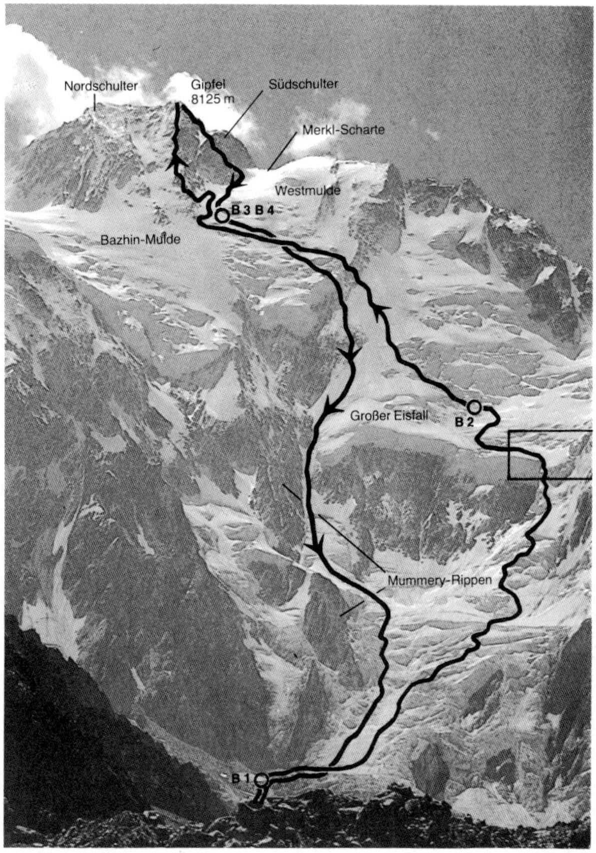

Ich schaute hinauf zur großen Mauer des Mazeno Peak und querte dann über die Séracs nach links. Riesendimensionen! Es war immer noch nicht einfach, sich in dieser Wand zu orientieren. Rechts der Mummery-Rippe, die fast 1500 Meter hoch und in warmes Morgenlicht getaucht war, glänzte blankes Eis. Der große Sérac neben mir war mehr als einen halben Kilometer breit und bis zu 200 Meter hoch. Ich war jetzt einigermaßen sicher; ganz sicher konnte man hier nie sein. Dieser Tag würde der entscheidende für mich werden, das wußte ich. Ich mußte auf mindestens 6000 Meter kommen. Tiefer unten konnte ich nirgends biwakieren. Das wäre zu riskant gewesen. Oberhalb des Großen Eisfalls gab es die erste relativ sichere Zone. Dort mußte ich irgendwo mein Zelt aufstellen.

Kurz nach 8 Uhr war ich über der Gefahrenzone. Am liebsten hätte ich aufgeschrien vor Freude. Anfangs hatte ich an diesem Tag 500 Meter Höhe in der Stunde geschafft. Weil ich so schnell war, weil ich die Eiswülste so gut überwinden konnte, wurde ich übermütig. Fotografiert hatte ich dabei nur wenig. Es war nicht einfach, sich selbst aufzunehmen. Ich benützte einen Pickel, an den ich eine Schraube hatte schweißen lassen. An dieser Schraube konnte ich meine Kamera befestigen, den Pickel in den Firn stoßen, den Selbstauslöser einstellen und mich so selbst fotografieren.

Wie Ursula wohl zumute war? Sie wußte ja nicht, wie es mir ging. Vielleicht sah sie durch das Fernglas, wo ich mich befand. Aber gerade dieses Sehen und Nichtwissen war so schwer zu ertragen. Zehn Tage lang, habe ich vor dem Aufbruch gesagt, sollten Terry und sie im Basislager warten.

»Wenn ich in zehn Tagen, maximal zwölf, nicht zurück bin, könnt ihr nach Hause gehen.«

Ich wollte nicht, daß man nach mir suchte, wenn ich nicht mehr herunterkäme. Das wäre auch sinnlos gewesen. Ich wollte nicht, daß jemand sein Leben aufs Spiel setzte, um mich aus der Wand herauszuholen. Ich hatte vor dieser Expedition auch mein Testament gemacht.

Die »Brücke« unter mir, die 600 Meter Höhenunterschied aufwies, war so hoch wie eine klassische Ostalpenwand. Weit über mir der Gipfel. In kaltes Morgenlicht getaucht, schien er unendlich weit oben zu sein: der Glasberg im Märchen. Trotzdem das Gefühl, daß es möglich sei, hinaufzukommen. Nur momentane Wallungen der Angst, dort oben vielleicht an der Einsamkeit, an mir selbst zu ersticken. Keinerlei Angst davor, nicht mehr herunterzukommen.

Sogar in den steilsten Eispassagen fotografierte ich mich aus Augenhöhe selbst. Ich hatte absichtlich ein starkes Weitwinkelobjektiv, ein Fischauge, auf meine Kleinbildkamera geschraubt. So konnte ich mich aus kurzer Entfernung aufnehmen, mußte nicht allzu weit weggehen.

Noch hielt der Firn gut, ich hinterließ keine Fußstapfen. Ich war in 6200 Metern Höhe. Nicht ein einziges Mal hatte ich mich heute sichern müssen, ich hatte weder die eine Eisschraube noch den Felshaken benützt. Die Gletscher lagen tief unter mir. Wenn es in der Diamir-Wand irgendwo krachte, störte mich das nicht. Die Gefahrenzone war überwunden.

Eine gute Stunde noch stieg ich über griffigen Firn empor. Das Licht wirkte warm. Gelblich lag es auf der blauen Firnfläche. Im Winkel unter einem senkrecht aufragenden Eissérac war dieses Blau besonders intensiv. Dort wollte ich bleiben.

Ich setzte mich auf den Rucksack. Hier war der ideale Standort für mein Biwak. An diesem Platz fühlte ich mich wohl und stark. Das Wohlbefinden, an der richtigen Stelle zu sitzen, durchströmte meinen ganzen Körper. Ich streckte mich, sah über die Wolken am Horizont hinweg. Ich fühlte, daß das Wetter noch halten würde.

Es war nicht so, daß ich allein gegen den Rest der Welt unterwegs war. Auch hatte ich mich nicht mit der Natur verschworen gegen alles übrige. Ich saß hier, als würde ich Bestandteil dieses Berges sein. Bei jeder Bewegung war ich äußerst vorsichtig. Ich durfte nicht abrutschen, keine Lawine lostreten, nicht in eine Spalte stürzen. Ich war wie der Schnee, der da lag, und ich hatte auch Empfindungen von Fels und Schnee und Wolken. Kein Bedürfnis mehr nach Philosophie. Einverständnis mit allem, auch mit dem Tod.

Ich war nicht ausgezogen, um einen Berg zu erobern, auch nicht, um als Held zurückzukehren. Ich wollte mit dem Fürchten die Welt kennenlernen. Ich mußte wieder neu fühlen können. Die Angst, allein zu sein, war aber nicht da, nicht einmal in meiner Vorstellung. Die Sicherheit, hier heroben keinen Menschen zu treffen, war sogar eine Stütze für mich – die Einsamkeit keine Katastrophe mehr. Offensichtlich hatte ich in dieser Ruhe ein neues Selbstbewußtsein erreicht.

Wie verschieden war doch das Alleinsein: einmal frustrierendes Getrenntsein, dann zu Bewußtsein gewordene Freiheit. Erstmals im Leben das Erlebnis von weißer Einsamkeit, Einsamkeit nicht mehr als Furcht, sondern als Kraft.

Ursula Grether fotografierte Reinhold Messners Aufstieg im unteren Teil vom Wandfuß aus mit dem Teleobjektiv.

Unter dem überhängenden Eiswulst trat ich den Platz für das Zelt aus. Ich mußte unbedingt unter einem Vorsprung biwakieren. Die Diamir-Wand war so von Séracs durchsetzt, daß man im freien Gelände nirgends ganz sicher sein konnte.
Die Welt unter mir schien weiter weg zu sein als der Gipfel. Ob ich gefühlsmäßig mehr nach unten oder mehr nach oben tendierte? Im Moment war ich völlig in mich eingebettet. Auch als dichte Wolken und Nebel sich im Tal breitmachten, blieb ich ruhig. Ich drehte die Eisschraube in die Wand über dem Zelt und verankerte es daran. Als die Sonne im Zenit stand, legte ich mich hinein. Drinnen hatten gerade mein Körper, der Rucksack und der Kocher Platz.
Im Zeltsack schmolz ich Schnee. Der Sack hing so hinter der Zeltwand, daß er von der Sonne erwärmt wurde. Unten tropfte Wasser heraus. Ich fing es in einem schalengroßen Kochtopf auf. Immer wieder, wenn eine Tasse voll war, machte ich sie warm. So bereitete ich Tee oder Suppe. Ich mußte sehr viel trinken.
So wichtig war der Partner gar nicht. Zuerst glaubte ich, ohne ein menschliches Gegenüber, ohne Partner als Spiegelbild, ohne ein anderes Gesicht käme ich nicht aus. Es ging dabei oft nicht um ein Gespräch. Es reichte schon, wenn ich jemanden anschauen konnte. Ich sagte nichts und er sagte nichts, aber jeder wußte, was der andere dachte. Hatte ich nun den Partner in mir selbst gefunden?

Immer wieder tauchten Gestalten vor mir auf, imaginäre Freunde. Ich unterhielt mich mit jemandem, der ständig neben mir saß. War es ein Mensch? In meiner Anwesenheit war jemand anderer anwesend. Das war alles, was ich wußte. Es waren nicht nur Stimmen um mich herum, es war etwas Körperliches in meiner Nähe, nicht greifbar, aber es war da und bewegte sich. Ich konnte es fast anschauen. Ich suchte dieses Wesen nicht, ging ihm nicht aus dem Weg. Manchmal sagte ich mir: »Du bist ein Narr, das gibt es ja nicht.« Dann wieder hatte ich das tiefe Bewußtsein, daß dieses nicht greifbare Leben um mich herum Realität war. Ich redete mit jemandem. Man beantwortete meine Fragen. Es war etwas da, was ich rational nicht erklären konnte, das mich aber mit seinem ganzen Dasein berührte. Mit dem gleichen Dasein, mit dem ich bin.
In kleinen Schlucken trank ich die heiße Suppe aus einem Kochgeschirr, das kaum größer war als eine Tasse. Mein Rachen fühlte sich so rauh und wund an, als wäre jemand mit einem Reibeisen darübergefahren. Ich zwang mich, ein Stück kaltes Corned beef aus der Büchse hinunterzuzwängen.
Das war ein Fehler. Ich mußte erbrechen, aus dem winzigen Zelt, in dem ich kauerte, in den Schnee hinaus. Dabei kotzte ich auch die Hälfte der Flüssigkeit, die ich im Laufe des Tages mühsam zu mir genommen hatte. Und ohne genügend Flüssigkeit im Körper war ich hier oben von vornherein verloren.
Seit sechs Stunden saß ich nun im Zelt, 6400 Meter hoch, in der Mitte der fast 4 Kilometer hohen Westwand des Nanga Parbat. Es war jämmerlich heiß. Ich wollte das Zelt aber nicht abdecken, weil ich drinnen mit Sonnenenergie Schnee schmolz. So konnte ich Brennstoff sparen und länger überleben. Der Zeltsack, 40 Zentimeter hoch und so dick wie meine Beine, hing noch am First. Das Ganze sah aus wie eine Wurst. Unten tropfte es. Knapp vor Sonnenuntergang war der Topf das dritte Mal voll. Wieder kochte ich Suppe. Ich mußte viel Flüssigkeit zu mir nehmen und zwang mich, auch diesen Topf leerzutrinken. Essen konnte ich vorläufig nichts mehr.
Ich hatte mich wohl beim Aufstieg heute früh verausgabt: 1600 Höhenmeter in sechs Stunden mit 15 Kilo auf dem Rücken – das war zuviel gewesen. Und alles ohne Sicherung. Wer hätte mich auch halten sollen? Ich kletterte diesmal »ohne Netz und doppelten Boden«. Dreimal war mir das beim morgendlichen Aufstieg bewußt geworden. Dreimal nämlich hatte ich eine senkrechte Eispassage vor mir und mußte darüber. Alle drei Male zögerte ich. Ich war unsicher, ich durfte mir keinen Ausrutscher erlauben. Mit einem Partner wäre das Ganze zwar auch nicht leicht, aber einfacher gewesen. Wir hätten uns gegenseitig über das Seil sichern können. Aber für mich allein gab es diese Möglichkeit nicht. Und so habe ich es jedesmal gewagt: »Ich werde das Gleichgewicht schon nicht verlieren.«
Dergleichen macht man nur einmal im Leben. Nicht nur wegen der Schinderei, auch für die riskante Kletterei ohne Sicherung in dieser endlosen, senkrechten Eiswüste gibt es keinen Vergleich.
Ich kam mir nicht verloren vor. Wenn ich aber an den Abstieg dachte, sah ich immer die schwierigsten Passagen vor mir. Das bedrückte mich. Noch war ich nicht oben gewesen. Vielleicht kam ich auch nicht ganz hinauf. Wenn es morgen wieder so schwierig sein würde, wußte ich noch nicht, ob mein Mut und meine Geschicklichkeit ausreichten. Mit jedem Meter, den ich an Höhe gewann, wurde ich schwerer und schwächer.
Ob ich überhaupt noch hinunterkommen würde? Ich wollte nicht weiterdenken. Ich wollte nicht bis zum Ende denken. Ich mußte Schnee schmelzen und rasten. Während in

regelmäßigen Abständen Schmelzwasser aus dem Zeltsack in den Kochtopf tropfte, massierte ich meine Beine und den rechten Unterarm, der sich in Krämpfen zusammenzog. Den ganzen Morgen über hatte ich mit der einen Eisaxt Stufen geschlagen, Griffe ausgekratzt, mich über Spaltenränder gezogen. Jede Bewegung mußte sitzen. Ein einziger nicht geschaffter Klimmzug hätte das Scheitern bedeutet.
Die Strümpfe waren trocken. Die doppelschichtigen Schalenschuhe, die ich in die Sonne vor das Zelt gestellt hatte, auch. Ich holte sie herein. Der Feuerball im Westen tauchte zwischen atompilzartige Haufenwolken und ging unter. Es wurde sofort kalt. Solange es warm war – unter der Sonne sogar stickig heiß –, hatte es gleichmäßig aus dem Zeltsack getropft. Ehe das Schmelzwasser in der jähen Kälte wieder einfror, goß ich es vorsichtig in den kleinen Kochtopf und balancierte ihn auf die Gasflamme. Ich mußte immer weitertrinken und die ausgespieene Flüssigkeit ersetzen, damit mein Blut nicht dick wurde. Auch während die Nacht hereinbrach und die Temperatur auf minus 15 Grad sank trank ich. Ich durfte nicht mehr erbrechen. Noch einmal kotzen – und ich mußte umkehren, wenn ich überleben wollte.
Alleingang: Nur wenige hatten vor mir ernstlich versucht, einen Achttausender solo zu gehen. Maurice Wilson, der 1934 auf den Mount Everest wollte, kam niemals wieder. Zwei Jahre später fand man seine Leiche in 6400 Metern Höhe. Der Kanadier Denman kam am gleichen Berg auch nur bis unter den Nordcol.
Alleingang: Die nächsten Menschen waren jetzt schon 2400 Höhenmeter unter mir in einem winzigen Basislager. Terry, der sich aus purer Neugier freiwillig als Begleitoffizier gemeldet hatte, besaß keinerlei Bergerfahrung. Auch Ursula konnte mir in Bergnot nicht helfen. Aber vielleicht Hilfe holen, wenn ich mit Leuchtraketen oder über Sprechfunk zu erkennen geben würde, daß ich mich in Gefahr befand. Ich hatte jedoch weder Sprechfunk noch Raketen noch sonst ein Notsignal dabei. Es wäre sinnlos gewesen. Der nächste Ort mit gelegentlicher Verbindung zur Außenwelt hieß Babusar und war vier Tagesmärsche entfernt. Dort gab es ein Kurbeltelefon, das manchmal funktionierte.
Um Gewicht zu sparen, hatte ich nicht einmal eine Taschenlampe mitgenommen. Die Gasflamme war meine einzige Lichtquelle, bis ich genug getrunken hatte und mich zum Schlafen einrollte. Nachts konnte mir hier nichts passieren. Mein Minizelt stand geschützt unter einem Eisüberhang. Ich hatte es ja mit einem Seilrest an die ins Eis gedrehte Eisschraube gebunden. Selbst dem Sog einer Lawine, die in der Nähe abginge, müßte es standhalten. Müßte.
Ich war ziemlich erschöpft, ließ meinen Kopf zurücksinken auf den Anorak, den ich als Kissen auf die Matte gelegt hatte. Erst jetzt fiel mir ein, auf die Uhr zu sehen. Es war wenige Minuten nach 18 Uhr.
Plötzlich hatte ich das Gefühl zu schweben. Es war, als ob ich ganz leicht sei. Dabei keine Angst zu fallen. Ich dachte und fühlte nicht mehr in gewohnter Weise. Dann lag ich wieder erschöpft da. Ein Wechsel zwischen Müdigkeit und Selbstauflösung. Ich nahm das alles wahr; zuerst abwechselnd, dann gleichzeitig. Ich schaukelte zwischen der gewohnten Wahrnehmung und diesen nicht alltäglichen Empfindungen. Nach einer Weile trennten sich die beiden Gefühle, und ich spürte, wie ich an der Zeltdecke schwebte und auf mich selbst hinunterschaute. Dann war es wieder umgekehrt. Es war mehr als nur ein Spüren, ich sah alles wie ein Bild vor mir – einmal von oben, dann von unten. Diese Gefühle waren so ähnlich, wie ich sie oft beim Aufwachen habe. Beides kann ich weder denken noch ausdrücken. So verschwommen das Bild ist, so klar ist die Erkenntnis daraus.

Wieder redete ich mit jemandem, und zwar nicht nur mit mir selbst. Ich war überzeugt, daß ich mit Menschen sprach, mit Wesen, die ich aus den Augenwinkeln zu sehen glaubte. Nein, das waren wirklich keine Halluzinationen. Solche hatte ich 1970 erlebt, als ich vom Nanga Parbat heruntergekommen war. Damals hatte ich Leute gesehen, die mir entgegenkamen, und dann waren sie plötzlich nicht mehr da. Ich hatte einige sogar erkannt. Sie saßen auf Pferden, ritten auf mich zu, bewegten sich. Dann aber ertastete ich sie als Steinklötze, sah anstelle eines Schimmels einen Schneefleck am toten Gletscher.
Jetzt war ich sicher, daß hier Leute waren, konnte sie aber nicht sehen. Ich unterhielt mich mit ihnen, wußte jedoch nicht, ob ich dabei laut sprach. Ich wollte auch nichts Konkretes herausfinden; war nur da, beobachtete, war das alles. Verstandesmäßig glaubte ich selbst nicht an diese Begleiter, aber wenn ich nichts dachte, waren sie wieder hier. Für mich war es klar, daß diese Stimmen von außen kamen. Zwischendurch sagte ich mir wieder: »Das gibt es nicht, daß da jemand zu mir spricht. Ich bin ja allein.« Aber auch dieses Gefühl wurde aufgelöst durch die Gegenwart der Stimmen. Ich wußte nicht, ob ich formulierte oder nicht; ich teilte anderen Gedanken mit im starken Bewußtsein, daß diese anderen da waren.
Wenn ich die Augen schloß, hörte ich meine Freunde besser. Ich spürte sie dann noch deutlicher in meinen Augenwinkeln. Daß da Menschen waren, die mir beim Kochen halfen, die mit mir redeten, belustigte mich nicht; ich war froh darüber, und ich unterhielt mich über alles mögliche mit ihnen: über meine Kindheit, mein »gescheitertes bürgerliches Leben« ...
Die Hügelketten im Westen waren in ein bräunlich-graues Licht getaucht, als ich ein letztes Mal aus dem Zelt schaute. Die Sonne war schon seit einer Weile untergegangen. Die Regenwolken, die sich jetzt an den Berghängen bildeten, wuchsen rasch. Ich mußte hier warten, bis das Wetter entweder gut oder schlecht werden würde. Solange sich Wolken um die Gebirgskämme zusammenzogen, war es viel zu gefährlich, weiterzumachen.
Die Stille in dieser Wand war großartig. Nur der leichte Wind, der mit den Nebeln im Tal herantrieb, zischte an den Zeltstangen. Ich konnte riechen, daß es schneien würde.
»Unten wird es wohl regnen«, stellte ich fest.
»Es regnet schon.« Der das sagte, hatte keine bestimmte Gestalt, er war nur da.
Die Nebel und die feuchte Luft machten mich schläfrig. Ich fror. Wie schwer und dick diese Nebelbänke waren. Fast schwarz standen sie gegen den noch hellen Sternenhimmel.
Erst im Biwak kamen die Probleme. Wenn zwischen mir und der nächsten Bezugsperson Wüste liegen würde, wüßte ich, daß ich zurückkäme. Hier jedoch, in einer so gefährlichen und schwierigen Wand, wußte ich das nicht, war ich mir dessen nicht sicher. Das ließ die Entfernung und die Zeit, die zwischen mir und den anderen Menschen lagen, unermeßlich groß werden.
Die Einsamkeit, die man eingesperrt, vielleicht freiwillig in ein Zimmer eingesperrt erlebt, und die Einsamkeit, die ich jetzt erlebte, waren nicht gleich. Das hier war kein Warten auf etwas anderes. Mit jedem Schritt, den ich nach oben machte, tat ich zwei Schritte von der nächsten menschlichen Behausung weg. Und jeder Schritt wurde anstrengender, je höher ich kam. Das endgültige Alleinsein ist ein Problem, mit dem der Mensch nicht fertig werden kann.
Es ist vermutlich einfacher, als Einhandsegler um die Welt zu schiffen, sich auf dem Meer treiben zu lassen, wenn Sturm herrscht. Sicher, auch der Segler muß gegen die

Ursula Grether

Naturgewalten ankämpfen; aber ich komme nie auf einen Achttausender hinauf, wenn ich nicht auch gegen die Weigerung des Körpers ankämpfe, der von selbst nicht einmal mehr abwärts geht.

Ich verkroch mich tiefer in den Schlafsack und stellte den halbgefüllten Kochtopf auf die Gasflamme. Das geschmolzene Wasser durfte nicht zu Eis werden, sonst würde ich zuviel Brennstoff verbrauchen. Es war schwierig, alles alleine zu machen. Mit der linken Hand hielt ich den Griff des Kochtopfes, so daß er nicht umkippen konnte, mit der rechten schüttete ich das Suppenkonzentrat aus der Alufolie in das dampfende Wasser. Niemand war da, der umrühren würde.

Mir fiel ein, daß mein linkes Steigeisen kaputtgegangen war. Mit einem defekten Steigeisen würde ich weder vor noch zurück kommen. Ich mußte es flicken. Mit dem Taschenmesser reparierte ich die Bindung und war beruhigt, als es bei der Probe auf den Schuh paßte.

Was war nur los mit mir? Die Finger waren sofort nach Sonnenuntergang klamm geworden; dauernd schliefen mir Arme und Beine ein. Ob ich in zwei Tagen den Gipfel erreichen würde? Wenn ich noch einmal erbrechen mußte, war es aus. Dann mußte ich schleunigst absteigen, und für einen neuen Versuch reichten weder meine psychischen noch meine physischen Kräfte aus.

Aus Sicherheitsgründen schlief ich ohne Schlaftabletten.

Am Morgen des 8. August gab es im Basislager große Aufregung. Ursula erzählte mir Tage danach, wie es war.

Um 5.15 Uhr hörte sie Terry laut schreien. Sie lag noch halb schlafend im Zelt. Terrys aufgeregte, atemlose Stimme riß sie sofort in die Gegenwart: Nanga Parbat – Basislager – Reinhold seit drei Tagen unterwegs.

»Ursula, an earthquake and an avalanche right in the wall!«

Lawine! Erdbeben! – »Wie? Wo?«

Sie war jetzt hellwach, nein, eigentlich noch verschlafen. Die Augen wollten nicht offen bleiben. Sie verhedderte sich im Schlafsack, warf die Schüssel mit den Lebensmitteln und den Kocher am Zelteingang um, blieb irgendwo am Zeltgestänge hängen, fand den

Knoten nicht. Nie hatte sie Terrys Stimme so aufgeregt gehört. Noch während sie am Knoten des Zeltverschlusses herumfummelte, rief sie hinaus: »Can you see him?«
Terry war inzwischen vor Ursulas Zelt angelangt, unser einziges Fernglas in der Hand. Mit den Beinen immer noch im Schlafsack, krabbelte Ursula so weit aus dem Zelt heraus, daß sie am kleinen Vordach vorbei die Nanga-Wand sehen konnte. Die Lawine war schon ganz unten. Schnell zog sie eine Hose an, lief barfuß zu Terry und nahm das Fernglas. Sie suchte »den Punkt«, den sie seit mehr als 60 Stunden verfolgte. Plötzlich kam ein starker Wind auf, es schneite. Ursulas Haare wirbelten um ihren Kopf, Flocken schlugen ihr ins Gesicht. Den Arm vorm Gesicht drehte sie sich um, bückte sich, kauerte sich zusammen. Nach einem kurzen Blick auf den blauen Himmel glaubte sie, sie sei verrückt geworden.
Öfter schon hat Ursula Schwierigkeiten gehabt, Träume von der Wirklichkeit zu unterscheiden. Deshalb brauchte sie lange und mehrere Beweise, um die Realität kontrollieren zu können. Immer noch konnte sie nicht sicher sagen: Bis dahin war es Traum, jetzt fängt die Realität an. Als sie nochmals zum blauen Himmel emporsah und gleichzeitig vom Luftdruck weggedreht wurde, wußte sie alles. Die Eiskristalle taten weh in den Augen und im Gesicht. Sie wendete sich von der Wand und der Lawine ab. Für kurze Zeit war sie erleichtert. Nochmals dachte sie an einen schlimmen Traum, ein Glück, daß es nur ein Traum war.
Daß dieser Schneesturm die Folge einer Lawine war und deshalb auch in keinem Widerspruch zum blauen Himmel stand, wurde ihr erst bewußt, als Terry sie aufklärte. Seine Erläuterungen raubten ihr die Illusionen. Das alles war kein Spuk, kein schlechter Traum. Diese Realität – Traum-Realität-Phase – dauerte höchstens ein paar Sekunden, und doch reichte diese Zeit aus, ihr die Vorstellung eines fallenden Körpers einzujagen.
»He is there«, strahlt Terry. Er hatte »den Punkt« in der Wand ausgemacht, einen Punkt, der sich bewegt. Ursula atmete auf, sicher war sie trotzdem nicht. Sie zweifelte schon seit gestern an der Identität des Punktes mit mir. Sie konnte sich nicht vorstellen, daß ich am ersten Tag so hoch gekommen war.
Für ihre Vorstellungen war »der Punkt« viel zu hoch oben. Aber, gesetzt den Fall, sein Biwakplatz wäre weiter unten gelegen, so hätte ihn die Lawine sicher weggefegt, dachte sie bei sich. Als Verdrängungskünstlerin akzeptierte sie Terrys Feststellung. Wie an einem Strohhalm hielt sie sich an seiner Beteuerung fest, die Lawine sei unterhalb meines Biwakplatzes abgegangen. Er könnte sehen, daß ich munter dort oben sitze und den Schnee- und Staubwolken nachsehe. Bei dem Gedanken aber, ich hätte – wie schon einmal – meinen Start um nur einen Tag verschoben und wäre dann unweigerlich in der Lawinenrutschbahn gewesen, lief es Ursula nicht nur einmal kalt den Rücken rauf und runter. Am liebsten wollte sie Terry um den Hals fallen, als sie selbst durch das Fernglas sah, daß sich da oben ein Punkt von eben jener Stelle weg, wo gestern das Zelt stand, auf den Gipfel zubewegte.
Terry erzählte Ursula von einem Erdbeben, das vor mehr als einem Jahrhundert am Nanga Parbat so große Eis- und Erdrutsche verursacht hatte, daß eine unübersehbare Katastrophe folgte. Um die Jahreswende 1840/41 war die Westseite des Lichar-Kammes am Nanga-Parbat-Massiv, gegenüber Gor, bei einem Erdbeben herabgestürzt und hatte das Industal an der Enge, wo später die Rakhiot-Brücke erbaut wurde, ungefähr 300 Meter hoch aufgefüllt. Das Flußbett war vollkommen geschlossen. Im April 1841 warnte Jabbar Khan, der Amtmann in Astor, die Regierung in Kaschmir und sagte, daß der Fluß vielleicht noch einen Monat aufgestaut bleiben würde. Der Stausee war schon 60 Kilome-

ter lang. Um die gleiche Zeit sandte auch der Raja Karim Khan von Gilgit Warnungen, die er auf Birkenrinde hatte schreiben lassen, durch das Haupttal des Indus hinab. Aber es wurde wenig Notiz davon genommen.

Da brach der Damm. Alle trockenen Kanäle füllten sich mit Wasser. Mit einer Mauer von Schlamm raste der Strom daher. Er hatte nicht im entferntesten die Farbe von Wasser. Es war ein furchtbarer Schwall von aufgewühltem Wasser, Leichen, Kamelen, Zelten, Maultieren. Eseln, Bäumen und Haushaltsgegenständen. Wer es nicht rechtzeitig sah, war unweigerlich verloren. Viele retteten sich auf Felsen, die aber auch rasch überflutet wurden. Nur jene entkamen, die sofort zu den Uferhöhen gelaufen waren.

Das Unheil war riesengroß. Hunderte Hektar Ackerland hatte das Wasser aufgerissen und weggespült. Alle Bäume, die das Ufer gesäumt hatten, die Männer in den Bäumen, die Pferde und Maultiere, die an den Bäumen angebunden waren, alles war im Strudel versunken und für immer verschwunden. Wie eine Frau mit einem nassen Handtuch eine Legion Ameisen wegwischt, so hatte der Fluß eine ganze Armee weggewischt.

Während Ursula und Terry im Basislager ihr Frühstück bereiteten, war ich oben am Nanga schon wieder unterwegs. Ein pakistanischer Bauer brachte ihnen die Nachricht vom Erdbeben; er hatte es im Radio gehört. Genau im Gebiet des Indus-Knies lag der Kern des Bebens, Stärke acht. Ich wußte nichts von all dem.

An diesem Dienstag, dem 8. August, wachte ich um 5 Uhr morgens auf. Mein Höhenmesser zeigte 50 Meter mehr als am Vorabend. Ich war nicht im Schlaf emporgeschwebt – der Luftdruck war gefallen. Kein gutes Zeichen.

Ich schmolz wieder hartgefrorenen Schnee im Kochtopf, machte das Wasser heiß und hängte einen Teebeutel hinein. Nach dem Tee gab es Suppe aus Wasser und einem in Alufolie verpackten Konzentrat. In der eisigen Stille des Tagesanbruchs plötzlich ein Geräusch wie von einem gewaltigen fernen Wasserfall.

Ich riß den vereisten Zelteingang auf, steckte den Kopf hinaus. Unter mir mußte die halbe Eiswand abgebrochen sein. Alles schien in Bewegung. Links von mir tosten Eislawinen wie Sturzbäche zu Tal. Unter mir wälzte sich eine breite Lawine wie eine gischtende Flutwelle hinab zum Bergfuß. Sie bestand aus dem Eis, über das ich heraufgeklettert war. Sie überrollte den Biwakplatz, von dem aus ich gestern um diese Zeit aufgebrochen war. Gebannt schaute ich dem Ende zu, das mich ereilt hätte, wenn ich 24 Stunden später aufgestiegen wäre.

Keine Panik, obwohl mir das Blut in den Schläfen pochte. Ich sagte mir nur: »Da rauscht sie hin, deine Abstiegsroute. Da kommst du nicht mehr runter. Du mußt dir etwas anderes einfallen lassen für den Heimweg.«

Im kaltblauen Schatten der Wand klappte ich mein Zelt zusammen und verstaute die Sachen im Rucksack. Ich nahm alle Verpflegung für die weiteren Tage mit: zwei Dosen Corned beef, eine Dose Landleberwurst, eine Pfunddose Streichkäse, zwei harte Südtiroler Fladenbrote, Suppen, Tee, Kaffee.

Ich hatte das Gefühl, daß ich mich nicht warmlaufen konnte. Der Schnee war ungleich, einmal blankes Eis, einmal Bruchharsch, einmal pulvrig. Meine Füße fühlten sich nur sicher, wenn fester Grund unter den Steigeisen knirschte. Ein kalter Wind blies mir vom Gipfel her ins Gesicht. Der Rucksack drückte. Ich wollte ursprünglich ein kleines Depot am Lagerplatz zurücklassen, Nahrungsmittel für den Abstieg. Aber jetzt, wo es unter mir keinen Abstieg mehr gab, mußte ich alles weitertragen, höher hinauf. Vielleicht würde ich über die Südseite abklettern.

Ich stieg schräg nach links an, einem zerklüfteten Sérac entgegen, an dem ich eine schwache Stelle erspähte. Wenn ich darüber hinwegkäme, wäre ich im flacheren Gipfelbereich, wäre ich vorerst gerettet. Das Wetter beunruhigte mich, ich vermutete Schnee. Im Westen Zirren am Himmel, über dem Nanga-Parbat-Gipfel, wie ein Hut, eine Wolke in den Regenbogenfarben.
Für die ersten 100 Höhenmeter brauchte ich länger als am Vortag für 500 Meter. Mit dieser Geschwindigkeit würde ich nie zum Gipfel kommen.
Als in allen Winkeln der Diamir-Flanke Lawinen abgingen – unter mir, links von mir, rechts von mir –, dachte ich im ersten Augenblick: Lawinen zu dieser frühen Stunde, das ist gegen meine Erfahrung. Aber dann fand ich mich damit ab. Das Schauspiel blieb mir wie ein Schreck. Als ich die Eismassen zum Basislager hinausschwimmen sah, fürchtete ich, sie könnten es überspülen.
Sonst nur die Gewißheit, überlebt zu haben. Nicht, daß ich meinte, Glück gehabt zu haben. Ich war eben hoch genug oben. Ich wußte nicht, welche Kraft mich zur richtigen Zeit durch die gefährlichen unteren Wandzonen geführt hatte. Es war dieselbe Kraft, die mich ein andermal vielleicht zwang, einen Tag später zu starten und genau unter die Lawine zu laufen.
Wenn ich beim Klettern zwischen den Beinen hinunterschaute bis zum Wandfuß, fiel mir auf, daß der gestern noch schmutzige Gletscher wie frisch verschneit aussah, sonst hatte sich wenig verändert. Ich war jetzt so hoch wie die höchsten Gipfel des Mazeno Peak und konnte über die Bergketten links und rechts des Diamir-Tals hinwegsehen. Es war mir, als könnte ich aus dieser Höhe die Linien der Welt fühlen. Ich hätte stundenlang so schauen können, aber ich mußte weiter. Ich stieg aufwärts, gezwungen von etwas, das ich nicht verstand, nur spürte.
Diese Eisflanke war eine wunderbare Welt. Ich hatte eine gute Beziehung zu ihr. Als ich zum Gipfel hinaufblickte, erfaßte mich eine Welle positiver Gefühle. Er gab mir Kraft. Ich konnte jetzt, eingespannt zwischen diesem Gipfel und dem fraglichen Abstieg, ahnen, was ich wirklich bin. Wenn ich die Wolken ansah oder die Berge ringsum, wußte ich, daß ich hierher gehörte.
Zwischen 9 und 10 Uhr streifte mich erstmals die Sonne. Es wurde warm und später unangenehm heiß. Ich hatte die 7000-Meter-Marke überklettert und näherte mich jenem trapezförmigen Gipfelaufbau aus Fels, an dessen Fuß ich einen sicheren Lagerplatz zu finden hoffte. Teilweise bis zu den Hüften im Schnee wühlend, bewegte ich mich Schritt für Schritt auf den Felsen zu. Fünf Schritte, Verschnaufpause, wieder fünf Schritte. Im gleißenden Licht und mit der stark absorbierenden Sonnenbrille war es schwierig, einen geschützten Lagerplatz auszumachen. Zudem hatten mich die Hitze und der schwere Rucksack zermürbt. Nirgends konnte ich einen überhängenden Felsen erspähen, unter dem ich mein nächstes Biwak aufschlagen hätte können.
Und dieser grundlose Pulverschnee. Hätte ich doch einen Partner, der mich in der Spurarbeit ablösen könnte! Aber ich mußte alles alleine machen: spuren, suchen, schleppen. Niemand, der mir half, niemand, der mich aufmunterte.
Die Felsen waren nach unten geschichtet. Nirgends auch nur eine quadratmetergroße ebene Fläche zum Schlafen. Ich schleppte mich zurück nach rechts in den Schnee. Dort, zwischen zwei Spalten, fand ich einen brauchbaren Lagerplatz. Ich war völlig ausgetrocknet, hatte keine Kraft mehr, ließ mich in den Schnee fallen. Ich schaffte es einfach nicht mehr, das Zelt aufzubauen.

Ich hatte wieder einige steile Passagen geklettert, aber sehr wenig fotografiert. Daß sich das Wetter wieder zum Guten gewandt hatte, interessierte mich im Moment kaum, obwohl ich wußte, daß mich niemand hier herausholen könnte, wenn ich es selbst nicht mehr schaffte. Nicht einmal ein Hubschrauber könnte mich retten. Ich hoffte nur, daß Terry und Ursula nicht allzusehr unter der Ungewißheit über meine Lage litten.
Ich konnte nicht darüber nachdenken, was mich hier heraufgebracht hatte in dieses Elend. Als ob die Besteigung des Mount Everest ohne Sauerstoffgeräte im Mai dieses Jahres nicht schon genug des Zuvor-für-unmöglich-Gehaltenen gewesen wäre.
Ich lag im Schnee, saugte die dünne Luft ein und stieß sie so aus, daß sie sich kurz vor dem Ausatmen noch einmal in der Lunge staute. Die Nachmittagssonne glühte. Ich mußte trinken, wieder Schnee schmelzen im Zeltsack.
In diesem ausgebrannten Sein, in diesem Leiden wurden Gedanken, die ich noch nicht ganz gedacht hatte, plötzlich ausgelöscht. Vielleicht war meine grenzenlos einsame Position nur deshalb noch erträglich.
Während ich so dalag in meiner Müdigkeit, ausgepumpt, gedankenlos, hatte ich plötzlich das Gefühl, daß ein Mädchen neben mir saß. Ich sagte mir. »Warum soll ich das Zelt alleine aufbauen, wir können das auch zu zweit machen.« Mein Zelt war eine einfache Konstruktion: ein Sack in Igluform, der an zwei halbrunden, in sich gekreuzten Duraluminiumstangen hing. Es war nur schwierig aufzubauen, weil man die Stäbe spannen mußte.
Das Mädchen sah mir zu, wie ich den Schnee niedertrat, und ich dachte, es würde ihr zu heiß sein, aufzustehen. Obwohl ich weiterhin alles alleine machen mußte, war es doch schön, daß sie da war. Nach einer halben Stunde stand das Zelt. Oben legte ich den Schlafsack drauf, so daß die Sonnenglut nicht durchkommen konnte. Ich räumte Matten und Rucksack hinein, hängte den Schneesack ins Zelt. Erst nach zwei Stunden begann es daraus zu tropfen.
Ich war nun zuversichtlicher als gestern, obwohl ein Nebelmeer unter mir lag, das alle Täler und Berge bis zu 6500 Metern einhüllte. Im Westen aber sah ich einen rötlichen Dunststreifen am Horizont, der mir gutes Wetter versprach. Es hatte den Anschein, als ob die Welt dort aufhörte. Und mich interessierte vorläufig nicht, was dahinter vor sich ging. Um mich herum aber beobachtete ich Kinder, Männer und Frauen. Ich kannte sie nicht und wollte nichts von ihnen. Sie waren nur da, abwechselnd. Und ich unterhielt mich mit ihnen. Wir besprachen alles, was ich tat. Zum Beispiel, wenn ich auf den Höhenmesser schaute und die Striche zählte, um die er gefallen war.
Durch die Nebel brannte die Sonne besonders stark aufs Zelt. Ich lag fast nackt da. Aus einer halb offenen Dose Corned beef aß ich zwischendurch einen Mundvoll. An der Zeltwand sah ich den Schattenriß meines Pickels, den ich draußen in den Schnee gestoßen hatte. Ab und zu öffnete ich den Zelteingang, um Schnee hereinzuholen oder das Wetter zu beobachten. Die mächtigen Haufenwolken am Horizont bildeten ein eigenes Gebirge. Welch faszinierende Formen, vage wie Gegenstände unter Wasser!
Während ich kochte und trank und zwischendurch die Luft in meiner Lunge staute, kehrte die Zuversicht allmählich zurück. Ich war jetzt eingebettet, geborgen in diesem Verlorensein.
Nur manchmal noch das Gefühl der absoluten Einsamkeit. Umständlich kroch ich aus dem Zelt. Das Mädchen war wieder da. »Wir sind schon schön weit heroben«, sagte ich.
»Morgen kommst du zum Gipfel«, meinte sie.

»Nur wenn das Wetter so bleibt.«
»Es hält schon.«
Ich blieb vor dem Zelt stehen und schaute nach Westen. Ringsum nichts als Haufenwolken. Das grelle Licht im Schnee, die noch warme Luft, zwischendurch sah ich Sterne am Himmel. Das Mädchen lachte nur, als ich es ihr sagte. Aus dem rechten Augenwinkel glaubte ich noch zu sehen, wie sie aufstand und wegging.
Wieder schaute ich durch ein Nebelloch hinauf in den Nachmittagshimmel, und wieder bemerkte ich Sterne. »Das habe ich noch nie gesehen«, sagte ich.
»Wirklich nicht?« fragte sie.
Im Gewölk über mir wurden immer wieder Löcher frei, schwarzblau der Himmel darüber.
»Hol dir genug Schnee ins Zelt«, sagte das Mädchen, und ich spürte, wie sie sich bückte. Ich mochte ihre Stimme, sie blieb mir lange in Erinnerung. Sie erzählte mir nichts, wir redeten nur. Lauter banales Zeug, aber wir redeten.
»Sicher«, sagte sie, »das Wetter bleibt gut ... bis du wieder unten bist.«
Es mußte wohl stimmen; es war fast windstill und trotz der Nebel noch warm.
4 Uhr nachmittags. »Ich bin froh, daß ich alleine bin«, sagte ich.
»Froh?« fragte das Mädchen.
»Ja froh, ich fühle mich besser als bei früheren Expeditionen. – Ich gehe niemandem auf die Nerven, und mich stört niemand. Ich steige so schnell ich will und lege mich ins Zelt, wann ich will. Ich fühle mich alleine wirklich freier hier heroben.«
Mit den Sonnenstrahlen, die durch das Grau brachen, wurde alles um mich herum lebendig. Die Nebel waren nicht mehr so ruhig wie vorher. Ich hörte seltsame Geräusche um mich, ein Zischen und dann wieder ein Säuseln. Waren es Halluzinationen? Mir war völlig bewußt, daß ich mit mir selbst oder mit meinem Schatten sprach, daß alles andere ein Spuk war. Aber dann waren meine Freunde wieder da, und wir unterhielten uns weiter. Wie seltsam diese Begegnungen waren; diese Gegenüber, die ich nur fühlen, nicht greifen, nicht anschauen konnte! Manchmal war das Mädchen so nahe, daß es mich fast berührte. Aber wenn ich hinschaute, sah ich sie nicht.
Ein verrücktes Gefühl, einfach so da zu sein, als Einzelner zu existieren und doch zu jeder Zeit Freunde rufen zu können. Wie oft hatte ich früher schon einen inneren Dialog geführt; mir selbst unbewußt nachgewiesen, daß ich nicht alleine war. Ich war auch hier nicht mit mir allein.
Am Abend ging ich ein letztes Mal vors Zelt. Mein Blick fiel auf meinen eigenen Schatten. Ich beobachtete, wie das Licht von einem warmen Gelb in ein kühles Rot überging. Später wurde es grünlich und dann violettschwarz. Oben am Gipfel des Nanga verlosch der letzte Schimmer. Eine Weile schaute ich, nun schon im Zelt liegend, wie ein Tier aus seiner Höhle heraus. Ich blinzelte über den glitzrigen Firn und die untergehende Sonne hinweg und wußte, ohne diese Welt noch zurechtdenken zu müssen.
Als ich am Morgen des 9. August erwachte, lastete etwas auf mir. Es war, als ob ich meine Augen nicht öffnen könnte. Mein Zustand war ein Wachsein, ohne daß ich aufwachen wollte. Ich erlebte ein bedrückendes Übergangsstadium aus dem Halbschlaf in die erschreckende Realität: Die Angst, da zu sein, ich selbst zu sein, überhaupt ein Mensch zu sein. Im Schlaf hatte ich vergessen, daß ich alleine war. Die plötzliche Konfrontation mit einer so absoluten Einsamkeit löste sofort Depressionen in mir aus.
In den Monaten nach meiner Trennung von Uschi war es beim Aufwachen oft ähnlich

gewesen. Dieser plötzliche Druck, der mich in Stücke zu sprengen drohte, war wie eine Verzweiflung, die von tief unten kam und sich meines ganzen Wesens bemächtigte; so stark, daß ich weinen mußte.

Ich öffnete den Zelteingang und schaute hinaus. Sofort fühlte ich mich besser. Ich hatte das Gefühl, daß dies ein guter Platz für mich war. Die Zerreißprobe war vorbei. Meine Angst vor der Einsamkeit und die Sehnsucht nach der Einsamkeit hatten sich versöhnt. Es war doch eine Freundschaft mit mir selbst möglich.

Der Morgen kam noch nicht ganz durch. Es wurde zwar heller, aber auch die Nacht über war es nicht völlig dunkel gewesen. Die Luft war sehr kalt. Die Empfindung, alleine noch übrig zu sein, hatte einem starken Identitätsgefühl Platz gemacht. Ich und meine Träume waren eins.

Das Spiel der düsteren Wolken unter mir ängstigte und faszinierte mich zugleich. Zwischen den steigenden Wolken ab und zu ein Berggipfel. Es war, als ob ich bei der Schöpfung dabei war, als ob ich von außen zusehen könnte.

In der ersten Verwunderung über das drohende Schlechtwetter fiel mir nichts ein. Ich schaute nur hin. Die Situation war sonderbar. »Tike«, sagte ich, nur ein Wort, das mir in den Sinn kam, so hingeworfen. Ich hätte jetzt Seifenblasen machen können und das Zelt daran aufhängen. Einen winzigen Moment lang ging etwas Warmes durch meinen todmüden Körper.

Nochmals schlief ich und kam erst um 7 Uhr aus dem Zelt. Das Wetter war trüb, aber ich konnte den Gipfel sehen. Wenn fester Schnee oder Eis zwischen mir und ihm gelegen hätte, wäre ich in zwei, maximal drei Stunden oben gewesen. Aber der Schnee, durch den ich mich weiterwühlte, war grundlos und tückisch wie Treibsand.

Unendlich mühsam plagte ich mich voran. Meine unsichtbaren Begleiter waren nicht da. Ich war wieder alleine. Ich kam nicht vom Fleck, hatte das Gefühl, gelähmt zu sein. Der hüfthohe Schnee ließ sich nicht zur Seite schieben. Ich mußte ihn niedertreten und grub mich ein Stück weit vorwärts, eine tiefe Wühlspur hinter mir offen lassend. Um 10 Uhr, nach drei Stunden grenzenloser Schinderei, wußte ich, daß es unmöglich war, so den Gipfel zu erreichen. Ich wußte, daß ich auch nicht mehr hinunterkommen würde, wenn ich mich noch mehr verausgabte.

Sobald es um Leben oder Tod ging, war mir der Gipfel gleichgültig – der Gipfel, dessen Anziehungskraft gestern noch so groß war, als würde nur dort eine Möglichkeit zur Sinnerklärung für dieses letzte Abenteuer des Alpinismus liegen. Entweder auf der Stelle umkehren … oder? Oder die letzte Möglichkeit riskieren, die mir noch blieb: über die steile Felsbarriere auf der kürzesten Linie zum Gipfel klettern.

Diese Machtlosigkeit! Dieses Losgetrenntsein von allem Lebendigen, das jeden Menschen mit der Zeit in den Wahnsinn treibt! Keine Vergleichsmöglichkeit. Kein anderes Gesicht als Spiegelbild; keine Kameraden zum Anfassen und Anlehnen. Das Bewußtwerden drang nicht ganz durch, aber unterschwellig war es da, und mit ihm eine hemmende Angst beim Weitergehen.

Die Grenze zwischen Aufgeben und Draufgehen war schon sehr schmal geworden. Einen letzten Versuch wollte ich mir noch erlauben. Wenn die Felsen über mir kletterbar sein würden und der Schnee dort nicht zu lawinengefährlich, hatte ich eine kleine Chance. Felskletterei war von Kindheit an meine Stärke. Ich kletterte vorsichtig, ging aber ganz aus mir heraus, wie man es in einer senkrechten Dolomitenwand machen muß, um hochzukommen. Aber Dolomitenwände sind harmlose, heitere Klettergärten gegen den

Nanga. Weshalb ich nicht abrutschte in 8000 Metern Höhe, mit plumpen Doppelschuhen an den Füßen und schlechter Sicht durch die Gletscherbrille – ich konnte es mir selbst nicht erklären. Offensichtlich halfen mir meine natürlichen Instinkte. Vielleicht war, da der Gipfel in greifbarer Nähe lag, meine Seele schon dort oben. Ich balancierte über handbreite Leisten und wühlte mich durch eine Schneerinne. Alle meine Sinne waren hellwach, innere Reserven wurden mobil, von denen ich schon geglaubt hatte, daß es sie nicht mehr gab.

Einmal stand ich im Licht, dann wieder im Schatten. Wolken zogen über die Sonne. Alles war verschwommen. Ab und zu schneite es. Das Tal steckte im Finstern; nur manchmal stieg eine verschwindend kleine Almlandschaft aus den Nebeln unter mir auf. Das alles war unverständlich, jenseits aller Beschreibung. Einmal war mir, als ob alles klar sei, dann wieder, als ob der Wahnsinn sich ausbreitete. Ich würde nie mehr ganz dazugehören.

Der Horizont im Westen erschien mir unwirklich und unendlich weit weg. Menschen konnte ich mir da unten nicht mehr vorstellen. Ich empfand keinerlei Mitleid mit mir selbst, auch keinen Stolz. Die Schrecken am frühen Morgen und die wunderbare Tatsache, da zu sein, hatten Frieden in mir geschlossen. Nichts mehr von der stolzen Genugtuung des Ausgesetzten wie bei früheren Expeditionen. Ich wollte nicht etwa aus dem Industriezeitalter zurückfliehen in die Urzeit, ich war auch nicht auf der Flucht vor den Menschen, ich war nur unterwegs. Als wollte ich, sinnlos durch die senkrechte Eiswüste steigend, mich selbst in jene Einsamkeit versetzen, die mir seit Monaten Gewohnheit war. Schon befand ich mich völlig außerhalb der wohlgeordneten Welt. Seit Tagen lebte ich im Eis, in dieser chaotischen Leere. Und alles, was durch meinen Körper strömte, wurde zur Erkenntnis. So entdeckte ich die Welt neu.

Die Bilder rings um mich her waren irreal. Die Leere rief mich lauter als Reklametafeln oder mit Werbeschildern gesäumte Boulevards. Je öder die Eisfläche, desto mehr konnte ich sehen, desto mehr Bilder konnten in mir wachsen. In diesem Steigen wurde mein Menschsein geweckt und gleichzeitig getötet. Dann wieder war meine Erschöpfung so groß, daß es keine Gedanken mehr gab. Und doch war mir in der Müdigkeit alles glasklar. In meinen Stimmungen lagen Erhabenheit und Banalität ganz nahe beisammen. Die einfachsten physiologischen Nöte waren ebenso wichtig wie das hochtrabendste philosophische System.

Nur langsam kam ich über das Gipfeltrapez voran. Da und dort konnte ich Felsbarrieren ausnützen; oft mußte ich mich über Schneebänder und Rinnen mühen. In den Rastpausen sah ich jetzt große, trockene Landstriche im Westen. Sie lagen unter einem transparenten Schleier von Dunst und Wolken. So leer und geisterhaft sich die Welt um mich herum auch zeigte, es war doch befreiend und schön, sie anzuschauen. So hoch war ich schon gestiegen! Man müßte meinen, es sei etwas Überhebliches an dem Gefühl, vorgedrungen zu sein in Regionen, die sonst kaum jemandem zugänglich sind. Nein, ich erlebte nur eine Art Schweben über allem, was ich hinter mir gelassen hatte und was es vielleicht gar nicht gab.

Die Kletterei verlief ohne Zwischenfall. Nur dort, wo der Schnee harschig in engen Spalten lag, hatte ich Mühe, mit den Füßen sicheren Halt zu finden. Ich trieb keine Haken in den Fels, um mich daran zu sichern. Angst vor dem Absturz hatte ich trotzdem nicht; nur dann und wann Bedenken, daß mir die Kraft ausgehen könnte.

Ich mochte jetzt den Kontakt mit dem Eis, den Felsen, dem Schnee; vor allem, wenn ich an steilen Passagen die Handschuhe auszog und den rauhen Fels unter den Fingerkuppen

spürte. Trotz einer leichten Betäubung in den Fingern konnte ich seine Festigkeit fühlen. Er war rauh wie Schmirgelpapier. Die Schuhe konnten nicht abrutschen.
Ich mußte sofort stehen bleiben, wenn ich schneller voranzukommen versuchte, als meine Kraft es zuließ. Ich atmete bewußt schneller, hyperventilierte, um mein Blut mit mehr Sauerstoff vollzupumpen. Weil ich wußte, wieviel Anstrengung zwischen mir und dem Gipfel lag, empfand ich das Hinaufschauen als Schmerz. Seine Silhouette berührte den Himmel.
Immer wieder fanden meine Augen kleine Spalten, in die ich Felshaken hätte eintreiben können, aber ich tat es nicht. Der einzige Haken, den ich mit mir führte, steckte im Anorak; er war nur für den Notfall. Wenn die Ritzen so breit waren, daß ich die Finger einer Hand hineinschieben konnte, um mich festzuhalten, fühlte ich mich geborgener. Ich versuchte, die Schuhe so aufzusetzen, daß der Hebel nicht allzu groß war und meine Wadenmuskeln nicht überanstrengt wurden. Das Geräusch, das meine Steigeisen am Fels machten, klang wie ein Knirschen, und es war neben meinem schweren Atmen oft das einzige Geräusch, das mich umfing.
Als ich einen etwa 80 Meter hohen Steilaufschwung hinter mir hatte, fand ich kleine Schneefelder, über die ich mich hochwühlen mußte. Mir dämmerte, daß die Anstrengung noch lange nicht zu Ende war. Die Felsen waren mir lieber als die flacheren Schneepassagen. Von hier hätte ich in die fast senkrechte Wand rechts der Gipfelfallinie hineinpendeln können und dort an trockenen Felsen aufsteigen, aber ohne Seil war dieser Quergang nicht denkbar. Deshalb stieg ich trotz anstrengender Spurarbeit gerade weiter.
Zwischen einem Alleingang mit Selbstsicherung und einem Alleingang ohne jedes Fortbewegungs- und Selbstsicherungsgerät hatte ich stets unterschieden. Eine solche Wand mittels Haken oder Bohrhaken zu bezwingen, sich hinaufzunageln, das hätte mich nie gereizt.
Ich kam nicht mehr so glatt voran. Manchmal hatte ich das Gefühl, als wären meine Beine nicht mehr richtig aufeinander eingespielt. Ich schob mich jeweils so weit vor, wie ich es gerade schaffte, kauerte mich dann in den Schnee und rastete. Erst wenn ich ein bißchen erholt war, schaute ich nach oben. Dann ging ich weiter. Selbst auf den letzten Schneefeldern war das Gefühl, daß es vielleicht unmöglich sein würde, noch nicht ausgeschaltet. Gleichzeitig aber steckte die Überzeugung in mir, daß ich es schaffen würde. Jeder Meter verlangte Selbstüberwindung.
Für den in der sauerstoffarmen Luft ausgelaugten Körper bedeutete es eine Qual, weiter zu müssen, anzukämpfen gegen die Schwerkraft. Bei jedem Schritt ging mein ganzer Körper mit. Dieses Zusammenspiel, obwohl schon von vielen Aufstiegen bekannt, erlebte ich sehr intensiv. Es war diesmal runder und stärker als sonst. Die Gefährlichkeit des Aufstiegs war mir zwar bewußt, aber dieses Bewußtsein verkrampfte meine Muskeln und Bewegungen nicht.
Eine schwere Müdigkeit ließ mich langsamer und langsamer werden. Doch wenn ich nach einigen Rastminuten wieder aufschaute, fühlte ich mich gut. Die Felsen waren eisig kalt, aber immer dann, wenn die Sonnenstrahlen sie streiften, wirkten sie warm und weniger ausgesetzt. Im Schatten erwies sich das Hinfassen als schwieriger.
Die Luft über dem Gipfelgrat war immer noch rein, der Himmel tiefblau bis schwarz. Ob da oben die Welt aufhörte? Obwohl ich nicht schwitzte, lag ein salziger Geschmack auf meiner Zunge. Wenn ich mir über die Lippen fuhr, klebte alles. Nach einer weiteren halben Stunde erreichte ich einen Felsvorsprung, auf dem ich mit dem ganzen Fuß stehen

Am Gipfel des Nanga Parbat. Reinhold Messner fotografierte sich selbst und hielt dabei den höchsten Punkt nach allen Himmelsrichtungen hin im Bild fest.

konnte. Ich überlegte kurz, ob ich den einen Haken einschlagen und mich für eine Viertelstunde sichern sollte. Aber ich verzichtete dann doch darauf und hockte mich bloß hin. Ich ließ die Beine über dem Abgrund baumeln, versuchte mich zu entspannen. Den Oberkörper lehnte ich an die Felswand, die fast senkrecht hinter mir stand. Ich spürte den Druck im Rücken und die feuchte Kälte von unten; durch den Hosenboden kroch sie in mir hoch.

Kürzer als notwendig rastete ich, stand dann umständlich auf und schaute wieder nach oben. Es war, als ob sich durch diese Rast die Entfernung zum Gipfel verändert hätte. Auch die Wand unter mir war steiler geworden, ausgesetzter. Ich wäre ins Bodenlose gestürzt, wenn ich losgelassen hätte. Ich kämpfte eine Zeitlang mit dem Fotoapparat und holte nach zwei Bildern, die ich aus Augenhöhe von mir selbst gemacht hatte, ein Stückchen hartes Brot aus meiner Hosentasche. Ich kaute es langsam.

Nochmals schmiegte ich mich an den Fels, der sich bauchig vor mir aufbaute. Beide Füße auf dem stuhlgroßen Podest, den Oberkörper an die Wand gelehnt, konnte ich frei dastehen. Ich steckte meine behandschuhten Hände zwischen meine linke Wange und die Wand, so daß ich stehend schlafen, ausruhen konnte. Hochbefriedigt schob ich das Brot in meinem Mund hin und her und dachte, daß jetzt höchstens noch 50 Meter bis zum Gipfel fehlen könnten; die letzten 50 Meter dieses 400 Meter hohen Felspfeilers im Gipfeltrapez.

»Es geht schon«, sagte ich zu mir selbst.

»Sicher«, sagte ein anderer. »Du kletterst zwar langsam, aber abwärts geht's dann schneller.«

»Ja, ich weiß, hinunter bin ich immer noch gekommen.« Ich machte mir selbst nichts vor, denn ich wußte, daß diese letzten 50 Meter die anstrengendsten waren, und ich wußte auch, daß ich nicht mehr trödeln durfte.

Ich stellte mich zuerst gerade, dann lehnte ich mich ein bißchen hinaus und schaute die Wand hinab. Ich hatte jetzt keine Lust, an den Abstieg zu denken. Ich mußte weiter. Ich litt an Durst. Erst am Abend würde ich wieder trinken können. Immer noch, wenn mein Blick über die plumpen Plastikstiefel hinunterglitt bis auf die grau schimmernde Gletscherzunge am Wandfuß, verspürte ich ein Unbehagen im Bauch. Instinktiv klammerte ich mich dann an der Wand fest. Wenn ich hinabblickte in die schier endlose Tiefe, kam ein Unsicherheitsfaktor dazu, den es beim Klettern selbst nicht gab. Solange ich stieg, jeden

Schritt abwägte, kam dieses Prickeln nicht auf. Auch nicht, wenn ich zwischen den Beinen nach unten schaute. Nur wenn ich mich nicht auf die Felsen konzentrierte, wenn ich frei dastand, faßte es mich an. Es war kein unangenehmes Gefühl, es war, als ob etwas meinen Schwerpunkt verlagerte, etwas, das in mich zurückkam, wenn ich ganz aus mir herausgegangen war. Schon als ich im Kindesalter in den Dolomiten herumgeklettert bin, erlebte ich dieses Gefühl. Ich erlebte es auf ganz schmalen Graten, auf Standplätzen, auf ausgesetzten Bändern.

Diese ausgiebige Rast hatte mir gut getan, ich stieg jetzt leichter, selbstverständlicher. Ich nahm mich zusammen und ließ mich trotzdem gehen. Es ging nicht um die Entscheidung, um den Endspurt, ich stieg selbstverständlicher als zuvor. Ein Scheitern kam nicht mehr in Frage, auch wenn meine Kraft nahezu erschöpft war. Für einen Augenblick dachte ich, die Zeit würde für den Abstieg nicht reichen, aber dieser Gedanke verflüchtigte sich schnell. Ich war wieder leichter.

Ich führte keinen Kampf gegen die Schwerkraft mehr; ich schleppte mich in eine Müdigkeit, die alles ausfüllte. Speichel, der mir beim hundehaften Atmen aus den Mundwinkeln rann, gefror am Bart. Die Stirn, auf den Pickel gestützt, war heiß. Mit verzerrtem Gesicht kauerte ich da, selbstvergessen. Wie die Lunge in meinen Ohren röchelte! Wie das Herz hämmerte! Es war schmerzhaft, wenn sich die beiden Geräusche in meinem Kopf überlagerten.

Ich spreizte eine kleine Verschneidung hinauf. Plötzlich ein leises Klimpern: Der Schutzdeckel des Objektivs an meiner Kamera war weggefallen und blieb 10 Meter tiefer liegen. Ich konnte nicht nochmal zurückgehen. Ich hatte nicht die Kraft dazu, auch war meine Richtung eine andere. Ich konnte nur noch aufwärts steigen, wollte nur noch aufwärts steigen.

Ich fotografierte mich nur mehr selten. An den schwierigen Passagen konnte ich mich sowieso nicht selbst aufnehmen. Ich brauchte beide Hände zum Klettern, und den Selbstauslöser wollte ich nicht benützen, weil ich dann die entsprechende Kletterstelle dreimal hätte machen müssen. Dafür reichten meine Kräfte nicht aus, und ich war schon froh, wenn ich es einmal geschafft hatte, ohne abzustürzen.

Es war etwa 16 Uhr, der 9. August, als ich am Gipfel ankam. Ich stieß den Pickel am höchsten Punkt in den Firn und sah mich um: Der Silbersattel, unter dem in der Zwischenkriegszeit Willo Welzenbach und Willy Merkl gestorben sind, schien zum Greifen nahe unter mir. Rechts davon das Rupal-Tal. Dazwischen ein himmelhoher Abbruch. Vor acht Jahren war ich schon einmal hier gestanden, um dieselbe Tageszeit. Damals mit meinem Bruder Günther, der dann beim Abstieg von einer Lawine erschlagen wurde.

Ich ging im Kreis, schaute mich nochmals um, als wollte ich nicht glauben, daß ich ganz oben war. Ich erlebte keinen so starken Gefühlsausbruch wie am Mount Everest, ich war ganz ruhig, so ruhig wie noch nie auf einem Achttausender. Später habe ich mir oft noch Gedanken darüber gemacht, warum gerade am Nanga-Parbat-Gipfel diese Emotionsausbrüche, die mich am Mount Everest mit Weinen und Schluchzen geschüttelt hatten, ausblieben. Ich bin zu dem Schluß gekommen, daß ich mir am Nanga, alleine wie ich war, solche starken Gefühlswallungen nicht hätte leisten können. Ich wäre dann oben geblieben. Unser Körper weiß mehr, als wir mit dem Kopf wissen können.
Ich blickte mich auf der Firnschneide um und hatte nach einer vollen Drehung alles in mich aufgenommen. Trotzdem konnte ich nicht sagen, was. Ich fühlte mich weder großartig noch bedrückt, auch nicht gleichgültig. Erleichtert nur und ein bißchen stolz. Ich schüttelte mich zuerst und setzte mich dann, die Füße nach Westen, auf die Felsen, die nur wenige Meter unter der spitzen Schneepyramide des Gipfels aus dem Schnee ragten. Es war 16.30 Uhr.
Während ich so dasaß, fiel mir mein Schriftstück ein, und ich holte die Aluminiumhülle aus dem Anorak, auch den Haken, und schlug ihn in die erste Ritze, die ich von meinem Sitzplatz aus erreichen konnte. Ich befestigte die Hülse, fingerte noch einmal das Pergament heraus und kritzelte Namen, Route und Datum darauf.
Auch als ich die Wächte sah, an der Günther und ich 1970 aus der Rupal-Wand ausgestiegen waren, blieb ich ruhig.
Ich fotografierte mich zehn Minuten lang, zuerst in Farbe, dann in Schwarzweiß und nochmals in Farbe. Der Schnee am Gipfel war jetzt niedergetreten. Ich fotografierte mich nach Osten zum Silbersattel hin, nach Süden, nach Westen, wieder nach Osten. Die Karakorumberge waren kaum zu erkennen. Eine Wolkendecke, die sich vom Indus-Tal aufwärts über die Landschaft geschoben hatte, verdeckte sie alle. Im Süden, winzig klein, wurde der Rupal Peak frei. Ich konnte kaum glauben, daß das ein 5000 Meter hoher Berg sein sollte. Die Mazeno-Mauer war zwar steil, aber klein, und auch der Ganalo Peak machte von hier aus keinen besonderen Eindruck.
Meine Idee und ich waren eine Einheit. Die Welt stand still. Wie weit sie hier heroben war! Unter mir, nach Süden, in ungeheurer Tiefe, sah ich durch ein Nebelloch ein Wasserauge und grüne Matten. Schon schlugen die ersten Schleier über den Grat. Es war ein kurzes Nebelspiel, das dann um so geheimnisvoller den Blick auf das Diamir-Tal freigab. Am Silberplateau entlang zeigte ich nach Nordosten, als ob es dort etwas zu sehen gäbe. Der Wind war stärker geworden. Er wirbelte Schnee in meine Fußstapfen.
Der Gipfel, auf dem ich stand, warf seinen graublauen Schatten auf das tiefe Rupal-Tal. Er blieb, bis die Sonne hinter den Wolken verschwand. Es war 17 Uhr.

Über die Felsen wäre ich nicht mehr hinuntergekommen, die waren zu steil, und der Umweg über die Westmulde war anstrengend.
»Es wird spät, wenn du nicht absteigst.«
»Der Mond wird kommen.«
Immer noch war ich fasziniert von den massiven Wolkenbänken, die etwa 1000 Meter unter mir die Täler füllten und über Bergrücken segelten. Langsam breitete sich im Talgrund die Nacht aus. Sie war wie eine vage, taukühle Dunstschicht, die alle Einzelheiten verschwimmen ließ. Nur in den höheren Wolken fing sich noch warmes Sonnenlicht.
Ich konnte mich noch immer nicht vom Gipfel losreißen. In den grellen Sonnenstrahlen flimmerten plötzlich Eiskristalle in der Luft. »Jetzt mußt du wirklich absteigen«, sagte ich mir. Ob ich nachts das Zelt wiederfinden würde? Wie seltsam sind doch manche Entschlüsse, wenn es ums Überleben geht. Der Gipfel erschien mir so ruhig und der Abstieg so unwichtig. So, als ob ich mir selbst nichts zu bedeuten hätte; als sei ich hinausgestiegen aus einem Meer von Einsamkeit in die Geborgenheit des Weltalls. So weit das Auge reichte: Wolken, Firngipfel; keine Spur von Leben. Dieser Berg, Symbol der Lebensfeindlichkeit, der Kälte und der Abgeschiedenheit, vermittelte mir ein starkes Allgefühl. Der Horizont um mich herum war wie ein Kreis. Meine Fußstapfen im Schnee stellten die einzige sichtbare Veränderung weit und breit dar.
Ich litt darunter, daß ich nichts sagen, daß ich niemandem von diesen starken Empfindungen erzählen konnte. Aber das, was ich empfand, hätte ich gar nicht in Worte fassen können. Ich war an einem Punkt angekommen, wo ich endgültig zu denken aufhören konnte. Der verschwommene Horizont, die Schlieren am Himmel – das alles war jenseits der Sprache. Mit meinem Verstand kam ich nicht an diese Empfindungen heran. Ich saß einfach nur da und ließ mich auflösen in Gefühle. Ich wußte alles sofort, ohne Zweifel. Ich wollte mich für immer in dieses Zwielicht überm Horizont verlieren.
»Ich«, sagte ich; aber schon dieser einzige Laut aus meiner Mitte drohte mich zu zerreißen. Während ich still dasaß, wurde auch ich eine Wolke, ein Nebel. Diese unendliche Ruhe löste Zufriedenheit in mir aus. Und die Stille drängte mich, den Gipfel nur behutsam zu berühren. »Ich bin's und ich bin's doch nicht.« Als ich wieder sprechen wollte, brachte sie mich zum Schweigen. Meine persönliche Geschichte breitete sich vor mir aus wie der Wind. Dabei das klare Bewußtsein, daß es nicht endlos weitergehen würde. Ich war nicht traurig darüber. Die Welt schloß mich ein und spuckte mich aus, ich erlebte sie brodelnd und wirbelnd.
Als ich vor acht Jahren hier stand, waren die Gefühle stärker – oder anders; vielleicht auch gleich. Günther kam um diese Zeit über die letzte Firnschneide zum Gipfel. Einen Augenblick lang hatte ich jetzt das Gefühl, auf einer dieser Wolken zu schweben und uns

zuzusehen, wie wir uns umarmten. Dann sah ich die Verzweiflung über uns, als es klar wurde, daß es unmöglich war, die Aufstiegsroute zurückzuklettern. Wie ein Vorwurf blieb sie zwischen uns stehen. Ich konnte mich an ein und denselben Vorgang von damals besinnen, als hätte ich zwei getrennte Erinnerungen.
Heute war ich nicht so aufgeregt. Der Nanga war damals mein erster Achttausender und ich noch unerfahren.
Nach einer Stunde stieg ich vom Gipfel ab. Zuerst über den Südgrat, dann über den Schnee der Westmulde. Die Schatten waren lang. Die Spur hinter mir hob sich aus der rosafarbenen Schneefläche dunkel ab. Im ungleichen Schnee ließ ich mich Schritt für Schritt nach unten fallen.
Es wurde mir klar, wie zerschlagen, wie müde ich war. Oft bestand die Anstrengung allein darin, die Schuhe hinter mir aus der tiefen Spur zu zerren. Als ich merkte, daß sich die Rampe, auf der ich ging, im steilen Felsgemäuer verlor, war es zu spät. Zurückgehen konnte ich nicht, dafür war ich viel zu müde. Ein direkter Abstieg kam auch nicht in Frage, weil senkrechte Stufen zwischen mir und der Westmulde lagen. Meinem Instinkt vertrauend suchte ich zwischen den Abbrüchen und einzelnen Schneefeldern einen neuen Weg. Einige Male mußte ich all meine Kräfte auf einen einzigen Punkt konzentrieren, um nicht auszurutschen.
Am Biwakplatz angekommen, hatte diese Welt einen Sinn für mich. Das Zelt war klein und vereist, alle Wände waren schief. Der Eingang so schmal, daß ich mich nur mit Mühe hineinzwängen konnte. Ich zog, im Zelt sitzend, draußen die Schuhe aus. Dann schlug ich sie gegeneinander, so daß der Schnee abfiel, und holte sie herein. Es war noch hell. Ich legte mich auf meinen Schlafsack, den ich auf einer 50 Zentimeter breiten Matte ausgebreitet hatte, und versuchte, meine Sachen zu ordnen. Ich schloß die Augen, um besser rasten zu können. Ich dachte an den Abstieg. Abgeschnitten – wie vertraut mir das doch war!
Vor dem Einschlafen wußte ich, daß das Wetter schlecht werden würde. Zuerst dachte ich nur daran, dann war es wirklich so. In der Nacht spürte ich die Nebel, die auf das Zelt drückten. Es war mehr als still, und ich ahnte, daß der Sturm mich festhalten würde. Von allen Scharten und Graten ertönte plötzlich ein Pfeifen und Säuseln.
Am Morgen kochte ich und schaute aus dem Zelt. Ich konnte nicht sehen, wie stark es schneite, weil es noch ziemlich dunkel war. Alles verhangen. Die frischen Flocken mischten sich vor dem Zelt sofort mit dem schmutzigen Schnee. Nur links über dem Zelt schimmerte ein Rest heller Himmel, vielleicht war es auch nur eine Täuschung.
Gegen 6 Uhr früh kroch ich aus meiner Behausung und schaute in den Nebel. Der Schnee rieselte vom Zeltdach. Die Hände waren sofort feucht. Es schneite und windete. Es stürmte. Neben mir redete wieder eine Frau, aber ich verstand sie nicht. Mit einer Handvoll Schnee rieb ich mein Gesicht wach. Der Höhenmesser war um 27 Striche gestiegen; Orientierung gleich null; Abstieg unmöglich. Ich mußte abwarten. Es ging ums Überleben.
Ich hatte noch für fünf Tage Essen. Aber wenn am Nanga Parbat das Wetter schlecht wurde, konnte es auch zehn Tage lang schlecht bleiben. Also mußte ich Gas und Nahrungsmittel rationieren. Ich wollte nicht sterben.
Wäre ich jetzt losgegangen, ich hätte mich unweigerlich verirrt wie Franz Jäger und Andi Schlick, die beiden Kameraden, die 1972 bei unserem Abstieg vom Manaslu im Schneesturm verschollen waren. Also wartete ich ab. Ich kauerte im Zelt, ausgedörrt und

sehr, sehr müde. Ich wurde auch ungeschickt. Zweimal fiel mir der volle Kochtopf um. Dabei verbrannte ich ein Stück meines Daunenschlafsacks. Noch war mein Überlebenswille ungebremst. »Wenn ich Gas spare«, sagte ich mir, »kann ich es fünf Tage lang hier aushalten. Ich muß nur alle Tage ein bißchen trinken.«
Schon sausten draußen die ersten Lawinen die Wand hinab. Rutscher, die der Wind vor sich herwehte. Eine Zeitlang sah ich den Wassertropfen zu, die innen über die Zeltplane liefen. Ich war beglückt, etwas entdeckt zu haben. Dann unterhielt ich mich wieder. Mit meinen unsichtbaren Begleitern sprach ich über ein Land, in dem man mit jedem Menschen reden kann, den man trifft, so wie wir miteinander redeten; in dem man von jedem ernstgenommen wird und auch selbst jeden ernst nimmt.
Es schneite noch immer. Vergebens versuchte ich, etwas mehr Ordnung im Zelt zu schaffen. Dabei stellte ich mir immer wieder den abgeschnittenen Rückweg vor: riesige Séracs, über die ich mich nicht abseilen konnte, weil ich kein Seil dabei hatte; blankes Eis, über das jetzt Lawinen donnerten.
Ich hatte nicht damit gerechnet, daß das schlechte Wetter ohne jede Vorwarnung über mich hereinbrechen würde, und keine Ahnung, wie lange es noch dauern würde. Ich kannte die Diamir-Wand gut. Trotzdem, bei Nebel hätte sie mir zur Falle werden können.
Die nächsten Stunden, bis es hell wurde, verbrachte ich mit Tagträumen. Sonderbar, daß ich mich in dieser Ausweglosigkeit mit ihnen beschäftigen konnte. In klaren Bildern sah ich, wie mein Zelt in der Mulde eingeschneit wurde.
Die Zukunft, die zur Erinnerung wurde, das Leben vor dem Tod. Später hatte ich Durst, und ich sah mich als kleinen Buben mit einer leeren Flasche zu einer Quelle marschieren, um meinem Großvater, der auf einer Bergwiese Heu erntete, Wasser zu bringen. Ich hatte das oft getan, und ich wußte noch, daß da Kresse wuchs, rund um das Wasser, das gurgelnd aus dem Boden drang. Ich machte eine Pfütze und ließ den Sand absinken, bevor ich die Flasche flach in das Wasserloch legte. Ich wartete, bis die Flasche vollgelaufen war.
Wenn die Schultern längere Zeit nicht vom Schlafsack bedeckt waren, fröstelte ich. Obwohl ich mich bemühte, mit kleinen gymnastischen Übungen gegen die Kälte anzukämpfen, konnte ich mich nicht aufwärmen. Das erste heiße Wasser schlürfte ich andachtsvoll. In Gedanken faßte ich immer wieder die Situation zusammen: Der Quergang hinaus zur Mazeno-Scharte in die Rupal-Wand kam bei Neuschnee nicht mehr in Frage. Die Lawinengefahr war zu groß. Der Abstieg über die »Brücke« war durch das Erdbeben unmöglich geworden. Die obere Mummery-Rippe war jetzt vereist. Der einzige Weg, der blieb, war die steile Eisrinne rechts der Mummery-Rippen. Wenn ich es nicht schaffte, dort hinabzuklettern, war ich verloren.
Zweifellos war auch der untere Teil dieser Rinne mit Wassereis überzogen, aber dort gab es keine übergroßen Abbrüche, und meine Steigeisen griffen noch gut.
Die Wolkendecke über dem Nanga Parbat senkte sich weiter und weiter herab. Terry konnte mich den ganzen Tag über nicht sehen. Trotzdem suchte er durch jedes Loch im Nebel mit dem Fernglas die Wand ab. Zwischendurch stand er auf, um seinen verspannten Rücken zu entkrampfen. Hartnäckig versuchte er, ein Stückchen aus der Gipfelwand in seine Sehfläche zu bekommen.
Oben am Berg herrschten Sturm, Neuschnee und eisige Kälte. Alle Felsen unter mir mußten mit einer dicken Eisschicht überzogen sein. Wenn jeder Kamin, jeder Riß, jede

Spalte vereist war, gab es für mich als Alleingeher keinen Rückweg mehr. Natürlich wußte ich, daß sich dort, wo ich absteigen wollte, kein Biwakplatz befand. Wenn ich auf halbem Weg schlappmachte, gab es keine Rettung.
Als ich meinen Kopf wieder aus dem Zelt steckte, stand am dunklen Himmel der erste Stern. Es war also schon Abend. Oder sah ich zwischen den Wolken die Sterne am Mittag? Im Westen und unter mir in den Tälern lagen düstere Nebelbänke. Ich hatte keine Ahnung vom Wetterbericht, keine Ahnung, daß sich neue Monsunausläufer von Süden her dem Nanga Parbat näherten.
Auf dem kleinen Gaskocher, wackelig zwischen der Zeltwand und meinem Schlafsack plaziert, braute ich noch einen Becher Tee. Dann versuchte ich zu schlafen. Manchmal setzte ich mich halb auf, den rechten Arm auf den Schlafsack gestützt, um wieder einen Schluck zu trinken. Ich trank nicht mit Genuß, sondern weil ich mußte. Mein Blut durfte nicht zu dick werden. Das Essen – ein Bissen Käse, dann hartes Brot – schmeckte klebrig und fade. Es blieb an meinem ausgetrockneten Gaumen hängen.
Trotz der Zweifel, die mich plagten, zwang ich mich zur Entspannung. Aber solange mir nicht warm war, bekam ich keine Kontrolle über mich. Dieser Tag der Untätigkeit zehrte an meinen Nerven. Nur dazuliegen und nichts zu tun, kostete auch Energie. In dieser Höhe und Abgeschiedenheit war alles anstrengend.
In der steilen Eiswand unter mir gab es keine Rastplätze. Ich würde mich also beim Abstieg nicht erholen können.
In meinem Dahindämmern erkannte ich, wie draußen Wolkenfetzen über den Himmel jagten. »Es wird schon gehen«, sagte ich, einen Lieblingsausspruch meiner Mutter wiederholend. Indem ich etwas sagte, unterbrach ich die Stille. Vielleicht wollte ich mir auch nur Mut machen. Aus den kleinen Helligkeitsunterschieden konnte ich durch die Zeltwand erkennen, daß es Nacht geworden war. Abwechselnd enthüllte und verbarg sich der Mond. Eine unheimliche Stimmung draußen.
Die Sterne waren plötzlich wie ausgelöscht. Das Wetter hatte sich wieder verschlechtert. Das Dramatische dieses wechselnden Lichts wurde noch verstärkt durch die Tatsache, daß in der Wand jetzt völlige Windstille herrschte. Zum ersten Mal, seit ich alleine unterwegs war, stand die Luft. Nicht einmal in den Schneekristallen ein Säuseln. Und was noch Schlimmeres verhieß: Es war jetzt warm! Oder war nur mir so, weil ich mich eine Zeitlang mitsamt dem Kopf in den Schlafsack verkrochen hatte? So hatte ich mich mit meiner eigenen Atemluft gewärmt. Lange Zeit lag ich so da und hörte in das Schweigen hinein. Nichts und niemand unterbrach es.
Das Weiche, Warme in der Luft erinnerte mich an schlechtes Wetter, an Schneestürme; erinnerte mich auch an die dramatischen Tage im Juli 1934, als Merkl und Welzenbach in den Tod gingen. Wie oft hatte ich diese Geschichte schon gelesen! Jetzt war ich genauso hoch wie die Expedition damals – und ebenfalls Schneesturm. Sie waren schon weit oben überm Silbersattel gewesen, der Gipfel zum Greifen nahe. In der Nacht aber, in der sie sich zum letzten Angriff rüsteten, überraschte sie der Sturm. Auch im Zelt war er kaum zu ertragen. Die Kälte setzte ihnen zu. Ihre Kleider waren vereist und begannen in den Schlafsäcken durch die Körperwärme aufzutauen. Der Sturm wehte riesige Schneefahnen vom Grat her über das Lager. Merkl wie auch Welzenbach hatten ohne Schaden viele Gefahren in den Alpen überlebt. Sie und ihre Kameraden wußten auch vom Unterschied zwischen einem Sturm in den Alpen bei 3000 und 4000 Metern und einem Himalaya-Orkan auf 8000 Metern.

Der 7. Juli 1934 zog als Sturmtag auf. Das Sonnenlicht erstickte im Wirbel der Schneeböen. Merkl, Schneider, Welzenbach und Wieland berieten im Hauszelt. Was tun? – Abwarten. Sahibs und Träger lagen stumpf in den Schlafsäcken. Der Orkan vereitelte jegliches Kochen. So kam die zweite Nacht. Eine Nacht der sinkenden Hoffnung. Zeltstangen knickten, und Schneestaub sprühte durch alle Ritzen und Nähte. Immer rasender tobte der Sturm.
Am Morgen des 8. Juli waren alle von der Notwendigkeit eines sofortigen Rückzugs in die unteren Lager überzeugt. Das Leben von fünf Bergsteigern und einem Dutzend Trägern stand auf dem Spiel. Merkl ordnete an, daß Aschenbrenner und Schneider mit drei Trägern vorausspuren sollten. Auch die anderen rüsteten zum Abstieg. Die Spitzengruppe kämpfte sich verbissen tiefer. Als sie zum Silbersattel kam, steigerte sich der Sturm derart, daß sie nur mit der größten Vorsicht an den Abstieg in der Steilflanke gehen konnte.
Etwa 100 Meter unter der Scharte wurde der Sherpa Nima Dorje vom Sturm aus den Stufen gerissen. Es gelang, ihn zu halten. Im tobenden Schneesturm konnten die Männer keine 10 Meter weit sehen. Nur einmal, als der Sturm für einen Augenblick die Wolken auseinanderriß, sahen sie die zweite Partie vom Silbersattel herabkommen. Um 7 Uhr abends waren Aschenbrenner und Schneider, über und über vereist, in Lager 4. Auf die anderen wartete man den ganzen Abend und die Nacht über vergebens.
Willy Merkl und seine Mannen kamen nicht. Unterhalb des Silbersattels schlugen sie ein Zwischenlager auf. Welzenbach schlief ohne Schlafsack im Schnee. Wieder kein Essen. Ein Sherpa starb. Merkl erfror sich die rechte Hand, Wieland beide Hände. Beim weiteren Abstieg brachen drei Sherpas zusammen. Sie blieben in den Seilen hängen oder im Zelt liegen; tot.
Am 9. Juli rissen einmal die schweren Schneewolken auseinander, und man sah für einige Minuten hinauf zum Grat. Unter dem Silbersattel befand sich eine größere Partie im Abstieg. Warum waren sie denn noch nicht weiter?! Hinter der Gruppe wanderte in einigem Abstand ein einzelner Punkt. Dieser einzelne Punkt war Uli Wieland, der wenig später in seiner Erschöpfung einschlief und starb. In der Nacht fiel wiederum ein halber Meter Neuschnee. Vom Silbersattel peitschten 100 Meter lange Schneefahnen waagrecht über die Rakhiot-Seite. Vier Männer wateten von oben herab, einen mannstiefen Graben hinter sich offen lassend. Es waren vier Sherpas, restlos erschöpft, einfach am Ende. Ihre Hände waren erfroren. Einer war schneeblind.
Welzenbach schrieb seine letzte Botschaft:
»Lager 7, 10. Juli. An die Sahibs zwischen Lager 6 und 4. Wir liegen seit gestern hier, nachdem wir Uli im Abstieg verloren. Sind beide krank. Ein Versuch, nach Lager 6 vorzudringen, mißlang wegen allgemeiner Schwäche. Ich, Willo, habe vermutlich Bronchitis, Angina und Influenza. Bara Sahib allgemeines Schwächegefühl und Erfrierungen an Händen und Füßen. Wir haben seit sechs Tagen nichts Warmes gegessen und fast nichts getrunken. Bitte helft uns bald hier in Lager 7. Willo und Willy.«
In der Nacht zum 13. Juli starb Welzenbach im Lager. Am Morgen raffte sich Merkl auf. Auf zwei Eispickel gestützt, ging er abwärts, den Grat entlang. Wenn die Nebel aufrissen, sah er unten die Zelte des Lagers stehen. Rettung von dort war ausgeschlossen. Der Schnee lag zu hoch. Merkl schaffte die Gegensteigung am Mohrenkopf nicht mehr. Er versuchte es immer wieder, brach aber zusammen. Zwei Sherpas waren noch bei ihm. Die drei Übriggebliebenen gruben sich eine kleine Eishöhle. Mit seinem Sherpa Gay-Lay

wickelte sich Merkl in eine Decke, als Unterlage hatten sie eine Schaumgummimatte. Aber die reichte nur für zwei, Angtsering mußte sich mit einer Decke begnügen. So verbrachten sie die Nacht im unerbittlichen Brausen des Sturmes.
Am 13. Juli sah man vom Lager 7 drei Leute absteigen. Auf halbem Wege zum Lager 6, in der Scharte vor der Gegensteigung zum Mohrenkopf, trat ein Mann vor und winkte. Wieder rafften sich alle drei auf, um weiterzugehen. Aber Merkl und Gay-Lay kamen nur drei Meter weit, dann konnten sie nicht mehr. Mühselig schleppten sie sich zur Höhle zurück. Angtsering hatte noch die Kraft, die Gegensteigung zu überwinden.
Erst am nächsten Abend kam er vollständig erschöpft und mit schweren Erfrierungen nach Lager 4. Schneider und Aschenbrenner versuchten am 15. und 16. Juli noch einmal, das Lager 5 zu erreichen. Umsonst. In den uferlosen Neuschneemengen wurden sie zurückgeworfen. Am Morgen im Wind hörten sie ganz deutlich rufen, aber der winkende Mann am Sattel war nicht mehr zu sehen.
Als man Merkl und Gay-Lay vier Jahre später fand, lagen ihre Körper völlig konserviert im Schnee. Aus der Haltung Merkls war zu schließen, daß er noch nicht mit dem Leben abgeschlossen hatte. Er lag da wie einer, der gerade ausruhen wollte, hatte seine Handschuhe ausgezogen und auf den Oberschenkeln ausgebreitet. Doch deutet alles darauf hin, daß Willy vor Gay-Lay gestorben ist …
Ich hatte das Gefühl, dabeigewesen zu sein. Der Gedanke an den Tod ließ mir bewußt werden, daß nichts wirklich wichtig ist.
Die Frage, was nach dem Tod sein würde, beschäftigte mich nicht. Für mich war beides denkbar: ein Fortleben nach dem Tode wie auch die völlige Auflösung.
Ich hatte keinen Spiegel dabei, trotzdem fuhr ich mir ab und zu durch die Haare. Sah ich überhaupt noch aus wie ein Mensch?
Später, leise erst, dann allmählich in Stufen stärker werdend, erhob sich ein Summen und Zischen rund um das Zelt. Ich wußte nicht, ob ich geschlafen oder nur so dagelegen hatte. Ich wußte auch nicht, wieviel Zeit vergangen war, seit ich in meiner Aufmerksamkeit, in meinem Hinhören auf die Stille in dieser untergegangen war. Jetzt war es wieder windig draußen. Die Luft hatte etwas Gespanntes, Prickelndes.
Ich wollte das Zelt öffnen, aber ich tat es nicht. Ich ertappte mich dabei, wie ich durch die Zeltwand starrte, um Pickel und Steigeisen auszumachen, die keinen halben Meter von der Plane entfernt im Schnee steckten. Nicht einmal ihre Umrisse konnte ich sehen. Wenn sie der Sturm mitriß, war ich verloren. Ein Abstieg ohne Steigeisen und Pickel war unmöglich. Obwohl ich ganz genau wußte, daß ein neuer Schlechtwettereinbruch bevorstand, wollte ich nicht mehr darüber nachdenken. So schnell würde ich nicht umkommen.
Ich schlief ein. Genau in dem Augenblick aber grollte der erste Donner. Dieses Grollen erstickte die letzte Hoffnung auf besseres Wetter.
Nachts fuhr ich einmal aus dem Schlafsack hoch und schnappte nach Luft. Ich fühlte mich beengt, wie jemand, der in seinem eigenen Unbewußten erstickt. Es schneite immer noch, aber nur leicht. Ich konnte an den Geräuschen nicht unterscheiden, ob die Schneerutsche neben dem Zelt, vom Zeltdach oder über die Wand abgingen. Die Lawinen bildeten als Geräuschkulisse eine Brücke zwischen meinem unruhigen Schlaf und der Eiswüste draußen.
Ich machte die Augen auf, um mich im Zelt orientieren zu können. Wenn ich richtig gesehen hatte, war es 3 Uhr früh. Meine Schultern und mein Rücken waren verkrampft.

Vielleicht nur, weil sich die Kälte durch die Schlafmatte und den Schlafsack bis in meine Knochen durchgebohrt hatte. Immer wieder ein Donnern in der Ferne. Und dieses unheimliche Rauschen draußen. Wieder kam mir Merkls Schicksal in den Sinn. Nachts öfter ein Erwachen in totaler Sinnlosigkeit. Momente, in denen die Verzweiflung und die Verwunderung, noch da zu sein, ineinanderflossen.

Die Zeltwand war steif, innen und außen mit einer spröden Eisschicht überzogen. Auch am Schlafsack hatte sich eine Eiskruste festgesetzt. Es tagte schon. Nur im Osten, wo der Gipfel des Nanga Parbat aufragte, hatte sich die Schwärze der Nacht noch nicht ganz aufgelöst. Undeutlich konnte ich durch die wenig transparente Zeltplane den eisüberkrusteten Pickel und die Steigeisen sehen. Alles noch da. Instinktiv griff ich nach meinen Schuhen und steckte sie, halbgefroren wie sie waren, in den Schlafsack.

Einige Stunden mußte ich geschlafen haben. Vielleicht aber hatte ich nur dagelegen, ohne etwas wahrzunehmen. Jetzt flaute der Wind ab.

Trotz der schneidenden Kälte, die über den Berg hereingebrochen war, hatte ich warme Füße. Das vereiste Zelt war offensichtlich ein perfektes Iglu. Während der nächsten halben Stunde versuchte ich zu kochen, eine Tasse nur, bevor ich das Zelt aufmachte. Essen konnte ich nicht. Ich wußte jetzt auch schon ganz genau, wie ich weiter vorgehen wollte. Wenn es klar und nur der Himmel bewölkt sein sollte, würde ich absteigen, meine Behausung, das Zelt, in eine Spalte werfen und einfach absteigen – an einem Tag bis ins Basislager. Nur wenn es Nebel geben oder schneien sollte, wenn ich mich nicht orientieren könnte, wollte ich bleiben.

Wie schön es doch war, alles alleine entscheiden zu können! Ich trug hier für niemanden die Verantwortung. Nur für mich selbst. Trotzdem aber schweiften meine Gedanken ab, und ich richtete die Aufmerksamkeit auf etwas außerhalb von mir. Oft wußte ich allerdings nicht, worauf.

Der Abstieg würde tückisch werden, anstrengend. Allein schon der Gedanke an die Séracs unter mir ließ mich frösteln.

Es war ein Fehler, so wenig zu trinken. Mein Blut war schon eingedickt. Das spürte ich bei jedem Handgriff.

Ich sorgte mich um Ursula und Terry, die unten immer noch warteten. Vermutlich war ich für die beiden verschwunden. Ich wußte nicht, was sie taten, ich hatte keine Ahnung. Hoffentlich ängstigten sie sich nicht allzusehr.

Am Morgen des 11. August schrieb Ursula in ihr Tagebuch: »Nur ganz selten und zwischendurch, kurzfristig, versuche ich mir vorzustellen, was wäre, wenn der Nanga seine Chance wahrnehmen würde – vielleicht seine letzte, nachdem ihm Reinhold schon einmal knapp durch die Lappen gegangen ist. Mehrmals ertappe ich mich bei dem Gedanken, daß sich die Welt vielleicht einmal für ganz kurze Zeit nach mir umdrehen würde, wenn ich über die letzten Stunden des ›großen Reinhold Messner‹ berichten würde. Ich könnte diesen Auftritt theatralisch und pathetisch gestalten – ungestraft, weil keiner sonst dabei ist.

Aber sonst – geht's mir beschissen.

Das erste Mal seit 27 Jahren schlucke ich Valium – erfolglos. Habe Käse und Honig (was gut sein soll, speziell für die Nerven) in mich reingestopft, gelesen, geschrieben, nachgedacht, meine Augen hinter dem Fernglas rotgeschaut; das blöde Ding weggeschmissen, weil es mich nur noch verrückter macht, um es nach kurzer Zeit wieder zu holen und weiterzustarren. Und dann habe ich einmal eine Wut gekriegt: Mit was für

einer Berechtigung steigt er eigentlich da hoch. Seinem ›Natural High‹ nachjagen, Befriedigung durch den Berg suchen und wahrscheinlich auch kriegen, während ich, vielleicht auch Terry, hier am Fuße des Nanga uns verrückt machen, nicht schlafen, Herz- und Daumenspitzen drücken, auch beten. Hast Du schon einmal für jemanden gebetet? – Ich meine gebetet im weitesten Sinne?
Und geweint habe ich. Eigentlich nicht seinetwegen, allein deshalb, weil es mir hilft, psychischen, emotionalen Streß zu ertragen. Am liebsten würde ich ihn an den Ohren von diesem Drecksberg runterholen.
Später kommen die Österreicher, die eine andere Route versuchen, und sie sind sehr nett zu mir, richtig lieb. Sie bieten mir auffällig viele Erklärungen für das Verschwinden ›des Punktes‹ an. Einer schenkt mir einen Bergkristall. Meine Freude darüber ist groß, noch größer meine Verwunderung. Ich sage mir nur: Die Bergsteigerwelt ist sich einig – dieses war sein letzter Streich!
Dann packt mich wieder die große Wut. Denkste, sage ich mir, von wegen, jetzt erst recht: Reinhold schafft's! Eine andere Möglichkeit gibt es gar nicht. Und ich habe überhaupt keine Angst mehr, bin fest überzeugt. Er erlebt dort oben eine gute, starke, intensive Zeit. Er wird zwar müde, aber heil hier runterkommen. Ich beneide ihn und freue mich für ihn. Wie konnte ich bloß eine Minute an seinem Wieder-heil-Runterkommen zweifeln? Was kann auch schon passieren? – In seine Bergsteigerkunst habe ich ein grenzenloses Vertrauen, und was hat er auch zu verlieren? – Wenn nicht mit, dann kommt er halt ohne Gipfel zurück. Dann bleibt ihm zumindest ein Traum! Und wenn er auf dem Nanga oben sitzen bleibt oder irgendwo weiter unten? Wer kann schon kurz vor dem Tod ein derartiges Hoch erleben? – Mein Gott, wenn ich an unsere bundesdeutschen Intensivstationen denke! Eigentlich müßte ich beten für ihn, daß ihm das eine gegönnt sein und das andere erspart werden möge. Also – anyway, er ist ein glücklicher Mensch. Was soll deshalb Angst, diese dumme Angst? – Wahnsinnig beneide ich ihn um seine Situation, ohne auf den Gedanken zu kommen, sie ihm nicht zu gönnen. Ich bin glücklich für ihn. Und ich kann mir gut vorstellen, daß sogar ich als Antibergsteigerin erhebliche Strapazen auf mich nehmen würde, um so etwas zu erleben.«
Am Morgen dieses 11. August merkte ich, daß das Wetter zwar nicht gut, aber doch besser geworden war. Ohne noch viel zu denken, faßte ich den richtigen Entschluß: alles liegen und stehen lassen, absteigen. Die Ausrüstung – Zelt, Schlafsack, Kocher – warf ich in eine Spalte. Im Rucksack hatte ich nur einige Filme, die Kamera und Kleinigkeiten wie Höhenmesser und Gletscherbrille.
Es hielt mich nichts mehr. Um 5 Uhr war ich aus dem Zelt, entschlossen, alles auf eine Karte zu setzen. Ich ließ auch sämtliche Vorräte zurück. Die Suppen, den Kocher, alles. Ich mußte versuchen, das Basislager in einer einzigen Gewaltetappe noch an diesem Tag zu erreichen. 3000 Höhenmeter tief hinab in der steilsten, direkten Linie. Schaffte ich es nicht, würde ich die kommende Nacht nicht überleben.
Mit diesem Wissen ging ich los. Es war ein letzter mächtiger Ansporn. Ich ging schräg zum Hang, rutschte plötzlich ab. Ich konnte das Gleichgewicht nicht wiederfinden. Schon glaubte ich zu stürzen. Noch waren es die Steigeisen, auf denen mein Körpergewicht stand, und ich machte einige Sätze, immer darauf bedacht, daß die Eisen sich wieder festkrallten. Wenn ich nur den Oberkörper wieder ins Gleichgewicht bringen konnte! Nach 10 oder 15 Metern, die ich in Sätzen die steile Wand hinuntersprang, stand ich fest. Ich zitterte am ganzen Körper. Alles Blut war aus meinem Kopf gewichen. Diese

Unvorsichtigkeit hätte als Sturz enden können! Mit dem Eispickel schlug ich eine größere Stufe, um zu rasten.

Das war noch einmal gutgegangen. Ein gestauchter Knöchel, ein gebrochenes Schienbein hätten das Ende bedeutet. Der Schock brachte mich dazu, alle Kräfte zu konzentrieren. Mein Wesen war ganz Aufmerksamkeit.

Der Eisschlauch, durch den ich absteigen wollte, war die gefährlichste Stelle am Nanga Parbat. Aber ich sagte mir: Wenn es noch irgendwo geht, dann hier.

Ich wußte, daß ich sterben würde, wenn ich nicht Kraft sparte oder an diesem Tag nicht durchkommen würde. Noch hatte ich mich nicht endgültig abgeschrieben. Vom Biwak war ich zwar ausgedörrt und deshalb ungeschickt, aber noch frei zum Handeln. Ich wußte genau, wie das ist, wenn man durch schlechten Schnee von oben nach unten steigt. Die Wand war hier nicht steil, so daß der Schnee liegen geblieben war; wie befürchtet Bruchharsch. Ich mußte all mein Können zusammennehmen, durfte keinen Fehler mehr machen. Die Oberfläche war so hart, daß ich nur mit den Steigeisen die Harschschicht durchbrach. Darunter kam ich manchmal auf blankes Eis. Bei jedem Schritt sackte der eine Fuß ein. Jedesmal riskierte ich den Verlust des Gleichgewichts.

Von oben nach unten zu klettern ist im Eis schwieriger als von unten nach oben. Zuerst versuchte ich, mit dem Gesicht talwärts, vorgebeugt, hinunterzugehen; haute Stufen. Ich konnte nicht die ganze Wand hinab Stufen schlagen. Es gab nur eine Art des Abkletterns, die jetzt noch in Frage kam: das freie Abklettern; Gesicht zur Wand; Pickel in der rechten Hand, in der linken einen Fäustling zum Abstützen; die Steigeisen an den Schuhen. So ging es besser. Genau in der gleichen Art, wie ich heraufgekommen war, stieg ich ab. Stufenschlagen konnte ich so nicht. Dafür brauchte ich mich auch nicht hinauszulehnen, meinen Körper nicht zu verdrehen.

Diese Art abzuklettern war die gefährlichste. Ein Rutscher, und ich wäre weg gewesen. 3000 Meter fiel die Wand unter mir ab. Wenn ich nach unten sah, gelang es mir nicht, mich in dieser Wand einzuordnen. Immer wenn ich etwa 100 Schritte gemacht hatte – oder waren es nur 90? –, keuchte ich vor Erschöpfung. Ich lehnte mich mit dem Oberkörper an die Eiswand. Die Luft fuhr mir stechend in die Lungen. Meine Arme waren vom ständigen Gebrauch des Eispickels bleiern schwer, wie gelähmt. Wenn ich rastete, tauschte ich eine Qual gegen die andere. Alles war anstrengend hier.

In den Rastpausen stauten sich kleine Schneerutsche über Schuhen und Armen. Der Wind trug Treibschnee heran. Bald war ich mit einem Eispanzer überzogen. Die Talsohle lag noch immer so entmutigend weit von mir entfernt, daß es nicht lohnte, sich da unten mit den Augen festzuklammern. Also konzentrierte ich mich wieder auf Dinge, die jetzt zu geschehen hatten.

Bei der nächsten Rast schlug ich eine Stufe in das Eis, um besser Tritt fassen zu können. Immer langsamer kam ich voran, immer öfter mußte ich Pausen einschalten. Einmal, als ich mich hinsetzen konnte, war es besonders schwierig, wieder aufzustehen. Nur durch falsche Versprechungen, die ich mir selbst machte, gelang es mir, meinen Körper auf die Beine zu bringen. Noch einen Schritt, noch eine Stufe, dann war es wieder einfacher, leichter. Es mußte gehen!

Die feinen Risse, dort, wo die Frontalzacken der Steigeisen wenige Sekunden vorher noch Halt hatten, glänzten, während sie in meinem Blickfeld lagen. Zwischen den riesigen Séracs durfte ich nicht mehr rasten. Jede Minute, die ich hier gewann, war geschenktes Leben.

Nach seinem Alleingang schenkte Reinhold Messner dem Begleitoffizier Terry jene Eisaxt, mit der er fünf Tage lang geklettert war.

An diesem Tag fotografierte ich nicht mehr. Aber immer noch, jetzt sogar verstärkt, redete ich mit irgend jemand; sogar in französischer Sprache. Und dies, obwohl ich nie Französisch gelernt hatte.
Immer wieder schaute Terry von unten mit dem Fernrohr in den dunklen Eisschlauch. Zwischen den Séracs und der Mummery-Rippe eingebettet, stellte diese Rinne das steilste Stück der Diamir-Wand dar. Den ganzen Vormittag über blieb Terry am Fernrohr. Es war eine körperliche Qual, nur zusehen zu können. Seine Augen brannten. Zwischendurch zwang er sich aufzustehen, ein bißchen herumzugehen. Das Fernglas aber war wie eine Droge. Er mußte es haben, er mußte schauen.
Je weiter ich herunter kam, desto langsamer wurde ich. Die Wand war nicht mehr so steil, und manchmal ging ich wieder mit dem Gesicht talwärts. Das Eis war hier so hart, daß ich nicht einsacken konnte wie oben beim Lossteigen.
Eine gute Stunde stieg ich ab, ohne zu registrieren, wo ich mich befand und wohin ich ging. Als ich in die Nähe des ersten Biwakplatzes kam, wußte ich, daß ich gerettet war. Das Gefühl der Sicherheit und das erste Wasser, das ich aus einer Schmelzrinne saugte, vertrieben meine Müdigkeit.
Düstere Wolkenbänke zogen das Diamir-Tal hinauf. Mir wurde bewußt, daß ich eine weitere Nacht im offenen Biwak nicht aushalten konnte. Ich mußte weiter. Jedesmal wenn ich ausatmete, kam es wie ein befreiender Ton aus mir heraus. Ein Zeichen, daß ich kurz vor dem völligen Zusammenbruch stand?
Ich war nicht sicher, ob ich es noch schaffte bis ins Grüne. Die Waden, die Muskeln der Arme, alles an meinem Körper war wie verknotet, hart. Den Eispickel hielt ich in der Hand, als sei er an mir festgeschweißt. Noch gute zwei Stunden bis ins Basislager! Zu meinen unsichtbaren Begleitern sagte ich nicht viel. Ich hörte ihnen auch nicht mehr zu. Einmal mußte ich noch über eine Spalte springen. Der Sprung, ein weiter Satz, erforderte

Konzentration. Es war schon warm, fast heiß. Überall rannen kleine Bächlein über das Eis. Ich biß die Zähne zusammen und beschloß, nicht daran zu denken. Das Trinken machte mich noch müder.

Schritt für Schritt stieg ich über das Eis bergab. Grünblau schimmerte es unter mir in den Spalten. Die Welt ringsum war von Séracs durchsetzt, Lawinenhänge links und rechts. Wenigstens nicht mehr dieser endlose Abgrund unter mir. Mein Nacken schmerzte. Immer wenn ich das Steigeisen auf die blanke Eisfläche setzte, schaute ich flüchtig hin, mal links, dann rechts, links, rechts. Von meinen langsamen Bewegungen und der Größe des Gletschers verwirrt, kamen mir die Entfernungen ewig vor. Und trotzdem: Allein zu sein und nur den eigenen Fähigkeiten zu vertrauen, vermittelte mir ein starkes Identitätsgefühl.

Der weitere Abstieg vollzog sich wie in Trance. Öfter sah ich mich selbst über die spiegelglatte Eisfläche torkeln. Manchmal, wenn die Steigeisen einige Millimeter rutschten, war es schwierig, Halt zu finden. Aber immer, bevor ich aus dem Gleichgewicht geschleudert wurde, hafteten sie wieder. So, als ob sie von sich aus das Richtige täten.

Im Basislager hatten sie mich längst gesehen. Über das Geröll des riesigen Kars kam mir Ursula entgegen. Sie hatte meine Turnschuhe in der Hand.

Wir erreichten einander. Ich zog meine Klumpfuß-Stiefel aus, warf sie weg, wollte sie nicht mehr sehen.

Reinhold Messner am Wandfuß des Nanga Parbat nach seinem Solo-Gipfelgang.

VERZICHT AUF DIE MAGISCHE LINIE

1979, ein Jahr nach der erfolgreichen Alleinbesteigung des Nanga Parbat, startete ich in den Karakorum zu einer K2-Expedition. Ich hatte den Winter über viele Vorträge gehalten, ein Buch geschrieben und nebenbei die neue Reise organisiert und finanziert.

Die Mannschaft, die ich zusammenstellte, sollte international und jung sein. Ich lud Friedl Mutschlechner ein, einen Bergführer aus Südtirol, der mir in seiner Art und seinem Charakter besonders lag. Mit ihm wäre ich am liebsten in einer Seilschaft geklettert. Michl Dacher, den damals erfolgreichsten Höhenbergsteiger der Bundesrepublik, nahm ich gerne mit. Robert Schauer hatte am Mount Everest 1978 viel Einsatz bewiesen. Er war auch schnell. Alessandro Gogna gehörte schon seit vielen Jahren zu den Bergsteigern, die ich mochte und über alles Konkurrenzdenken hinweg respektierte. Renato Casarotto war zu dieser Zeit der Spitzenbergsteiger in Italien, und ich war sicher, er würde der stärkste Mann in der Gruppe sein.

Beim Anmarsch verloren wir drei Wochen Zeit. Eine Straßenverbindung nach Skardu gab es damals nicht, und wir waren auf das Flugzeug und gutes Wetter angewiesen. Inzwischen hatten wir erfahren, daß eine französische Mammutexpedition drei Wochen nach uns in die von mir ausgedachte »Magic Line«, den Südsüdwestpfeiler, einsteigen würde. Ein Versuch unsererseits hätte nichts anderes als eine Erkundung für die Franzosen bedeutet.

Nach einem Aufstieg bis in die Mitte der Südwand entschlossen wir uns, auf den Abruzzi-Grat auszuweichen. Dort und nur dort hatten wir eine kleine Chance, den Gipfel zu erreichen. Vor allem auch deshalb, weil wir nur zu fünft waren. Renato Casarotto erwies sich für die Gipfelzone als zu schwach.

Wir bauten drei Lager auf und sicherten den Weg bis oberhalb der Schwarzen Pyramide mit Fixseilen ab. Dann traf es Michl Dacher und mich, einen ersten Versuch zu wagen. Friedl Mutschlechner war leider krank geworden.

Rechts: Die Braldo-Schlucht stellte den gefährlichsten Teil des Anmarsches zum K2 dar; ständig waren die Träger von Steinschlag bedroht. Nächste Doppelseite: Über flache Schneehänge und eine Stufe des Godwin-Austen-Gletschers zwischen Broad Peak und K2 führte der Weg in etwa an den Fuß des steilen Abruzzi-Grats. Dieser Zustieg wurde von beiden Seiten von Lawinen bedroht. ▷

Nur mühsam ließen sich die schweren Lasten durch den steilen House-Kamin zwischen Lager 1 (6100 m) und Lager 2 (6700 m) höher bringen.

Lager 2 in 6700 Metern Meereshöhe; unten der Eisstrom des Godwin-Austen-Gletschers.

MESSNER

Oben: Aufstieg zum Lager 3 (7350 m). Links: Im gefährlichen »Flaschenhals«, im Schlußanstieg auf den Gipfel (unten).

◁ Das letzte Biwak auf knapp 8000 Metern Meereshöhe unterm Gipfel des K2. Links die Gasherbrums, der Broad Peak und die Chogolisa.

Reinhold Messner auf dem Gipfel des K2 (8611 m). Der Blick geht nach Osten, auf die braungrauen Gebirgsketten von Sinkiang.

Der Schatten des K 2

KOMPROMISS AM BERG DER BERGE

Es war Nachmittag, noch angenehm warm, während ich vor dem Zelt meinen Rucksack ausschüttelte. Einige Kolkraben, die wie Wegelagerer um das Basislager hockten, kamen ein paar Sprünge näher. Ich kroch ins Zelt. Die Ausrüstungsgegenstände, die ich zum Gipfelsturm brauchte, lagen in einem geordneten Durcheinander auf der Schlafmatte. Nur ich konnte eine Logik in dem Wust von Kleidern, Stiefeln und Schnüren erkennen. Stück für Stück schichtete ich in den blauen Sack, wog ab, packte weiter.

Als ich wieder ins Freie robbte, flogen die großen schwarzen Vögel mit heiseren Lauten davon. Eine Windböe fuhr in ihre Formation, warf sie durcheinander. Sie segelten in verschiedene Himmelsrichtungen weiter. Einer stieg so hoch, daß er für einen kurzen Augenblick in der Linie zwischen dem K 2-Gipfel und mir stand. Ich dachte den Gipfel nicht herbei; er kam, während ich hinaufblickte, herab. Das war meine Art, über den eigenen Horizont zu treiben.

Noch einmal öffnete ich den Rucksack, um nachzusehen, ob ich nichts vergessen hatte. Es war der erste Gipfelangriff. Als ich die Ausrüstungsstücke in der Hand hielt, sah ich wie in einer Art Lichtbildervortrag immer neue, sich überblendende Visionen: beim Anfassen der Steigeisen ein Stück blankes blaugrünes Eis; bei den Handschuhen Nachtkälte; beim winzigen Sturmzelt die frostige Luft der Todeszone.

Wieder im Zelt, hörte ich, wie draußen jemand rumorte. Steine polterten. Dann guckte Michl herein und fragte, ob ich nicht zufällig ein zweites Paar Handschuhe für ihn hätte. Als ich sie ihm reichte, sah ich, wie glücklich er war. Er nickte nur und ging zu seinem Zelt zurück, wo sein Rucksack stand. Ich hörte, wie er damit hantierte.

Michl war bei all seiner Ruhe und Beständigkeit ehrgeizig und angriffslustig. Wir beide hatten den Großteil des Weges versichert und uns so schätzen gelernt. Schon über die Wochen der Vorbereitung, froh, einander zu haben, stand es stillschweigend fest, daß wir gemeinsam zum Gipfel gehen würden. Wir waren eingespielte, aber keine verschworenen Partner.

Eine halbe Stunde später war mein Rucksack gepackt. Ich stellte ihn vor das Zelt. Zweimal wog ich ihn in der Hand. »So«, sagte ich zu mir selbst, einfach »so«, als ob dies etwas zu bedeuten hätte.

Untertags verschwand der trübe Schleier, der seit dem Morgengrauen in der Luft gehangen hatte und dieser Schwere verlieh. Die Dunstschicht zog gegen Osten ab. Am Himmel erschienen glasklare blaue Fenster. Die ersten Hochsommertage waren angebrochen.

Schon um 4 Uhr war es hell. Als ich in der Morgendämmerung aus dem Zelt kroch, war mir ganz leicht ums Herz. Um diese Zeit wurde die Luft erfrischend und aufmunternd. Ich sah die Berge, die Gletscherströme, hörte den Schnee, der unter den Schuhsohlen knirschte, vergaß, was ich hier überhaupt wollte, wohin ich ging.

Michl und ich waren etwas später aufgestanden als geplant. Trotz des bevorstehenden Gipfelangriffs fühlen wir keine besondere Aufregung. Ob es gelingen würde? Vielleicht würde uns der Schneesturm am selben Tag schon zurückwerfen.
Das Frühstück im Basislager war wie üblich. Ros Alí servierte dampfenden Tee. Wir nahmen Leinsamenkekse aus einer offenen Dose. Es war kalt, nur ein Schatten von Helligkeit fiel durch die blaue Zeltplane.
Gleich hinter dem Basislager, am flachen Gletscher, nach ungefähr einem Kilometer, blieb ich bei einem großen Felsklotz zum ersten Mal stehen. Die Sonne traf den Gipfel des K 2.

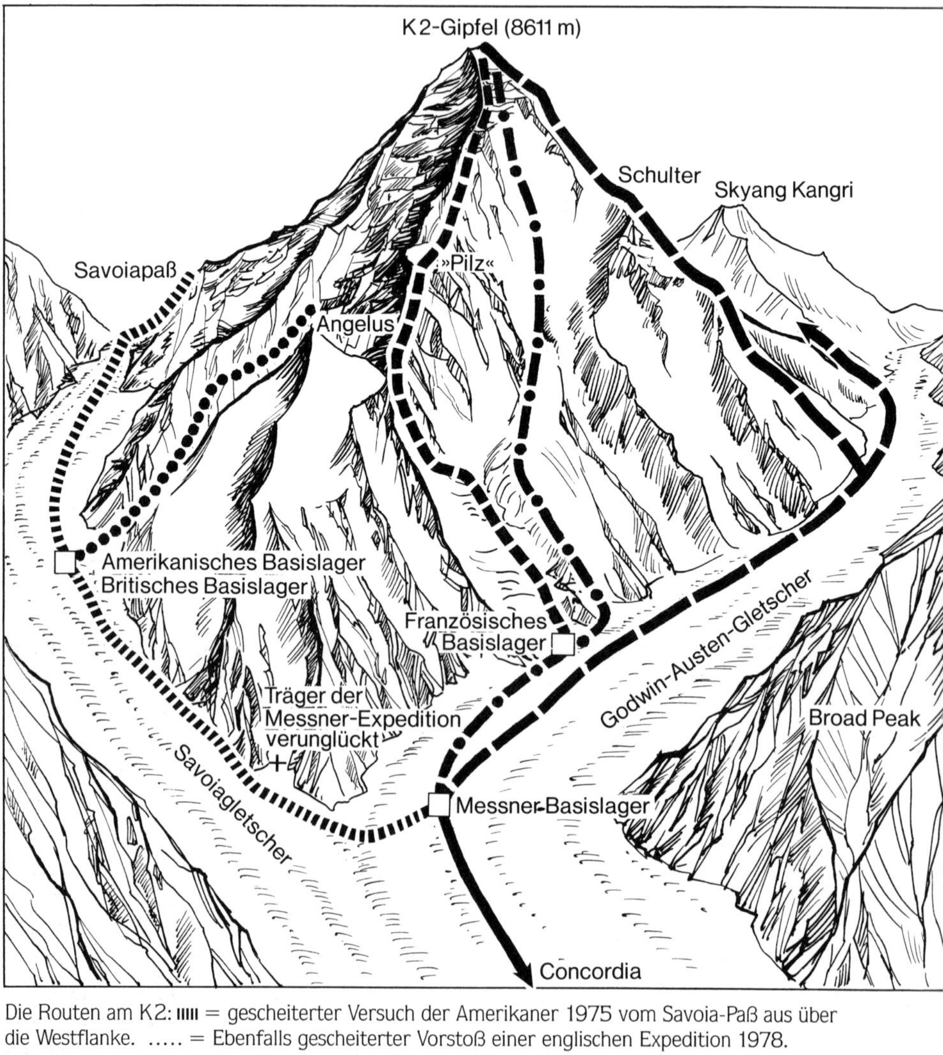

Die Routen am K2: IIIII = gescheiterter Versuch der Amerikaner 1975 vom Savoia-Paß aus über die Westflanke. ..... = Ebenfalls gescheiterter Vorstoß einer englischen Expedition 1978. ----- = Franzosen mußten 1979 zwischen »Pilz« und Gipfel aufgeben; 1986 wurde die »Magic Line« vollendet. —·—·—·—· = Messners Erkundungsvorstoß in der Südwand; 1986 vollendet. ———— = Anstiegsverlauf der Messner-Expedition über den Abruzzi-Grat (1954-Route).

Es sah aus, als tastete sie ihn ab. Die Schnee- und Eishänge begannen zu leben. Die Liebkosung dauerte Minuten. Ich spürte, wie eine Welle von Hoffnung aus meinem Bauch aufstieg. Dabei endgültiger Dimensionsverlust. Ich hatte nicht die geringste Ahnung, wie hoch dieser Berg über mir aufragte. Mit den Augen peilte ich nur den Gipfel an. – Jetzt wußte ich, wo er war.
Michl war zurückgeblieben. Er kam als kleiner schwarzer Strich über den schmutzigen Gletscher.
»Das Licht«, sagte ich zu ihm, als er bei mir stand, »wird heute besonders klar.«
Ob das ein gutes Zeichen war? Diese Sonne! Wie an einem Hochsommermorgen in den Westalpen.
Während ich weiterstieg, schaute ich zwischendurch auf die beleuchteten Flanken, kam dabei aus meinem Gehrhythmus.
Auch über die Bergketten, die das Basislager im Westen einfaßten und deren Anblick mir so vertraut war, flogen erste Sonnenstrahlen. Hell und deutlich standen sie in all ihrer Durchsichtigkeit gegen den noch glasigen Hintergrund. So hatte auch der Himmel ein Raumgefüge. An den Gipfeln hingen zerschlissene Windfahnen; sie flatterten.
Wie harmonisch das war. Es reimte sich hier alles. Ich dachte nicht über mich nach, auch nicht über diese Landschaft. Ich ging nur und schaute. Da wollten wir hinauf! Das war der einzige, alles beherrschende Gedanke.
Langsam und in einem großen Bogen gingen wir rechtshaltend zum Einstieg. Michl und ich kletterten in alter Gewohnheit den Schneehang rechts des Abruzzi-Grats hoch. Wir hatten nie miteinander darüber gesprochen, warum wir diesen und nicht den üblichen Weg einschlugen. Wir hatten es immer getan: vor gut zwei Wochen, als wir das erste und zweite Lager aufbauten; und dann wieder, als es galt, den Weg bis zum Lager 3 zu versichern.
Auch jetzt, beim letzten Mal, gingen wir unsere gewohnte Strecke. In spitzen Serpentinen zogen wir die Spur über den von der Sonne aufgerauhten Firn. Ich stützte meinen Oberkörper leicht auf den Pickel, so daß mein ganzes Gewicht auf dem bergseitigen Rand der Schuhsohlen lag, die ich bei jedem Tritt in den Firn stieß. Jeder ging in seinem Tempo, keiner ließ sich vom anderen treiben.
Auch im Lager 1 dann keine Hetze. Wir lagen, dösten, schliefen. Zwischendurch machte einer Tee. Wir mußten viel trinken.
Dieses Hochgefühl am Morgen beim Blick in die Sonne! Die Täler unter uns waren mit Dunst angefüllt. Die Hänge schienen zu dampfen. Aber gegen Westen klare Sicht. Das Land war so weit, daß ich nicht versuchte, die Gipfel zu zählen. Immer wenn ich zum Himmel hochschaute, machte ich ein paar Schritte; ohne dies zu wollen und trotz meiner morgendlichen Unbeholfenheit.
Mitten im Großen Turm hielt ich an. Auf halbem Weg zwischen Lager 1 und 2 wollte ich rasten und schauen. Eine Zeitlang saß ich da, ganz mit mir allein. Ich sah zu den Eisströmen und Moränen hinab, die immer weiter wuchsen, je länger ich hinstarrte. In riesigen Mäandern zogen sie hinaus zum Basislager und weiter hinunter nach Concordia, wo sie in einer scharfen Rechtsbiegung in den Baltoro-Gletscher mündeten. Wie breite Landstraßen sahen diese Gletscher von oben aus. Die Bergketten darüber waren vereist. Dazwischen gewundene Moränenrücken; die gerade Linie des Horizonts, aus der wir herkamen.
Über dem Baltoro-Gletscher schien die Luft zu schwanken, zu schweben – eine amorphe

Masse. Wir waren schon hoch oben. Seltsam, wie durchsichtig die Luft hier war. Ich sah mich da unten hereinspazieren, als riesige Unbekannte vor mir den K 2. Welch wunderbarer Wahnsinn dieser Aufstieg und die Möglichkeit, auf mich selbst hinunterzusehen! Die Erinnerung von Glück, wenn ich an den Blick von unten dachte.
Der Wind in den Felsen pfiff. Meine Gedanken aber gingen immer wieder hinab in die Täler, zu den Eisströmen. Wieder einmal sah ich mich zu Überlegungen verführt, die mir nur allzu vertraut waren: Zurückgehen, den Berg hinter mir. Ich kannte das – das ist ja das Schöne am Bergsteigen, daß es nicht immer aufwärts geht. Aufwärts! Darüber wurde ich wach. Ich schaute hoch und wollte weiter.
Mit einem Ruck stand ich auf, nahm den Rucksack und machte ein paar Schritte. Das Klettern war anstrengend in dieser Höhe. Die Steilheit der Wand und die glatten Felsen, an denen die Steigeisen oft keinen Halt fanden, zwangen mir einen unregelmäßigen Rhythmus auf. Ich kletterte um eine Kante herum, rastete. Die Sonne lag schwer auf meinem Rücken, wie eine zweite Last. Nach Minuten erst spürte ich wieder Kraft in Beinen und Armen.
Immer wenn ich ging, stieg, kletterte, fühlte ich mich wohl, auch im Kopf. Sogar beim Rasten – die erste Zeit, wenn die Lungen noch flogen und das Herz bis zum Halse schlug – war das schön!
Im Lager dann begann ich, über meine Wachträume hinwegzudenken, wollte jetzt auch mit meinem Kopf leben. Aber es gelang mir nicht.
Im Zelt – der Boden war knapp so groß wie ein Bett – saßen wir eine Zeitlang da, ordneten unsere Sachen. Es war alles so eng und doch gemütlich. Das kam auch von Michl, und darin täuschte ich mich nicht.
Geborgenheit? – Das Gefühl, das ein solches »Nest« hervorruft, ist ein anderes. Ja, auch eine Art Geborgenheit. Wir waren hier nicht eingebettet, nur abgekapselt und in den Berg verkrochen. Bald schon vergaß ich, wo ich mich befand. Nein, nur das selbstgebastelte Enge, das Häusliche, das Sichere erlöste nicht. Ich deckte mich mit der Welt zu.
Meine Gedanken konzentrierten sich nicht auf die Gefahren, die uns umgaben, nicht auf die Anstrengungen, die auf uns warteten; auch nicht auf die Entfernungen, die uns von der Menschheit trennten. Ich war nur da. Wenigstens das fiel mir leicht. Ich öffnete den Zelteingang und beugte mich hinaus, um Schnee hereinzuholen. Ein Paar Steigeisen lag

Das Panorama des Baltoro-, Abruzzi- und Godwin-Austen-Gletschers; links der K2.

auf den Steinen. Daneben ein Pickel. Tief unten im Tal zitterte die Luft. Oder kam mir das nur so vor?
Im Zelt der surrende Kocher; Michl, der sich im Schlafsack herumdrehte. Diese enge Gemütlichkeit – und dann wieder, beim Hinausschauen, diese schier endlose Tiefe. Steine, an denen Eiskristalle glitzerten; der feinste Windhauch schon jagte mir eine Gänsehaut ins Gesicht. Was war nun wirklich?
Am Nachmittag schliefen wir ein wenig. Gleichzeitig schreckten wir plötzlich hoch. Ein fallender Stein polterte durch unser Bewußtsein. Es blieb keine Zeit, den Zelteingang aufzureißen. Wir konnten nur hoffen, daß das Zelt nicht getroffen werden würde.
An diesem dritten Klettertag schien das Wetter umzuschlagen. Zwar stand die Sonne am Himmel, doch ihr Licht war fahl, zur Vormittagszeit sogar geisterhaft. In den Tälern lagerte Dunst, grau oder blaugrün. Die Windstille wirkte bedrückend.
Daß wir trotzdem weiterstiegen, war mehr eine Sache des Instinkts, nicht der Erfahrung oder des Verstandes. Mit den Fixseilen überwanden wir die Schwarze Pyramide, wohl die schwierigste Stelle am Abruzzi-Grat, leicht; ein Spaziergang im Verhältnis zum Aufstieg vor einer Woche. Lager 3, von Friedl und Robert errichtet, stand noch. Die Schneehänge darüber wirkten unheimlich auf mich; unheimlich wie der verschleierte Himmel und die vielen Zirren über Sinkiang und Tibet.
Auch jetzt, am Nachmittag, wiesen alle Wetterzeichen auf »schlecht«. In den Tälern standen durchscheinende Nebel. Wie Milchglas. Im Westen türmten sich Wolken; darüber dunstige Streifen. Die Berge wirkten zugleich nah und doch sehr fern.
Am Abend vermehrten sich diese Schlechtwetterzeichen noch. Allerdings vertrieb ein scharfer Nordwind über Nacht alle Wolken, löste die Nebel auf. Wäre es nicht so gekommen, hätten wir unseren Gipfelangriff wohl aufgeben müssen.
Die ganze Nacht jagte der Sturm über unser Zelt. Michl und ich – ineinander eingebettet in der Sorge, die Plane könnte reißen – waren für Stunden die einzige Hoffnung für einander. Es war, als erlebte ich die Auflösung der Welt und als schwebten wir, gebeutelt vom Wind, in einem raum- und zeitlosen All. Wie es ums Zelt heulte und pfiff! Jeder Stab, jeder Faden hatte sein eigenes Johlen.
Kurz vor dem Aufwachen träumte ich, daß der K 2 mit uns für immer verschwunden sei, ausgelöscht, als ob er nie existiert hätte. Als ich dann hinausschaute, war es schon hell und

der Himmel so klar und friedlich, wie ich ihn nur während des Traums über dem Nichts ausgebreitet erlebt hatte.
Ein makellos klarer, kühler Morgen. Nur in den Tälern weit draußen lag Dunst. Es schien, als sei die Welt dahinter erstickt. Der Broad Peak stand uns in all seiner Mächtigkeit gegenüber. Die ziehenden Hochnebel dazwischen ließen ihn in Gestalt und Größe wechseln. Der Mond, zur Gänze sichtbar am westlichen Rand des Horizonts, würde sich bald runden.
Heute mußten wir ganz früh heraus. Bevor die Sonne kam, wollten wir kochen. Damit wir auch rechtzeitig heißen Tee haben würden, hatte Michl am Abend schon einen Sack voll Schnee ans Fußende unserer Schlafsäcke gestellt.
Als wir aufbrachen, wurde das Sonnenlicht auf der welligen Schneefläche über uns so stark reflektiert, daß sich die Spalten kaum noch abhoben. Vorsichtig stocherte ich mit dem Pickel in die vom Wind aufgewühlte weiße Fläche. Schritt für Schritt tastete ich mich bis an den Rand des stumpfen Grates zwischen Süd- und Ostflanke. Hier war der Schnee teilweise hart. Michl holte auf. Oft brachen wir bis zum Bauch durch die windgepreßte Schneedecke. Wie Maulwürfe buddelten wir im mehligen Weiß, einen Graben hinter uns offen lassend.
Einen großen Sérac umgingen wir in einer Rechtsschleife. Abwechselnd mühten wir uns über ein steiles, lawinenschwangeres Schneefeld. Ich durchstieß die Wächte und stand oben auf der Schulter. Das war geschafft!
Wir rasteten eine Weile. Die Weite der leicht ansteigenden Schneeflächen über uns war beängstigend. Es schien mir eine Ewigkeit zwischen uns und dem Gipfel zu liegen.
Die Hitze war nicht drückend. Wir rafften uns auf. Lose, aus blauweißen Kristallen gefügt, lag der Schnee knöcheltief auf einer harten Unterlage. Bei jedem Schritt knirschte er unter den Steigeisen, und dieses Geräusch beruhigte mich. Jetzt, beim langsamen Steigen das Gefühl, leichter geworden zu sein; ohne klare Gestalt über diesen weiten Schneerükken zu gehen. Müdigkeit. Nichts Gravitätisches mehr in mir, nur Lungen und Herz, die den Brustkorb weiteten, immer mehr weiteten. Ich war nicht mehr Körper, sondern schwebende Fläche, wie die Fläche, auf der ich stand, ging.
Auf einer flacheren Stelle zwischen Schulter und »Flaschenhals« warf ich meinen Rucksack ab. Dabei fiel mir ein, daß ich nachsehen könnte, wie hoch wir schon waren: 7950 zeigte der Höhenmesser. Das durfte stimmen. Dann kam es mir wieder zuviel vor, und ich steckte ihn weg. – Meine alte Angst, mich in dieser Höhe selbst zu belügen.
Der Wind blies den Schnee über den Grat. Die Sonne stand noch hoch, und der Himmel war so schwarz, daß man dachte, dahinter sei es finster. Alle Schönwettertage in großer Höhe sind gleich.
»Schöner Platz«, sagte Michl.
»Na, ja«, antwortete ich.
»Links ist es windgeschützt.«
»Sicher.«
»Wir müssen das Zelt eingraben«, meinte Michl.
»Das ist nicht notwendig«, sagte ich.
Unser Zelt war rot und blau. Die Zelte weiter unten waren grün und gelb oder einfarbig blau; die Zelte im Basislager rot.
In dieser Höhe waren Lagerplätze nur sicher, wenn die Zelte unter einem Überhang standen. Ob Eis oder Fels spielte dabei keine Rolle. Jedoch hier gab es keine Überhänge

Michl Dacher

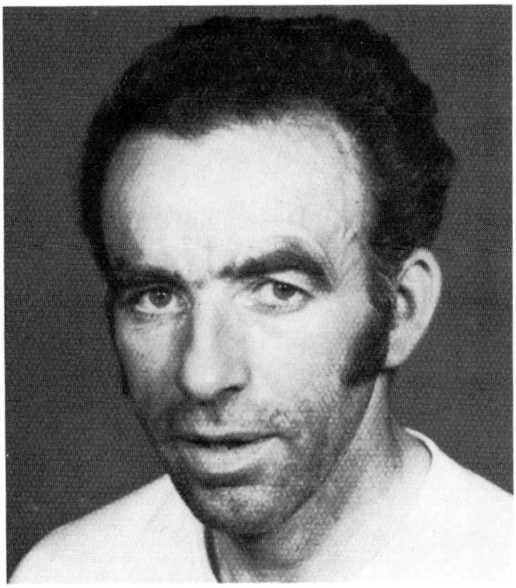

und deshalb auch keinen idealen Biwakplatz. Wir suchten die geeignetste Stelle. Es war eine Nische, die wir in einen 30 Grad steilen Hang aus Eis und festem Schnee traten. Mit Pickeln und Haken befestigten wir das Zelt. Es lag eingebettet zwischen hüfthohen Schneeverwehungen und einem abgeflachten Grat auf der rechten Seite. Es hätte im Falle eines Sturms von Sinkiang her Schutz geboten. Unsere Behausung mutete an wie hineingestellt in die Luke einer Sprungschanze, die 3000 Meter tief abfiel auf den Godwin-Austen-Gletscher am Fuße des K 2.

Eigentlich hatte ich ja den Plan gehabt, bis zum letzten Biwakplatz der Italiener aufzusteigen. Inzwischen hatte ich eingesehen, daß das zu weit gewesen wäre. Auch Michl sagte: »Es ist besser hier.« Trotzdem wußte ich, daß das nicht stimmte. Je höher wir am selben Tag noch hinaufkommen würden, desto weniger hätten wir am nächsten zu klettern. Wer wußte schon, wie da oben der Schnee war.

Michl zeigte sich optimistisch. »In sechs Stunden reißen wir den Zapfen nieder«, meinte er, überzeugt, den Gipfelgang am nächsten Tag zu schaffen. Aber noch lag eine ganze Nacht vor uns, eine Nacht in der Todeszone. Und diese Nächte waren es, die mir Angst machten, wie einem Kind der dunkle Keller.

Die Dämmerung kam langsam, als wäre die Nacht für uns noch etwas hinausgezögert worden. Von unten, durch die bleistiftdicke Schaumgummimatte, krochen Kälte und Qualen hoch. Ich fühlte, wie vereinzelte, scharf voneinander abgetrennte Wahrnehmungen mich losrissen vom Berg, wie sich in meine Einheit wieder Zweifel schlichen. Es waren nicht die Anstrengungen und nicht die Hitze oder Kälte, die mich oft zur Verzweiflung trieben; es war dieser Schrecken, da zu sein, der beim Nichts-tun-Können kein Gegengewicht mehr hatte. Ich wußte, daß Michl den Gipfelgang unterschätzte. Ich konnte seinen Optimismus nicht teilen. Meine Stimmung war getragen von Bedenken, die sich mit zunehmender Nachtschwärze zu Angst verdichteten. Keine wirre, aufgepeitschte Phase der Angst, vielmehr der leise, nagende, von tausend Zweifeln genährte Bereich, der mich über den Halbschlaf hinaus umklammerte, quälte, beunruhigte.

Michl holte ein letztes Mal Schnee aus dem Freien – Schnee, der auch auf den im Schlafsack angewärmten Händen erst nach Minuten zu schmelzen begann. Vorsichtig zog er den Reißverschluß des Zelteingangs wieder zu und steckte die Hülle seines Schlafsacks in das kleine Loch, das in der Ecke, wo die beiden Reißverschlüsse im rechten Winkel zusammenliefen, noch offen geblieben war. So konnten wir einigermaßen sicher vor der Wucht des Sturms sein.

Kochen war in dieser Höhe eine anstrengende und langwierige Angelegenheit. Wir wechselten uns ab. Einmal hielt der eine, einmal der andere den Topf. Es dauerte eine Stunde, bis die Mahlzeit fertig war: Suppe, warmer Thunfisch, eine Scheibe Brot, dann Tee.

Auch noch im Licht der Gasflamme sah Michls Gesicht angestrengt aus. So, als versuchte er ständig, etwas zu verbessern oder genauer zu verstehen. Seine Stimme war leiser geworden, seine Bewegungen waren vorsichtig. Wir redeten wenig miteinander. Zwischendurch äußerte sich Michl mit einem Murmeln, als wollte er nur zu sich selbst etwas sagen.

Eine Zeitlang lagen wir nur da, stöhnten, warteten – ohne zu wissen, worauf. Obwohl wir beide Durst hatten, konnten wir uns doch nicht dazu entschließen, etwas zum Trinken zuzubereiten.

Ich dachte an nichts. Sinnloses lief durch mich hindurch. Zwischendurch schlief ich ein. Das Bewußtsein, daß wir trinken mußten, ließ mich aufschrecken.

Auch Michl war wach. Unser Atem schlug sich innen am Zeltdach nieder, verwandelte sich in Rauhreif und rieselte in kristalliner Form zurück auf unsere Gesichter.

Um 2 Uhr früh wachte ich auf. Durch Daunenschlafsack, Daunenanzug, Flauschanzug und seidene Unterwäsche hindurch stieß ich Michl an: »Michl, wir müssen kochen!«

Erst ein Stöhnen, dann sein: »Ja.«

Doch als Michl mit dem Oberkörper durch den Spalt des Zelteingangs ins minus 30 Grad kalte Freie kroch, um mit einem Perlonsack Schnee hereinzuholen, war ich schon wieder eingeschlafen. Und sobald ich ihm den Rücken kehrte und Schnee schmolz, entschlummerte Michl wieder. Es dauerte Stunden, bis wir trinken konnten.

Erst der Tee und die heiße Kraftsuppe machten uns wach. Und mehr noch der Höhensturm, der gegen Morgen aus China heranfegte und uns die Zeltwand ins Kreuz drückte. Noch bei Dunkelheit wollten wir aufbrechen, doch der Sturm nagelte uns im Zelt fest.

»Das ist Pech«, sagte ich.

»In sechs Stunden sind wir oben.« Michl war zuversichtlich.

Kurz nach 5 Uhr ging die Sonne auf; hell und wärmend strahlte sie durch die blaue Kunststoffplane. Noch immer konnten wir nicht hinaus – obwohl es doch beim Angriff auf den Gipfel vor allem darum ging, so rechtzeitig oben zu sein, daß wir vor Anbruch der Nacht wieder das Sturmzelt erreichen konnten.

Um 7 Uhr flaute der Wind endlich ab. Grell überfiel uns das Licht der Sonne, als wir ins Freie krochen. Beide trugen wir blaue, daunengefüllte Anzüge, standen uns gegenüber wie zwei Mondmenschen. So sehe ich selber aus, dachte ich, als ich den vermummten Michl anschaute. Seine Bewegungen waren langsam, zeitlupenartig, sein Gesicht klein und spitz.

Während ich die Steigeisen anzog, beugte er sich nochmals ins Innere des Zeltes. Dann ging er halb um dieses herum. Wieder beugte er sich hinein, als wäre dort etwas

Wichtiges, was er noch nicht gefunden hatte. Dann begann er, mit den Steigeisen zu hantieren. Inzwischen nahm ich den Pickel auf, machte zwei Schritte, blieb stehen, machte nochmals zwei Schritte. Über die Schulter lächelte ich Michl zu.

»Sitzt alles?« fragte ich.

»Es geht gut, sehr gut sogar.«

»Also«, rief ich noch, und: »Mach das Zelt zu.«

Entschlossen ging ich los. Kurz oberhalb, auf dem Grat, blieb ich stehen, fragte Michl mit einer Kopfbewegung, ob ich warten sollte. Er aber bedeutete mir, daß das nicht nötig sei. Er steckte etwas ein, zog den Reißverschluß am Zelteingang fest.

Bald schon sah ich ihn nur noch als dunklen Punkt. Der Schnee unter den Füßen war immer noch so hart, daß nur die Spitzen der Steigeisen eine Spur hinterließen. Das Gelände – ein steiler, ausgesetzter Schneehang – empfanden wir nicht als schwierig. Deshalb hielt ich den Pickel balancierend in der rechten Hand, nur für das Gleichgewicht immer einsatzbereit.

Ich ging schräg nach links aufwärts. Dort, wo die Wand steil und haltlos unter mir bis ins Basislager abfiel, rastete ich, ehe ich in einer Serpentine wieder zurück zum Grat querte. Hier irgendwo mußte Walter Bonatti mit dem Hunza-Träger kampiert haben, als sie bei der ersten Besteigung 1954 den Gipfelmännern Compagnoni und Lacedelli Sauerstoff-flaschen gebracht hatten.

Immer im Zickzack hielt ich auf die Abbruchstelle zu, die wie mit dem Messer gezogen ein Stück über mir die Wand in ihrer ganzen Breite durchschnitt. Eine Lawine mußte Tage vorher von dort abgegangen sein; ein Schneebrett – 80 Zentimeter dick, einen halben Quadratkilometer groß. Dieser Abbruch würde die Entscheidung bringen, das wußte ich. Wenn der Schnee darüber hart war, würde es gut gehen. Läge aber der weiche Schnee dort so tief, wie es der Abriß anzeigte, hätten wir keine Chance.

Dieser Gedanke beschäftigte mich, während ich einmal ganz knapp an den Felsen, dann wieder links im freien Hang durch die Riesenmulde emporkletterte, die sich höher oben zum »Flaschenhals« verengte. Zwischendurch verbot ich mir hinaufzuschauen. Im Unterbewußtsein wußte ich, daß man besser geht, wenn man nicht weiß, wie weit es noch ist.

Als ich den Pickel in den Schnee stieß, der sich wie Triebsand oberhalb des Abbruchs staute, blieb ich im ersten Augenblick wie gelähmt stehen. Aus! Mein Atem flog, alles drehte sich, mein Körper war schwer. Warum ich wohl nicht gleich umkehrte? Ich schaute nicht einmal zurück zu Michl. Wie in einem Anfall von Trotz zog ich mich am Pickel hoch und durchwühlte den Schnee. Ich wollte und konnte es nicht glauben, daß es war, wie es war: Triebschnee bis zum Bauch!

Ich trat ihn nieder, wühlte mich nach links zu den Felsen, fand dort auch keine Rettung. Überall grundloser Pulverschnee. Ich erwog, ob es nicht vernünftiger wäre, gerade über mir an den Felsen emporzuklettern. So hätte ich die Anstrengung vermeiden und die Gefahr ausschalten können, die mit jedem Schritt in dieser Lawinenrinne größer wurde. Aber die Felsen waren zu steil, zudem vereist; auch hatten wir kein Seil.

Schnell holte Michl auf. Durch die Spurarbeit in meinem anfänglichen Kletterrhythmus eingeschränkt, kam ich nur mehr stoßweise weiter. Einige wenige Schritte – Rast – wieder einige Schritte.

Der »Flaschenhals«, das enge Schneecouloir zwischen zwei Felsrücken unter dem Riesensérac, war steiler, als ich ihn von unten betrachtend empfunden hatte. Auch hier tiefer, grundloser Schnee.

Der K2 (8611 m) von Süden. Inzwischen gibt es an diesem Berg ein halbes Dutzend eigenständiger Routen, dazu eine Reihe von Varianten. Ch. Profit und P. Béghin haben 1991 im Alpenstil die Nordwestflanke erstmals bis zum Gipfel durchstiegen und damit die bisher kühnste Tat am K2 vollbracht.

Es war nicht Wille, was mich weitertrieb, es war Gewohnheit. Als sei das Höhersteigen ein Teil meines Glücks. Dieses alte Bedürfnis nach Harmonie und Synthese; dieser Hunger nach Vollkommenheit und Vollendung als treibende Kraft gegen alle rationale Einsicht!

Oberhalb des »Flaschenhalses«, dort, wo der Schnee in das senkrechte Eis des Gipfelséracs überging, begann ich die Querung nach links. Im Knick zwischen den Felsen und dem überhängenden Eis vermutete ich die schwächste Stelle. Aber weit gefehlt. Das Eis war spröde, sprang bei jedem Pickelhieb in Schollen auseinander. Die Axt hielt nicht. Ich war zu schwach, um Griffe zu schlagen. Also ging ich wieder zurück.

Inzwischen war Michl unter mir und versuchte, an den Felsen nach links zu klettern. Geschickt balancierte er über zwei kleine Felsvorsprünge. Auch das wurde zu gefährlich. Am Pickelstiel, den ich ihm reichte, zog er sich zu mir hoch. Wir überlegten gemeinsam, dann ging Michl die Querung an. Die Füße an den Felsen, die Hände im Schnee, wühlte er sich ein Dutzend Schritte nach links. Dort war das Eis blank, aber nur zwei Schritte breit, dann wieder grundloser Pulverschnee. Wir wechselten uns im Spuren ab.

Nach diesem Stück gerieten wir auf einen Hang mit grundlos weichem Schnee – einem Teil der gewaltigen Neuschneemengen, die in diesem Frühjahr im nordpakistanischen Gebirge gefallen waren. Wie zwei Dackel im Tiefschnee mußten wir uns den Hang hinaufwühlen. Eine Zeitlang hatten wir Angst, daß die Schneemassen uns mit hinunterspülten auf den Godwin-Austen Gletscher. In den Alpen wären wir umgekehrt.

Es war schon Mittag, als wir den Felsklotz erreichten, der wie ein Findling im Schneefeld links der großen Séracs lag. Schnee, Schnee, Schnee so weit ich sehen konnte. Darüber der schwarzblaue Himmel.

Unser Gehen war ein ungleichmäßiges Kriechen geworden. Der Schneehang vor uns wuchs endlos. Ich wollte es nicht glauben: Er weitete sich mit jedem Meter, den wir uns nach oben vorschoben. Diese unberührte Leere nahm mir das Raumgefühl. Auf dem Hang unter uns sah ich nicht einmal unsere Spur. Sie hatte sich verloren. Endlos und ewig gingen wir durch Schnee. Warum ich weiterstieg, obwohl ich dachte, daß wir nie zum Gipfel kommen würden?

Die Sonne war untergegangen, und es wurde eisig kalt. Wir hatten noch Zeit, obwohl es mir viel zu spät für den Gipfel erschien. Immer dasselbe Gefühl der Hilflosigkeit, wenn ich nach einer Rast den Kopf hob und nach oben schaute. Ich dachte nicht daran, daß sich Dimensionen in großer Höhe auflösen können.

Der Schneehang vor mir erschien nicht trostlos, nur auf eine seltsame Weise unendlich groß. Dort, wo Windgangeln standen, waren die Schatten dunkler. Rundherum dieselbe Farbe, die Farbe der Schatten. Die Luft über uns graublau. Auch der Schnee hatte die Farbe des Himmels. Nur hoch oben strahlte die Welt noch. Irgendwie lag dort eine Stimmung von Erlösung. Manchmal waren die Ränder der Windgangeln so dünn und durchscheinend, daß ich sie nicht anzufassen wagte. ich wollte sie nicht stören in ihrer Harmonie. Aber wenn sie die behandschuhten Hände einmal durchbrochen hatten, dachte ich nicht mehr an meine Steigeisen, die den Stapfen der Fäuste folgten. – Wenn ich ging, ging ein Tier; wenn ich lag, lag ein Fels.

Die Verantwortung für unser Weiterleben trug ich jetzt nicht mehr alleine. Michl würde schon zu verstehen geben, wenn er zurück wollte, dachte ich. Ich hatte nur Sorge um seine Hände. Solange Michl nichts sagte, wollte ich weitergehen. So dachte ich, während ich zu ihm hinsah. Seine Bewegungen waren die eines Trunkenen und doch zielstrebig, klar, nach oben gerichtet.

Immer noch war der Schneehang über uns endlos. Mir wurde angst. Seit wir im Schatten kletterten, konnte ich unmöglich den Stand der Sonne erraten.
Schweigend wühlten wir uns durch den Schnee: vorne Michl, hinten ich oder umgekehrt. Stolz auf jeden Meter, den wir weiterkamen. Unsere Spur war perfekt, und doch war es nicht ungefährlich, was wir taten. Es war streckenweise so steil wie auf einem Kirchendach, und tiefer untern fiel die Wand senkrecht ab. Ich wußte, daß wir keine Chance hatten zu überleben, wenn einer von uns rutschte.
Dann wurde der Hang flacher und auch weniger gefährlich. Unsere Fäustlinge waren mit einem Schneepanzer überkrustet. Unsere Füße steckten in einem Klumpen aus Schuhen, Gamaschen und Eis. So sahen wir aus wie verlorene Polfahrer. Wir arbeiteten gleichmäßig und gedankenlos. Wer rastete, schaute dem anderen nicht zu.
»Zieh deine Daunenhandschuhe an«, sagte ich zu Michl, als er zu mir aufschloß.
Die Luft war nun schneidend kalt. Michl bedeutete mir, daß er keine Daunenhandschuhe hätte. Er hatte sie zurückgelassen, deponiert. Unser Vorwärtswühlen war so, wie Marathonläufer sich abmühen, wenn sie am Ende ihrer Kräfte sind, aber nicht wissen, wie weit es noch bis zum Ziel ist.
Ich war wieder ein großes Stück vorangekommen. Wenn ich zurückschaute, konnte ich nicht feststellen, wo ich zum letzten Mal gerastet hatte. Es kam mir weit vor. Michl ging ein Stück voraus und spurte, Schnee tretend, wühlend. Weit unten im freien Schneefeld war eine Art Spalte, sonst keine Zuflucht weit und breit. Bei einem Windgangel, auf meinen Pickel gelehnt, rastete ich. Vor Müdigkeit kauerte ich mich nieder, ohne vorher einen Standplatz in den Schnee getreten zu haben.
Aus dem Innern des Schnees heraus vernahm ich ein Rauschen. Es war so nahe, daß ich hineingreifen wollte, um zu wissen, woher es kam. Dann das Geräusch von Steigeisen über mir. Michl kroch auf allen vieren. Man kann im Schnee auch schwimmen – nach oben schwimmen. Als mir kalt wurde vom Rasten, mußte ich weiter. Michl wartete, daß ich ihn im Spuren ablöste. Im Vorbeigehen kam mir sein Gesicht unbekannt vor. Den Rest des Anstiegs würden wir kriechend nicht mehr schaffen.
Die Strecken, die wir zwischen den Rastpausen zurücklegten, wurden immer kürzer. Ich wußte nur nicht, wie lang sie waren. Während ich ging, konnte ich die Schritte nicht zählen, und beim Rasten fiel mir nichts ein. Wenn ich mich dann wieder in Bewegung setzte, ging alles in mir, nicht nur mein Körper.
Das hatte mit Bergsteigen nicht mehr viel zu tun. Es ging nur noch um das Ertragen, das Durchhalten einer Tortur jenseits von Schmerz und Erschöpfung. Wir machten nur noch weiter, »weil jeder hoffte, daß der andere zuerst aufgibt«. Die Partnerschaft wurde zum verbissenen Ringen miteinander, das uns weitertrieb. Und Michl, der zähe 45jährige, war, was das Zuerst-Aufgeben anlangt, ebenso stur wie ich.
An der Gipfelpyramide nahm der Schnee allmählich ab. Der Grat vor mir lief halbmondförmig nach links, immer leicht ansteigend, unendlich weit. Ich konnte seine Entfernung nicht abschätzen.
»Meine Kräfte reichen nicht bis an sein Ende!«
Der Schnee war jetzt stellenweise hart. So kam ich schneller voran, ohne mir allerdings dessen deutlich bewußt zu werden.
Plötzlich stand ich in der Sonne, und zugleich wußte ich, daß wir den Gipfel erreicht hatten.
»Wir sind da! Wir sind oben!«

Diese meine Feststellung beutelte Michl scheinbar aus einer Art Trance – so erschrocken sah er mich an.
Zwischen Licht und Schatten stehend konnte ich mich orientieren. Der Grat war kurz geworden. Rechts unten ein Felsklotz. Vor mir eine Wächte, die nach links, nach Süden hin auskragte. Also mußte ich auf die Nordseite, dorthin, woher die Sonne kam. Im Nu war mir warm.
»Wir sind oben!« Nochmals schrie ich es Michl zu.
Ich wollte ihm die Hand geben, obwohl er noch zehn Schritte von mir weg war. Ich wartete. Dann gingen wir gemeinsam. Ich schmiß den Rucksack weg. Eine Zeitlang standen wir nur da, konnten es nicht glauben. Wir wunderten uns, und darüber vergaßen wir den Grund unseres Hierseins. Es war schön, so im innersten Herzen zu stehen und sich anzuschauen.
Michls Gesicht hatte wieder den Ausdruck des Lausbuben, der er beim Aufbruch gewesen war. Wir unterhielten uns, ohne zu sprechen. Ich schwieg, hörte nur zu, achtete auf seine Bewegungen und darauf, was seine Augen sagten. Wie Michl fuhr ich fort, mein Glück mitzuteilen. Schließlich erinnerte ich mich an das Funkgerät. Ich holte es aus dem Rucksack, drückte die Sprechtaste.
»Kappa due ruft Basislager, Kappa due ruft Basislager, bitte kommen.«
Die Verständigung war schlecht. Aber sie reichte aus, um unseren Standort zu klären. Auch, um die Freude und die Glückwünsche von Jochen Hoelzgen aus dem Basislager zu verstehen.
Als ich Michl das Funkgerät gab, hockte er sich hin. Und während ich hinaufstapfte zur höchsten Erhebung der Gratschneide, hörte ich, wie er Blumen bestellte für seine Frau.
Erst am Gipfel selbst spürte ich meine Erschöpfung, die ich wenige Minuten vorher kaum noch überwinden zu können glaubte, als Ruhe in mir. Eine Ruhe, in Stärke und Selbstbeherrschung eingebettet. Trotz der vielen Zweifel beim Aufstieg – es hatte gar nicht anders kommen können. Wenn ich nicht dort oben gewesen wäre, ich wäre auseinandergefallen – wie ein Berg in viele Steine.
Die Rundsicht war nach allen Himmelsrichtungen offen; sie reichte 300 Kilometer weit. Über allem lag ein Hauch von Fröhlichkeit: Das schönste Panorama, das ich je gesehen hatte! Nur im Osten griff wie ein schwarzer Keil der Schatten des K 2 über das Hochland von Sinkiang. Wie eine Gruft lag die klare Zeichnung auf der Erde.
Für kurze Zeit zog ich die Handschuhe aus, um besser mit Fotoapparat und Funkgerät hantieren zu können. Immer wenn ich dabei in den Schnee griff, wurden meine Finger weiß, und ich rieb sie an meinen Hosenbeinen. Zwischendurch steckte ich sie in die Taschen.
Im Schatten des K 2 suchte ich nach einem Anhaltspunkt und erkannte diesen in einem bleistiftdicken Strich auf dem tief unten liegenden Gipfel. Das konnte also ich selbst sein. Bei dieser Vorstellung mußte ich lachen. Dieses sonderbare Gefühl beim Blick auf meinen eigenen, über Meilen auf die Erde geworfenen Schatten erinnerte mich an den Tod. – Jetzt wußte ich, woher ich kam und wohin ich ging.
Ich drehte mich um und schaute in die am westlichen Horizont versinkende Sonne. Wie gut die Zeiten vor vielen tausend Jahren waren! Das sah man an den Farben. Dort, wo es keine Siedlungen gab, war das Blau über den Tälern friedlicher und ruhiger. Im Norden, über Sinkiang, erschien die Welt düster und aufgewühlt. Berge und Täler verschwammen im Schatten miteinander.

Während mein Blick über die steilen Granittürme des Ogre und Latok streifte, am Concordiaplatz, auf dem wie bei einem Autobahndreieck Gletscherströme zusammenfließen, kurz hängenblieb, den Broad Peak erfaßte, wuchsen diese Gipfel über ihre Schatten. Die Täler wurden unsichtbar. Der Horizont zersprang. Es schien, als hörte die Welt dahinter auf.

Vom westlichen Horizont wegschauend, meinen Blick wieder auf den Gipfel konzentriert, erkannte ich in diesem Rund von Bergen und Tälern das friedlichste Stück Land auf der ganzen Erde.

Wenig später verstaute ich Funkgerät und Fotoapparat im Rucksack. Michl und ich stiegen den Grat entlang nach Osten abwärts. Noch standen wir in der Sonne. Dann verließen wir den Grat in die Südostseite. Die Nacht nahm uns auf. Im Nu wurde es bitter kalt. Als wir vor einer schmalen Spalte haltmachten, deutete ich auf Michls Nase. Sie war fast weiß, sein Bart eine einzige Eiskruste.

»Du siehst aus wie ein Polarforscher«, sagte ich zu ihm.

»Etwas ähnliches bin ich ja auch«, erwiderte er, und dabei knisterte das Eis in seinem Gesicht.

Mit langen, schweren Schritten stiegen wir mitten durch das Schneefeld nach unten. Es war lawinengefährlich, aber ich achtete nicht sonderlich darauf. Manchmal erkannte ich eine Spalte; der Schnee schimmerte dort etwas dunkler. Beim Darüberspringen warnte ich Michl. Die langen Reihen von mannshohen Verwehungen, an denen wir vorbeigingen und darauf achteten, nicht plötzlich im grundlosen Schnee zu verschwinden, waren auch dunkler als die leicht gewellte, gleichmäßige Schneefläche. Gerade dort, wo es harmlos aussah, bewegte ich mich besonders vorsichtig.

Ich konnte Michls Schritte hören, obwohl er weit hinter mir geblieben war. Ich konnte sein fröhliches Gesicht sehen, obwohl ich abstieg, mit dem Gesicht talwärts. Wenn ich mich manchmal umdrehte, um mich zu vergewissern, ob auch stimmte, was ich sah, war da ein junger Mann, der sich bewegte wie ein Besoffener tanzt. Wie schön, wie fröhlich er war. – Und vom Gipfel hatte er für seine Frau Blumen bestellt.

Die Luft um mich rauschte. Ein erster Stern tauchte am Himmel auf. Ich blickte hinab auf die überschatteten Bergrücken, die sich vom Fuße des K 2 über Hunderte von Kilometern nach Norden und Osten erstreckten. Die Welt da unten reizte mich und wies mich in ihrer Kühle gleichzeitig ab; mehr noch der Schatten des K 2, der weiter wuchs und auf dem ich selbst zu stehen schien. Ich schaute wieder auf meine Füße, die den Schnee durchwühlten. Langsam stieg ich in die Welt hinab, zu der ich gar nicht mehr gehörte.

Als ich mich vor dem Biwakzelt in den Schnee fallen ließ, war mein Gesicht taub vor Kälte. Die Knochen schmerzten. Nichts zu trinken. Ich saß lange da, versuchte dann, die Gamaschen auszuziehen. Es ging nicht. Nur die Steigeisen konnte ich von den Schuhen reißen. Meine Handschuhe waren zerfetzt, Daunen zwischen Schnee. Ich schaute mich um und sah, daß Michl nicht mehr allzuweit weg war. Als schwarzer, schwankender Strich kam er über den Grat zwischen der Süd- und der Ostflanke näher, geradeaus auf das Zelt zu.

Wir hatten für den Abstieg nur zwei Stunden gebraucht. Wie war das möglich gewesen?

»Die Querung zum ›Flaschenhals‹ war gar nicht so schwierig«, sagte Michl.

»Kam mir auch so vor«, gab ich zur Antwort, während ich vorsichtig die Eiszapfen aus meinen Barthaaren zog.

Um den Zeltplatz befand sich nur ein fußbreiter Steg. Dort deponierte ich die Steigeisen. Michl stand vor mir und grinste. Auch er war eisüberkrustet.
In diesem Augenblick erreichte der Schatten des K 2 die höchste Stelle. Auf seiner Spitze saß immer noch der kleine Punkt. Und wieder war die Vorstellung da, diese Erhebung sei mein nicht greifbares Selbst. Ich hatte mich doch nicht getäuscht. Das also war die Richtung, in die ich zu gehen hatte. Einen Moment lang hielt diese Vision an. Dann kroch ich ins Zelt.
Zwischen den beiden Matten standen faustgroße Höcker nach oben. Beinahe stolperte ich beim Hineinkriechen über sie. Ich drehte mich ein bißchen auf der Matte hin und her; alles war uneben und hart. Ich überlegte, ob es etwas unterzulegen gab, fand aber nichts. Ich überlegte auch, was wir am Abend kochen konnten. Aber auch dazu fiel mir nichts ein.
Mein Schlafsack lag mitten im Zelt, wo ich ihn am Morgen vor dem Aufbruch zurückgelassen hatte. Unschlüssig schob ich Matte und Kleidungsstücke hin und her. Dann begann ich, den Rucksack auszupacken, ließ es aber bei der Hälfte wieder sein. Später spielte ich an den Knöpfen des Funkgeräts herum, ohne mich entschließen zu können, es einzuschalten. Schließlich breitete ich meinen Schlafsack über die Matte und kroch hinein.
Zum Schlafen und Kochen waren wir beide zu müde. Das Blau der Zeltwand brach das Licht des Sternenhimmels ein wenig. Im Halbdunkel der Nacht schimmerten Eiskristalle an der Zeltplane. Wie fremd mir das nachts alles wurde! Wie fremd ich mir jetzt selbst war in meinem Zerschlagensein! Als ich mich halb aufrichtete, um mich erneut hinzulegen, blickte ich zu Michl hinüber. Ich sah, wie auch er verzweifelt dalag.
In dieser Nacht des völligen Ausgelaugtseins wälzten wir uns dick eingemummt in unseren Schlafsäcken hin und her, stöhnten abwechselnd. Alle Knochen schmerzten. Bald drang die Kälte durch Zeltwand und Daunen. Wie aus zärtlicher Gewohnheit berührte ich mich selbst, als ob ich mich wärmen könnte. Doch dieses Streicheln galt nicht mir; es war wie ein Reflex, der über mich kam. Im Schlaf ist oft etwas in mir wach, das auf jemanden wartet; auf etwas, was mich wirklich und das Leben erträglich macht.
Um 3 Uhr nachts wachte ich auf. Draußen immer noch Sturm. In Gedanken ging ich um das Zelt herum und begegnete dem Wind. Schon wirbelten meine Gedanken mit dem Schneestaub ums Zelt, bis vollkommene Windstille dieses Treiben stoppte. Vor lauter Einsamkeit verkroch ich mich ganz in den Berg. Das war für mich die einzige Rettung in diesen Stunden des Wachwerdens und Wiedereinschlafens, in diesen Stunden des Erkennens. Nur in den Armen der Welt fühlte ich mich geborgen, sicher.
»Wir müssen kochen«, sagte ich schließlich.
»Ja«, antwortete Michl und schloß die Augen wieder.
Später holte er dann doch Schnee aus dem Freien, und wir bereiteten zwei Tassen Tee. Zum Kochen waren wir zu müde. Bis zum Morgen wälzten wir uns schlaflos auf der harten, dünnen Unterlage hin und her.
Wir brachen erst auf, als es im Zelt warm war. Der Skistock, den ich vor zwei Tagen vor dem Zelt in den Schnee gestoßen hatte, steckte noch. Ich hängte meine vereisten Gamaschen daran auf, so daß sie wie eine Fahne im Wind flatterten. Sie sollten der nächsten Gruppe den Weg zeigen.
Schwaden von Nebel und Schneestaub schwappten von Westen her über den Grat, am Zelt vorbei. Vor der Sonne schien ein kleiner Dunstvorhang zu stehen. Nur im Nordosten war die Luft noch leer und ruhig.

Das Zelt warf einen übergroßen Schatten auf den Schnee. Mir war jetzt, als sei alles so einfach, so selbstverständlich. Es hatte sich nur das Erwartete ereignet.
Beim Abstieg hatten wir Zeit. Wir konnten öfter rasten. Aus der Müdigkeit wurde eine Art Schlaftrunkenheit, so daß mir viele Plätze neu erschienen. Als sei nicht nur ich nie dagewesen, sondern niemand.
Auf einmal Nebelschwaden, Finsternis, Schneetreiben und Sturm. Alles ganz plötzlich, direkt über uns weg, so schnell, daß wir keine Orientierung mehr hatten. Auf dem Eis sitzend, uns mit den Steigeisen abstützend, ließen wir das Schlimmste vorübergehen. Aber so kamen wir nicht weiter. Nur sekundenlang riß es auf. Für einen Augenaufschlag kam die Sonne heraus. Graupelkörner sprangen wie belustigt neben uns über die Eisfläche. Dann wieder diese jagende Nebelwand.
Von Eiswulst zu Eiswulst tasteten wir uns abwärts. Nur nicht alle Orientierung verlieren! Oben gewesen und dann sterben?! Jetzt kam das Nachdenken über soviel Sinnlosigkeit zu spät. In einer Mulde, für Minuten geschützt, überlegte ich wieder: Auf den K 2 zu steigen, welchen Sinn hatte das?
Gleich hinter der Südschulter ging das scheußliche Schauern weiter. Die Nebel wurden dichter. Mit Graupel vermischt setzte Schneetreiben ein. Die schwarzen Wolken ließen schon am Morgen nichts Gutes ahnen, aber gleich sowas! Es war trostlos. Unter dem großen Sérac, eingehüllt im Dunkel der Wolken, suchten wir Zuflucht. Wir setzten uns hin, warteten, bis es etwas aufriß.
Ein Stück weiter unten kauerten wir uns wieder nieder. Wenn ich für Augenblicke in das Kochen und Brodeln der Wolken starrte, wurde mir schwindlig. Immer dunklere Wolkenfetzen sausten an uns vorbei. Sie hüllten uns ein, daß wir uns manchmal gegenseitig nicht mehr sehen konnten. Zwischen diesem Gehen und Schauen, dem Rasten und Zweifeln kam ich mir selbst vor wie ein Stück Nebel.
Plötzlich drei Schattenrisse weit unter uns – und auf einmal die allergrößte Zuversicht: Es waren Alessandro Gogna, Friedl Mutschlechner und Robert Schauer, die zum letzten Camp aufstiegen. Wir waren also immer noch auf dem richtigen Weg. Es konnte nicht mehr weit sein zum dritten Lager.
»Wir dürfen nicht aneinander vorbeilaufen«, sagte ich zu Michl.
»Ja«, antwortete er, »warten wir, bis sie da sind.«
»Nein«, sagte ich, »wir gehen Schritt für Schritt abwärts, nur nicht zu weit.«
Eine halbe Stunde später standen wir uns gegenüber. Die Begrüßung war herzlich. In Lager 3 machten wir kurz Rast. Sandro bereitete Tee. Michl trank und wurde fröhlich. Er hielt die Flasche mit dem heißen Getränk wie eine Schüssel in beiden Händen. Zwischen den Schlucken zupfte er an seinem vereisten Bart.
Dann gab es eine Diskussion: Friedl war dafür, daß die drei in Lager 3 auf besseres Wetter warteten. Robert hielt ihm entgegen, es sei entschieden vernünftiger, wieder bis zum Basislager abzusteigen und die Wetterbesserung dort abzuwarten.
»In Camp 3 bauen wir bei tagelangem Aufenthalt körperlich ab. Außerdem zehren wir den Proviant auf, den wir dringend brauchen für den Fall, daß wir vom Sturm am Berg festgehalten werden.«
»Ihr seid für euch selbst verantwortlich, ihr müßt selbst entscheiden«, sagte ich.
Robert, obwohl erst 25 Jahre alt, hatte schon auf drei Achttausendern gestanden. Seine Erfahrung ließ die anderen zweifeln. Friedl war noch nie im Himalaya gewesen. Das gab für Alessandro den Ausschlag. Er schloß sich der Meinung des Erfahrenen an.

Beim Abstieg über die Schwarze Pyramide heulte der Wind. Nirgends ein Platz zum Hinkauern. Die Felsen abschüssig. Wenn irgendwo eine schmale Leiste war, lag Schnee darauf. Über mir jagten graue Wolken. Die Seile waren mit einem Flaum von Neuschnee überzogen, die Felsen teilweise verglast. Wenn die Nebel kurz aufrissen, erschien die Wand unter mir endlos.

Ich kletterte mitten in der Gruppe. Vor mir bewegte sich einer, den ich nur manchmal als Schatten zwischen den Nebeln erkennen konnte. Hinter mir mußte ein anderer folgen; ich hörte das Scharren seiner Steigeisen. Ab und zu trafen mich Schneebrocken. Dann und wann tauchte schemenhaft eine Gestalt auf.

Die Zelte, die Gletscher, die Seile – alles war jetzt anders als beim Aufstieg. Auch die Menschen, die mit mir abstiegen. Michl war glücklich. Sandro und Friedl freuten sich

Friedl Mutschlechner. Er ist 1991 am Manaslu vom Blitz erschlagen worden.

Unten links: Robert Schauer

Alessandro Gogna

riesig über unseren Erfolg. Ich las es in ihren Augen. Roberts Gesicht hatte sich verzogen, seit er wußte, daß Michl und ich am Gipfel gewesen waren. Mir tat er leid – Neid ist eine ätzende Krankheit.

Knapp über Lager 2 wurde es schlagartig hell. Zwar schien keine Sonne, aber man konnte jetzt bis ins Basislager sehen. Wenn ich während des Gehens in den grauen Himmel schaute, ging ich, ohne es zu wollen, mit schweren Schritten.

Das Land unter mir mit den grauen, abgeschnittenen Bergen wirkte trostlos, zum Skelett verödet. Zwischen den grauweißen Flanken der Gebirgsketten floß breit und schwer der Gletscherstrom, durchzogen von den weißen Gräten eines Riesensauriers.

»K 2«, sagte ich, nur so für mich selbst.

Beim abendlichen Marsch über den Gletscher ins Basislager brach die Sonne durch. Terry und Jochen kamen mir aus dem Basislager entgegen. Als ich die Flanken des K 2 entlang nach oben blickte, sah ich nur große, leere Schneefelder, darüber nichts. Einige Kolkraben flogen über mich hinweg.

DER PUNKT AUF DEM i

Im Jahre 1979 waren die ersten Bergsteiger und Wissenschaftler aus dem Westen und aus Japan über China nach Tibet gekommen. Diese Nachricht beschäftigte mich mehr als alle meine damaligen Bergsteigerpläne. Im Frühjahr 1980 flog ich nach Peking und erhielt vom CMA (chinesischer Bergsteigerverband) ein Permit, im Hochsommer 1980 über Lhasa nach Rongbuk zu reisen und den Mount Everest zu besteigen.

Damit standen mir zwei neue Welten offen: Tibet, das geheimnisvolle Land im Norden der Himalayaberge, und der Alleingang zum obersten Ende der Welt. Der Mount Everest, den ich bereits von Süden ohne Maske im Rahmen einer klassischen Expedition bestiegen hatte, sollte im Alleingang der i-Punkt meiner in die Realität umgesetzten Bergsteiger-Philosophie werden: Ein Mensch allein und ohne technische Steighilfen am höchsten Berg der Welt. Damit würde das klassische Bergsteigen einen Höhepunkt erreichen, und eine neue Zielsetzung müßte gefunden werden.

Ein halbes Jahr lang lebte ich fast ausschließlich für diese Idee. Nena Holguin, eine abenteuerlustige Kanadierin, wollte mich bis ins Basislager begleiten und im Notfall medizinisch betreuen.

Beim ersten Versuch Ende Juni, aus einem vorgeschobenen Basislager den Gipfel zu erreichen, scheiterte ich im bauchhohen Sulzschnee. Sechs Wochen lang zogen Nena und ich durch Tibet. So konnte ich mich bestens akklimatisieren und trainieren.

Beim ersten Monsunbreak Mitte August setzte ich zu meinem zweiten Versuch an. Das Wetter war schön, und es war kälter geworden. Um den Schnee zu prüfen und beim Gipfelgang Zeit zu sparen, trug ich meinen Rucksack am Tag vor dem endgültigen Aufstieg bis knapp unter den Nordsattel. Alle meine Sinne waren auf das eine Ziel – den Everst-Gipfel – ausgerichtet.

Oben: Der Potala-Palast in Lhasa, einstmals Sitz des Gottkönigs Dalai Lama. Unten: In einigen wenigen Klöstern ist ein Großteil der Statuen und Wandmalereien von der Kulturrevolution verschont geblieben. Seit 1980 dürfen die Tibeter ihre Religion wieder frei ausüben.

Oben: Die tiefverschneite Kulisse des Everest am Ende des oberen Rongbuk-Tales.

Das winzige Basislager von Reinhold Messner im oberen Rongbuk-Tal. Es befand sich an derselben Stelle, an der bereits die englischen Pioniere 1922 und 1924 ihre Zelte aufgestellt hatten.

Oben: Der langhaarige Yak ist das wichtigste Haustier der tibetischen Berglandbewohner. – Nächste Doppelseite: Drei von ihnen dienten Reinhold Messner als Tragtiere ins vorgeschobene Basislager (6500 m).

Die tibetischen Yak-Nomaden betreiben auch Wanderschafhaltung.

△ Reinhold Messner bei seinem Gipfelgang (Teleaufnahme vom Basislager).

Bei der Querung der Nordwand unter der ersten und zweiten Stufe. ▷

▽ Überm Nordsattel mit Blick auf Cho Oyu, Gyachung Kang und Pumori.

Nach einem letzten freien Blick auf den Rongbuk-Gletscher (unten) erreichte Reinhold Messner in dichtem Wolkentreiben den Gipfel des Mount Everest (8848 m). Er rastete, wie bereits 1978, neben dem chinesischen Tripol. Alle Aufnahmen während seiner Solobesteigung fotografierte er mittels Selbstauslöser.

Der gläserne Horizont

DURCH TIBET ZUM MOUNT EVEREST – ALLEINGANG

Der Aufstieg zum Nordsattel war das gefährlichste Stück meines Alleingangs. Die Chang-La-Wand, fast 500 Meter hoch, ist, ähnlich wie der Eisbruch an der Mount-Everest-Südseite, zerklüftet und von Séracs bedroht. Vor allem aber lawinengefährlich. 1922, beim ersten Angriff auf den Everest, war dort eine ganze Mannschaft von einer Lawine mitgerissen worden. Sieben Sherpas hatten dabei den Tod gefunden. Mallory und seine Kameraden hatten sich wie durch ein Wunder retten können. Als Alleingänger mußte ich nicht nur auf die Lawinenstriche achten, ich mußte ohne Seil heil über die Spalten kommen.

Zwischen Eistürmen und Schründen eine sichere Aufstiegsroute zu finden, setzt langjährige Erfahrung voraus, es gehört ein ausgeprägter Instinkt dazu. Ich hatte kein Funkgerät dabei, wollte ganz bewußt keinen Kontakt mit »unten«. Abgesehen davon, daß Nena mir nicht hätte helfen können, lehnte ich es ab, daß andere Menschen ihr Leben riskierten, weil ich ein selbstgewähltes Risiko einging und mich dabei in Gefahr brachte. Der Alleingang zum Everest ist wirklich nur dann ein Alleingang, wenn es keine Brücke gibt zwischen »oben« und »unten«, keine Sicherheitskette durch ein wachsames Bodenpersonal.

Wie schnell ich diesmal stieg! In hohen Turnschuhen, wirklich leichtfüßig, kletterte ich die 400 Höhenmeter empor. Ich hielt mich ganz rechts im stumpfen Winkel, wo sich die Wände des Chang La und des Mount Everest treffen. Der Firn war gerade so hart, daß nur die Noppen der Sohlen eindrangen, ein zierliches Muster in der Schneeoberfläche hinterlassend. Das war nicht Klettern mit Händen und Füßen, ich stieg gleichmäßig, die Skistöcke als Balancehilfen wie ein zweites Paar Füße einsetzend.

Es war eine Unmenge von Neuschnee gefallen in den vergangenen Wochen. Aber nun war er zusammengesackt und fest. Erst dort, wo nach einer Linksschleife der Hang steiler wurde, legte ich nach jeweils 50 Schritten eine Rastpause ein. Ich verschob die verstellbaren Skistöcke, machte sie etwas kürzer. Wie genau mein Körper programmiert war! Es war immer dieselbe Anzahl von Schritten, die ich ohne Rast schaffte. Plus minus einen. Es wurden nach oben hin nicht weniger. Ein Beweis, daß ich mich bestens an die Höhe angepaßt hatte. Eine Rastpause reichte aus, das Sauerstoffdefizit im Blut auszugleichen; die frisch getankten Reserven erschöpften sich in rund 50 Schritten. Dazwischen durchströmte mich ein Gefühl von Spannkraft, Sicherheit, fast Übermut. Beim Rasten wohlige Müdigkeit im Kopf. Nur die Lungen jagten.

Noch brannte die Sonne nicht heiß. Obwohl sie hoch über dem Wolkenstreifen im Osten stand und fast senkrecht auf die 45 Grad geneigte Schneefläche traf, blieb die Luft frisch. Wenn das Wetter so anhielte, würde ich es schaffen.

Knapp unterhalb des Nordsattels, etwa 80 Meter unter der Gratschneide, deponierte ich in einer winzigen Eishöhle meinen Rucksack. An einer Eisschraube band ich ihn fest. Einen

Die Routen am Mount Everest:
- – – – – Normalweg (Hillary) 1953
- ıııııııııııııııı Südpfeiler (Polen) 1980
- ——— Südwestwand (Bonington) 1975
- ——— Westgrat (Amerikaner) 1963
- ·········· Direkter Westgrat (Jugoslawen) 1979
- —x—x— Nordwestwand (Japaner) 1980
- —·—·— Chinesen-Route (Mallory) 1975
- xxxxxxxx Messner-Variante 1980
- o o o o o Grand Couloir in der Nordwand (Australier) 1984

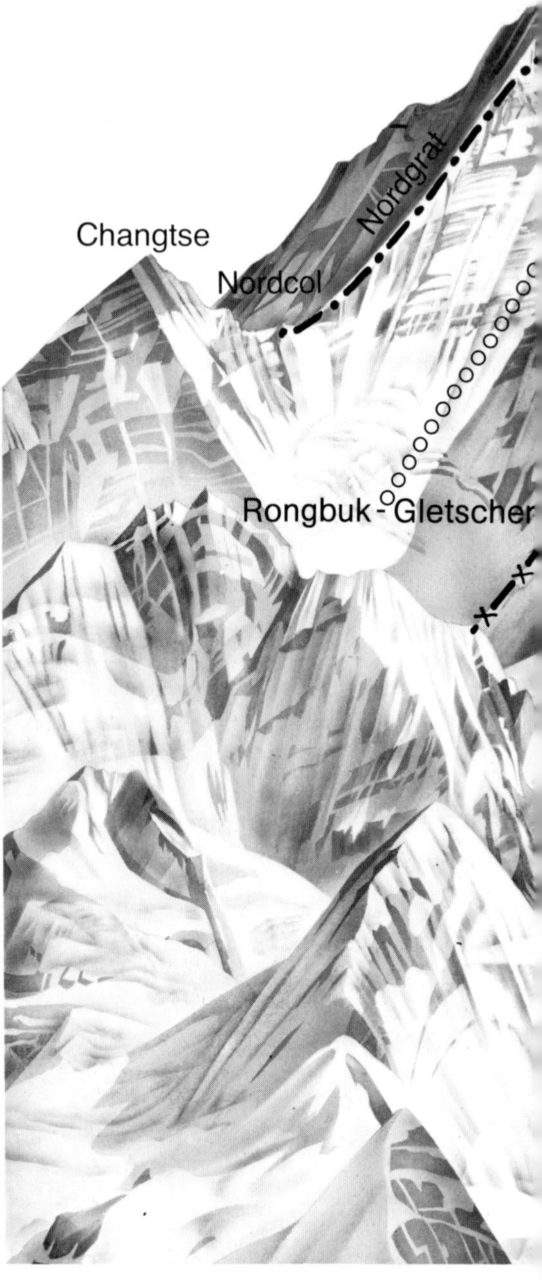

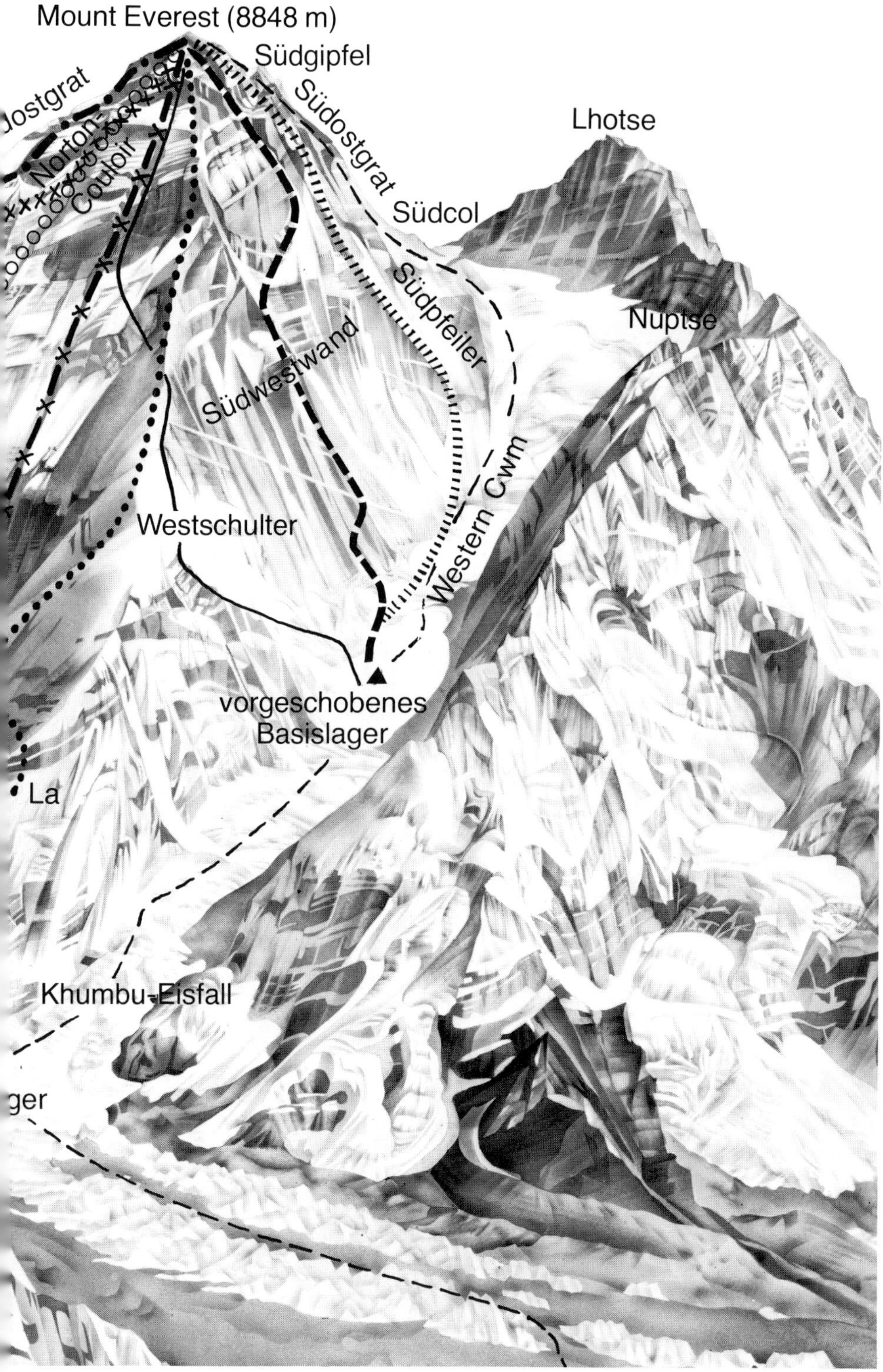
Mount Everest (8848 m)
Südgipfel
Südostgrat
Lhotse
Südcol
Südpfeiler
Nuptse
Südwestwand
Western Cwm
Norton-
Couloir
Westschulter
vorgeschobenes
Basislager
La
Khumbu-Eisfall
ger

Blick noch warf ich zurück, dann drehte ich mich um. Ich merkte mir die Stelle. Ich mußte sie am frühen Morgen, vielleicht noch in der Dunkelheit, wiederfinden.
Ich wollte rasch wieder absteigen ins obere Basislager. Ich mußte mich erholen, schlafen, viel trinken. Ich mußte mich auch seelisch vorbereiten auf die entscheidenden Tage.
Nena hatte mich die ganze Zeit über durch das Teleobjektiv ihrer Kamera beobachtet. Sie führte Tagebuch:
»17. August 1980. Ich bin überrascht, wie schnell Reinhold in seinen Trekkingschuhen in Richtung Nordsattel steigt. Als er um 8.15 Uhr mit seinem Rucksack losgegangen ist, um den Schnee zu prüfen und die Ausrüstung zu deponieren, habe ich nicht darüber nachgedacht, daß er nicht nur den Aufstieg probt. Er ist im Geiste schon unterwegs zum Gipfel. Ich hatte den Eindruck, er würde nur ein kleines Stück hinaufgehen und gleich wieder zurückkommen. Ich habe mich umgedreht und versucht, weiterzuschlafen. Eine Stunde später aber, als ich durch den Zelteingang guckte, sah ich, daß er bereits den halben Weg zum Sattel hinter sich hatte und weiterging. Plötzlich war ich hellwach. Immer wenn er zu diesem Col hinaufgeht, fühle ich, wie es mir kalt über den Rücken läuft. Es ist jedesmal ein großes Risiko, und ich wundere mich, wie er den Weg zwischen den klaffenden Gletscherspalten findet.«
Eine halbe Stunde später war ich wieder bei Nena im Zelt. Im Geiste schon abwesend, bereitete ich meinen Körper auf die Tage der äußersten Anstrengung vor. Ich trank und aß, schlief zwischendurch. Im Zelt war die Temperatur angenehm. Entlüftungskanal und Eingang standen offen.
Diesmal hatte ich mich in der Hand. Angst ließ ich erst gar nicht aufkommen. Das gefährlichste Stück des Weges, den Aufstieg zum Nordsattel, kannte ich schon, und darüber konnte ich nur im Schnee steckenbleiben oder mich im Nebel verirren, aber nicht umkommen.
Das Wetter war schön, es würde keinen Nebel geben. Meine Selbstbeherrschung kostete Energie. Ich spürte, wie angespannt mein ganzes Wesen war. Sogar während der Nacht zwang ich mich, ruhig dazuliegen. Zweimal nur schaute ich nach dem Wetter. Es war schön. Nur die Luft zu warm. In seinem Nachtblau stand der Mount Everest wie ein Zauberberg über mir. Kein Grübeln, keine Frage nach dem Warum; ich bereitete mich mit jeder Faser meines Wesens auf den großen Sprung vor.
Als es Zeit zum Aufstehen war, faßte ich traumwandlerisch nach Strümpfen, Schuhen, Hose, Anzug. Jede Bewegung war schnell und sicher, als hätte ich sie hundertmal geübt. Kein Handgriff zuviel.
Vor dem Zelt streckte ich mich, witterte die Nachtluft. Dann setzte ich meinen Aufstieg vom Vortag fort. Bald schon war ich weit oben. Ich erreichte die Eishöhle, nahm meinen Rucksack auf. Nena war weit unten zurückgeblieben. Sie schrieb in ihr Tagebuch:
»18. August 1980. Ja, er ist fort! Ein zarter Kuß auf die Lippen, das war alles. So ist er nun einmal. Wenn Reinhold mich küßt, hat das für mich etwas Bedeutungsvolles. Ich rief ihm noch nach: ›Ich werde an dich denken!‹ Er hörte mich nicht richtig oder wollte mich nicht hören. Seine Stimme klang wie abwesend, als er zurückfragte: ›Was?‹ Er war etwas verstört, weil die Nacht wärmer als gewöhnlich gewesen war. Er befürchtete wohl, daß der Schnee zu weich geworden sei. Was ich da in den stillen Morgen hineinrief, mußte für ihn belanglos sein. Um ihn nicht weiter aufzuhalten, sagte ich einfach: ›Bye, bye!‹ Und zurück kam seine Antwort: ›Bye, bye!‹ Worte der Leere wurden da hinterlassen. Welche Erlebnisse wird er haben? Was für ein Wandel wird in ihm stattfinden, in mir?«

Der 8848 Meter hohe Mount Everest oder Chomolungma – nach oben hin das Ende der Welt.

Plötzlich gab der Schnee unter mir nach, meine Stirnlampe erlosch. Verzweifelt versuchte ich, mich im Schnee festzukrallen. Vergebens. Nach der ersten Schrecksekunde und obwohl es stockdunkel war, glaubte ich, alles zu sehen: zuerst Schneekristalle, dann blaugrünes Eis.

»Ich habe keine Steigeisen an den Schuhen!« fuhr es mir durch den Kopf. Ich wußte, was vor sich ging und blieb trotzdem ganz ruhig. Ich fiel in die Tiefe, erlebte den Sturz zeitlupenartig, schlug einmal mit der Brust, einmal mit dem Rücken an den Eiswänden der nach unten hin breiter werdenden Spalte an. Mein Zeitgefühl war aufgelöst, auch das Empfinden für die Tiefe des Falls. Stürzte ich nur Sekundenbruchteile oder waren es Minuten? Ich war ganz leicht, ein Wärmeschwall durchströmte meinen Körper.

Plötzlich hatte ich wieder Halt unter den Füßen. Gleichzeitig wußte ich, daß ich gefangen war. Vielleicht für immer in dieser Gletscherspalte gefangen. Kalter Schweiß stand mir auf der Stirn. Jetzt hatte ich Angst. Wenn ich doch nur ein Funkgerät bei mir hätte, war mein erster Gedanke. Ich hätte Nena rufen können. Vielleicht hätte sie mich gehört. Aber ob sie die 500 Meter bis zu mir heraufsteigen hätte können, um mir ein Seil in die Spalte herabzulassen, war mehr als fraglich. Ich hatte mich ja ganz bewußt zu diesem Alleingang ohne Funkgerät entschlossen, immer wieder vor dem Aufbruch darüber diskutiert.

Ich fingerte an meiner Stirnlampe herum, und plötzlich war es hell. Sie leuchtete! Ich atmete tief durch, wagte aber dabei kaum, mich zu rühren. Auch die Schneefläche, auf der ich stand, war nicht fest. Wie eine dünne, durchsichtige Brücke hing sie zerbrechlich zwischen den beiden Spaltenwänden. Ich legte den Kopf in den Nacken und sah etwa 8 Meter über mir das baumstammdicke Loch, durch das ich herabgefallen war. Vom schwarzen Himmelsausschnitt darüber blinkten ein paar weit, weit entfernte Sterne zu mir herab. Furcht brach mir aus allen Poren, überzog meinen Körper mit einem Hauch, so eisig wie die blaugrün schillernden Eiswände, zwischen denen ich eingesperrt war. Da sie über mir schräg zusammenliefen, hatte ich keine Chance, an ihnen hochzuklettern. Mit meiner Stirnlampe versuchte ich, den Grund der Spalte auszuleuchten. Aber da war kein

Ende abzusehen. Schwarze Löcher links und rechts von mir. Die Schneebrücke, die meinen Sturz beendet hatte, war nur einen Quadratmeter groß.
Ich hatte eine Gänsehaut und zitterte am ganzen Körper. Die Reaktionen meines Körpers aber standen in krassem Widerspruch zu der Ruhe in meinem Kopf: Er hatte keine Angst vor einem erneuten Sturz in die bodenlose Tiefe, nur eine Ahnung von Sich-Auflösen, von Sich-Verflüchtigen. Gleichzeitig dachte er: Glück gehabt! Zum ersten Mal erlebte ich Furcht als Reflex des Körpers, ohne psychischen Druck in der Brust.
Mein einziges Problem bestand nun darin, wieder hier herauszukommen. Der Mount Everest war gegenstandslos geworden. Ich kam mir vor wie ein schuldlos Gefangener. Ich machte mir keine Vorwürfe, fluchte nicht. Dieses reine, schuldlose Gefühl war nicht erklärbar. Was mein Leben in diesem Augenblick bestimmte, wußte ich nicht. Ich nahm mir vor, abzusteigen, aufzugeben, wenn ich noch einmal heil davonkäme. Nie mehr ein Achttausender im Alleingang!
Mein Angstschweiß gefror in Haaren und Bart. Die Angst in meinen Knochen verflüchtigte sich jedoch in dem Augenblick, als ich meinen Körper in Aktion setzte, indem ich versuchte, die Steigeisen aus dem Rucksack zu holen. Bei jeder Bewegung aber überkam mich das Gefühl, weiterzufallen, ins Bodenlose zu stürzen, so, als ob der Boden langsam nachgeben würde.
Da entdeckte ich eine Rampe, eine an der talseitigen Spaltenwand verlaufende, zwei Fuß breite Leiste im Eis, die schräg nach oben leitete und voll Schnee lag. Das war der Ausweg! Vorsichtig ließ ich mich, die Arme weit ausgestreckt, vornüber an die gegliederte Spaltenwand fallen. Einen Augenblick lang bildete mein Körper einen Bogen zwischen der eingeklemmten Schneescholle und der leicht überhängenden Wand über mir. Vorsichtig spreizte ich mit dem rechten Fuß hinüber, trat eine Stufe in den Schnee, der auf dem Sims an dieser talseitigen Spaltenwand angefroren war. Ich belastete den Tritt. Er hielt. Die unsichere Standfläche war entlastet.
Jede dieser Bewegungen führte ich instinktiv so exakt aus wie in einem einstudierten Ballett. Ich versuchte, mich leichter zu machen. Der ganze Körper identifizierte sich mit der neuen Position, ich war für einen Augenblick, einen lebensentscheidenden Augenblick lang schwerelos. Ich hatte mich mit dem linken Fuß von der Schneebrücke abgestoßen, die Arme hielten das Gleichgewicht, das rechte Bein trug meinen Körper. Der linke Fuß konnte Tritt fassen. Erleichtertes Durchatmen. Ganz vorsichtig querte ich, Gesicht zur Wand, nach rechts. Der rechte Fuß suchte tastend neuen Halt im Schnee, der linke Schuh wurde millimetergenau in die Fußstapfen gestellt, die der rechte ein paar Sekunden vorher getreten hatte. Der Sims wurde breiter, führte schräg nach oben, nach draußen. Gerettet!
In wenigen Minuten war ich an der Oberfläche – zwar immer noch auf der Talseite, aber in Sicherheit. Ich war wie verwandelt. Ich stand da, den Rucksack auf den Schultern, den Pickel in der Hand, als ob nichts gewesen wäre. Einen Augenblick lang nur zögerte ich, überlegte, was ich falsch gemacht hatte. Wie konnte es zu diesem Sturz kommen? Vielleicht war mein linker Fuß, zwei Zentimeter über den unteren Spaltenrand gesetzt, eingebrochen, als ich mit dem rechten an der gegenüberliegenden Schneewand Halt suchte.
Noch in der Spalte hatte ich mich entschlossen umzukehren, aufzugeben, wenn ich heil herauskäme. Jetzt, wo ich oben stand, setzte ich meinen Aufstieg fort, ohne zu denken, ohne es bewußt zu wollen, als sei ich wie ein Computer dafür programmiert.

Das erste Dämmerlicht erhellte den Nordsattel des Everest. Ich schaute auf die Uhr: kurz vor sieben. Wie lange war ich wohl da unten gewesen? Ich wußte es nicht. Der Spaltensturz war bereits wie ausgelöscht in meinem Bewußtsein. Das Gelübde, abzusteigen, konnte mir im Grunde nicht ernst gewesen sein. Ich fragte mich jetzt nicht, wie ich es schaffte, mich so zu betrügen. Ich ging entschlossen am unteren Rand der Spalte entlang, war ganz auf den Gipfel fixiert. Als hätte dieser lebensgefährliche Zwischenfall nur meinen Körper erschüttert, nicht aber jene Identifikation, die seit Wochen mein Wesen ausmachte. Die Identifikation mit dem Everest.

Der Sturz in die Gletscherspalte hatte mich in eine Wachheit versetzt, die dieses Gefühl im Normalzustand weit überstieg. Ich wußte, es gab nur eine Stelle, wo ich die Spalte, die die 500 Meter hohe Eiswand unterhalb des Nordsattels quer durchriß, überschreiten konnte. Bei meinem Erkundungsaufstieg vor vier Wochen hatte ich diese knapp 2 Meter breite Schneebrücke entdeckt, die mir nun beinahe zum Verhängnis geworden war. Damals hatte sie mich getragen. Sie mußte auch jetzt noch halten, wenn ich sie nur an den äußersten Rändern belastete.

Ich hatte bei meinem Alleingang keine Aluminiumleiter und kein Seil dabei, mit deren Hilfe sich vielköpfige Expeditionen über derartige Hindernisse hinweghelfen. Zwei Skistöcke und der Eispickel aus Titan waren meine einzigen Hilfsmittel. Wie in Trance kehrte ich zum Einsturzloch zurück. Ich leuchtete hinunter. Schwarze Nacht. Ich mußte diesmal höllisch aufpassen, um keinen Fehler zu machen.

Jenseits der Spalte erhob sich eine steile Schneewand. Kurz entschlossen beugte ich mich vornüber und schlug die Skistöcke – Handknauf voraus – bis zu den Tellern in den Schnee. Hoch oben in der Wand über mir bildeten sie nun zwei feste Ankerpunkte, künstliche Griffe. Ich mußte das Loch mit einem großen Spreizschritt überwinden und drüben, auf der anderen Seite der Spalte, mit dem Pickel und an den Skistöcken Halt finden. Wenn ich auch wußte, daß ich im Abstieg einen anderen Weg finden mußte, war ich so in den Aufstieg vertieft, als gäbe es danach nichts mehr. Mit einem Kraftakt schwang ich mich nach drüben, machte ein paar schnelle Schritte und fühlte mich wieder sicher. Alle diese Bewegungen waren schnell, aber nicht hektisch.

Langsam wurde es Tag. Weit im Osten ragte das mächtige Massiv des Kangchendzönga auf. Sonst war nicht viel zu sehen von dieser Welt. Über einem graublauen Nebelmeer breitete sich ein stufenlos von Blau in Rot übergehendes Firmament aus.

Das Wetter war schön, die Luft schneidend kalt. Wie gut, daß ich den Versuch im Juli abgebrochen hatte! Der Schnee, aufgeweicht durch den Monsun, war damals grundlos tief gewesen, die Lawinengefahr groß. Es war auch jetzt nicht ungefährlich – mehr als einmal hatte ich in den Hängen zum Nordsattel den Weg verloren –, jedoch an diesem 18. August, war der Schnee so fest gefroren, daß ich nur eine dünne Spur hinterließ.

Der oberste Hang war zwar steil, aber der schlechte Schnee von damals hatte sich gefestigt. Worauf ich kletterte, war kein beinharter Firn wie tiefer unten, es herrschte hier seichter Bruchharsch vor. Immer wieder durchstieß ich splitternde Krusten, sank bis an die Knöchel ein.

Als ich auf die Jochhöhe trat, spürte ich ganz plötzlich starken Westwind im Gesicht. Mein Atem stockte, Wasser trat mir in die Augen. Ich blieb kurz stehen. Schaute, atmete rascher und stoßweise. Dann stellte sich wieder ein gleichmäßiger Rhythmus ein. Der Wind drang nicht durch meine dicken Kleider, brachte mich aber zwischendurch ins Schwanken. Instinktiv ging ich gebückt, fest auf meine Skistöcke gestützt.

Ich folgte genau dem alten Weg längs der Nordrippe, dem Weg der Engländer. Auf den ersten 500 Metern sah dieser Grat aus wie ein steiler Skihang. Seine Aufschwünge waren leicht gewellt und etwa 30 Grad geneigt. Endlose Firnmassen, die ostwärts überhingen. Ein intensives Morgenrot schien die Wächten zu beleben. Der Schatten färbte den Schnee blau; im weichen Licht der aufgehenden Sonne wanderten Konturen. Dazwischen, an der stumpfen Gratschneide, blitzten Schneekristalle auf wie Diamanten.
Die Sonne berührte die Spitze des Pumori, die breitflächige Flanke des Cho Oyu. Der nahe Nordgipfel stand wie ein gigantischer Keil zwischen Tag und Nacht. Auch über dem Gipfel des Mount Everest lag eine leichte Morgenröte. Er zeichnete sich so klar gegen den tiefblauen Himmel ab, daß ich jeden freistehenden Felsturm am Nordostgrat erkennen konnte. Dort oben waren George Mallory und Andrew Irvine 1924 bei ihrem kühnen Gipfelvorstoß zum letzten Mal gesehen worden...
Die Sichtentfernung von mir zur »ersten Stufe« betrug jetzt vielleicht 2 Kilometer – eine Entfernung, bei der man die Glieder an einem Menschen nicht erkennen könnte. Odell, der viel höher gestanden hatte, sagte, daß er die beiden Bergsteiger fünf Minuten lang hatte sehen können. Er hatte sie nicht durch sich bewegende Nebelschwaden erspäht, sondern durch eine plötzlich aufklarende Luft, eine Luft, wie sie jetzt über mir lag. Er hatte sie an der »ersten Stufe« gesehen und nicht Felsen mit Menschen verwechselt, wie ihm oft unterstellt worden ist. Die Möglichkeit einer optischen Täuschung schloß ich aus, obwohl ich selbst, wenn ich lange auf die »erste Stufe« starrte, für Augenblicke der Illusion erlag, schwarze Punkte in Bewegung zu sehen. Mallory hatte die »zweite Stufe« nicht überklettert, er versuchte den Aufstieg, gab aber auf. Das wußte ich jetzt so sicher, wie ich da stand und schaute.
Woher kam die Fähigkeit, beinahe 60 Jahre zurückzuschauen? Oder konnte ich zwischen Realität und Phantasie nicht mehr unterscheiden, weil ich zuviel gelesen hatte? Spielte sich dieser Versuch vom 8. Juni 1924 immer noch da oben ab, sichtbar nur im überwachen Zustand des Besessenseins? Ich erlag keiner optischen Täuschung, die Empfindung von menschlicher Energie umgab meinen Körper wie der Wind, wie die Sonnenstrahlen.
Wenn ich höher stieg, verschwanden die winzigen Figuren. Ich stellte jeweils einen Fuß so fest in den Schnee, daß meine ganze Person zu diesem Schritt wurde. Auf meine Skistöcke gestützt, stieg ich so gleichmäßig wie möglich. 50 Schritte – Rastpause – wieder 50 Schritte. Wenn ich genügend gerastet hatte, warf ich einen Blick nach oben zur groben Orientierung. Dabei überkam mich immer wieder das Gefühl, in dieser Flanke nicht allein zu sein.
So intensiv wie ich nach oben schaute, wurde ich unten von Nena beobachtet:
»Ich fahre fort mit den täglichen Aufgaben, die in einem Lager auf 6500 Metern anfallen. Dabei beobachte ich ihn, wie er höher und höher steigt. In vieler Hinsicht beneide ich ihn. Ich würde gern von dort oben hier herabschauen, von dort oben den Gipfel sehen. Aber mehr als alles andere würde ich gerne mit ihm klettern. ›Eines Tages vielleicht‹, sage ich mir... Er wird kleiner und kleiner in meinem Blickfeld, und je weiter er weg von mir ist, desto stärker wird meine Liebe.«
Nena wußte noch nicht, daß der gefährlichste Augenblick meiner Expedition schon hinter mir lag. Sie hatte den Spaltensturz nicht bemerkt. Es war zu jener Zeit noch Nacht. Nun verfolgte sie meinen Weg, fotografierte ihn. Die Sonne überflutete die Hänge zum Nordsattel. Durch das Teleobjektiv konnte Nena meine Spur erkennen, die wie eine

Rast am Ostrongbuk-Gletscher.

Perlenkette aussah. Das Loch, durch das ich eingebrochen war, fiel ihr nicht auf, die Perlenkette lief über der Spalte weiter.
Ich kletterte jetzt zügig und war auf einer Höhe von mehr als 7200 Metern. Die Luft wurde rasch wärmer. Voll traf die Sonne auf den Cho Oyu im Westen und den Nordgipfel des Mount Everest. Nur sein Schatten sprengte wie ein schwarzes Riesenloch die gleißenden Täler. Ich konnte mir Zeit lassen.
700 Höhenmeter hatte ich an diesem Morgen schon geschafft. 1000 hatte ich mir vorgenommen. Noch nie in meinem Leben war ich auf einer Höhe von über 7000 Metern so leicht gestiegen. Es waren nicht nur die idealen Schneeverhältnisse, die mich antrieben. Es war meine Stimmung.
Trotzdem durfte ich mich nicht überanstrengen. Ich legte jeweils eine Rastpause ein, bevor die totale Müdigkeit wie ein lähmender Schmerz in meine Beine fuhr. Ich mußte mir Zeit lassen, meine Kraft einteilen.
Öfter sitzen bleibend stieg ich so den Nordostgrat entlang, immer weiter hinauf. Ich wollte bis knapp unter die Schulter und dann über den flachen Grat zur »zweiten Stufe«. Die Ausblicke während meiner Rastpausen prägten sich wie Bilder in meinem Kopf ein. Wenn ich mich – den Rücken zum Hang, das Gesicht talwärts gerichtet – auf den prall gefüllten Rucksack setzte, um auszuruhen, fotografierte ich sozusagen mit dem Hirn. Nur selten noch holte ich den Fotoapparat aus dem Rucksack, und dann knipste ich mehr, als daß ich bewußt Bilder gestaltete.

Mich selbst zu fotografieren – Kamera auf den Eispickel geschraubt, mit dem Schaft voraus in den Schnee gestoßen, Selbstauslöser gespannt, ein Dutzend Schritte weggegangen, auf das Klicken gewartet, Rast, zurück und das Ganze abgebaut – fand ich immer komischer und überflüssige Kraftvergeudung. Einmal entdeckte ich meinen Schatten im Sucher der Spiegelreflexkamera. Unwillkürlich mußte ich lachen; so, wie man lacht, wenn man in seinem Freund den Clown erkennt.
Noch empfand ich das Steigen als eine Beruhigung. Es war fast wie der Rhythmus jeder meiner Fasern, tragende Musik. Auf die beiden Skistöcke gestützt, konnte ich auch im Stehen rasten. Im Gehen, auch im unebenen Schnee halfen sie mir, das Gleichgewicht zu halten.
Mit einer für heutige Begriffe kläglichen Ausrüstung – ich würde damit normalerweise nicht einmal mehr aufs Matterhorn steigen – überschritten an diesem Grat Mallory und seine Freunde Norton und Somervell vor rund 60 Jahren erstmals in der Geschichte des Bergsteigens die 8000-Meter-Grenze. George Leigh Mallory, dieser Feuergeist, erkannte schon damals, daß der Mount Everest nach gründlicher Vorbereitung und einer sechswöchigen Akklimatisationsspanne vom Basislager beim Rongbuk-Kloster in sechs Tagen zu stürmen sein müßte. Diese frühe Erkenntnis erschien mir wie eine Vision. Seit ich über Lhasa und Shigatse das Basislager erreicht hatte, waren mehr als sieben Wochen vergangen. Seit vier Tagen war ich unterwegs. Weitere zwei Tage brauchte ich noch bis zum Gipfel – wenn alles gutging und das Wetter hielt.
Jetzt war ich 7220 Meter hoch. Wieder hockte ich mich hin, um zu rasten. Eile erzeugt in dieser Höhe Erschöpfung, und ich hatte mein Tagespensum schon hinter mir. Ich wollte aber noch weiter, solange ich die Kraft dazu hatte. Tief unten der Talschluß des Rongbuk-Gletschers. Der Ausblick nach Westen war immer noch frei. Links unter dem Himmel lag Nepal, davor ein Zipfel der Westschulter des Everest. In der Ferne verschwammen große Bergketten. Das breite Licht des Vormittags löste Berge und Täler auf.
Die jäh zum Rongbuk-Gletscher abfallende Felsbastion des Changtse, wie der Nordgipfel auch genannt wird, war jetzt das eindrucksvollste Bild für mich. Die schöne Pyramide des Pumori mutete überirdisch und unheimlich an. Rechts die tibetische Hochfläche, die sich in unerreichbare Fernen verlor. Die wenigen Wolken dort, wie Spinnweben verteilt, standen still. Auch hier oben kein Wind. Nur tief unten, am Nordsattel, wirbelte Schnee durch die Luft. Es schien mir, als sei dieser Col ein Sammeltrichter aller tibetischen Winde.
Orographisch, nach unten schauend, war links die weite Nordflanke des Mount Everest leicht eingesenkt und windgeschützt. Auch die Nordostfläche rechts war vertieft. Das Gelände stürzte nach jeder Seite steil ab. Da aber die Felshänge am Nordhang tief verschneit waren, wirkte alles sanft und flacher als in Wirklichkeit. Mutete von oben alles friedlich an.
Ich mußte jetzt in kürzeren Abständen rasten, aber jedesmal kehrte mein Atem schnell wieder in seinen ursprünglichen Rhythmus zurück, und ich fühlte mich erholt. Dieser Wechsel zwischen Gehen und Stehen, Erschöpfung und wiederkehrender Energie bestimmte meine Geschwindigkeit. Mit jedem Meter aufwärts wurde dieser Rhythmus kurzphasiger, gezwungener. Ganz oben, das wußte ich aus Erfahrung, war es dann nur noch der Wille, der den Körper für jeweils einen Schritt aus der völligen Lethargie riß.
Diese Art Schneckengang zwang mich, nun alle 30 Schritte einige Minuten lang auszuruhen, jeweils nach zwei Stunden länger sitzen zu bleiben. Da die Luft in dieser

Im Anmarsch kurz vor dem vorgeschobenen Basislager.

Höhe nur ein Drittel der gewohnten Sauerstoffmenge enthält, machte ich es wie die Sherpas: Ich stieg und rastete, rastete und stieg. Mir war bewußt, daß ich mich verhältnismäßig wohl fühlte, sobald ich mich setzte, und schob dieses tragende Gefühl Minute für Minute vor mir her.
Ich mußte aufpassen, daß ich jede starke Reizung der Luftwege vermied. Die Bronchien, der Rachen waren meine schwächsten Punkte. Ich wußte es. Und ich spürte bereits Heiserkeit. So war ich doppelt froh, daß an dem windigen Berg an diesem Tag kaum eine Brise wehte.
Ein Steilaufschwung kostete mich mehr Energie, als ich gedacht hatte. Von unten, beim Darüber-hinweg-Sehen, hatte ich noch angenommen, fünf Rastpausen dafür zu brauchen. Inzwischen waren es acht oder neun geworden, und ich stand immer noch nicht oben. Dort, wo es flacher wurde, wartete etwas wie Erlösung auf mich. Ich wollte mich erst hinsetzen, wenn ich über der stumpfen Kuppe war.
Ab und zu wirbelten kleine Schneekristalle in der Luft über mir. Ein Gleißen und Glitzern belebte den Raum. Ein Pfeifen und Singen kam und ging. Noch 80 Schritte?
Beim Steigen sah ich inzwischen nur auf den jeweils Tritt fassenden Fuß. Sonst gab es nichts mehr. Die Luft schmeckte leer, nicht schal; leer und rauh. Ich hatte Schmerzen in der Kehle. Beim Rasten ließ ich mich hängen. Mein Oberkörper lag auf Skistöcken und Beinen. Die Lungen pumpten. Eine Zeitlang vergaß ich alles. Das Atmen war so anstrengend, daß keine Kraft zum Denken blieb. Geräusche von innen hoben alle Laute von außen auf. Langsam, mit dem Pulsschlag im Hals, kam der Wille zurück.
Weiter. Wieder 30 Schritte. Wie mich dieser Grat narrte! Oder waren es meine Augen? Alles sah so nah aus. Und war dann so weit weg. Noch eine Rastpause im Stehen, dann war ich über der Kuppe.
Ich drehte mich um, schaute. Dann ließ ich mich in den Schnee fallen. Von oben blickte ich wieder und wieder über das Land, über die schier endlose Weite. In den malerischen Pastellfarben der Hügelkette lag etwas Mystisches. Sie verstärkten den Eindruck des Fernen, Unerreichbaren; als ob ich von diesem Tibet nur geträumt hätte, als ob ich nie dort gewesen wäre.
Ich fixierte die Hochfläche, glaubte, ein Dorf zu erkennen. Tingri vielleicht? Im Geiste sah ich die weißgekalkten Lehmhäuser mit den schwarzen Fensterlöchern vor mir. Neben tibetischen Gebetsfahnen wehten rote Tücher. Ich sah stumpfe Gesichter. Die Leute in Tibet lachten nicht mehr so lustig wie die Menschen in den Bergen Nepals. Das alles erlebte ich, als stünde ich am Rande dieses Dorfes. Es war keine Erinnerung, sondern Gegenwart.
Der Höhenmesser zeigte 7360 Meter. Es war etwa 9 Uhr. Die Strecke zum Nordsattel hatte ich in zwei Stunden geschafft. Mit dieser Taktik hatte ich mir ein Biwak gespart. Jetzt stieg ich langsam, ganz bewußt langsam.
Ab und zu gab der Schnee knöcheltief nach, Schneeverwehungen kosteten Kraft. Meist aber konnte ich Bruchharschstellen umgehen. Jedes gelungene Ausweichen empfand ich als persönlichen Triumph. Ich durfte mich nicht verausgaben. Dieser Impuls bestimmte mehr und mehr mein Denken, auch meine Gefühle. Morgen und übermorgen würde es viel anstrengender werden.
Die zwei verstellbaren Skistöcke waren wirklich eine große Hilfe. Ich konnte mein Gewicht auf Beine und Arme verteilen. Ich hielt das Gleichgewicht von oben her, nicht aus den Beinen.

Die Nordflanke rechts von mir bildete eine riesige Schneefläche. Nur einige wenige Felsinseln lagen dunkel verstreut in dieser vertikalen Eiswüste. Deutlich waren Lawinenstriche zu erkennen. Ich blieb vorerst auf dem stumpfen Nordgrat. Das war nicht nur die sicherste Route, der Wind hatte auch viel Schnee hier weggeblasen. Trotz alledem keine Spur von meinen Vorgängern. Alles war unter einem dicken Schneemantel begraben.
Nur einmal, auf 7500 Metern etwa, sah ich ein rotes Seil im Schnee. Ich ging hin, faßte es an. Das Seil sah ziemlich neu aus und war an einer Felsinsel verankert. Das mußte von den Japanern sein, dachte ich. Im üblichen Expeditionsstil und in Teamarbeit hatten sie im Mai eine Kette von Hochlagern eingerichtet. An steilen Passagen hatten sie fixe Seile verankert, an denen sie ins Basislager abstiegen, wenn das Wetter schlecht wurde, und an denen sie sich hochhangelten, um die Aufstiegsroute weiter zu präparieren. Stufe um Stufe waren sie mit der Unterstützung chinesischer Hochträger bis unter den Gipfel vorgestoßen.
Mit eben dieser Taktik hatte ich selbst 1978 den Mount Everest über die Südroute bestiegen. Wir waren damals elf Bergsteiger, beschäftigten zwei Dutzend Sherpas als Hochträger und wechselten uns beim Aufbau der Lager ab. Erst in den letzten 900 Metern sind Peter Habeler und ich dann ohne Unterstützung weitergestiegen – bis zum Gipfel.
Diesmal war niemand da, der tragen half; niemand, der mir das Biwak vorbereitete; kein Kamerad, der mit mir im tiefen Schnee spurte; und kein Sherpa, der meine Ausrüstung schleppte. Niemand. Um wievieles leichter war es doch, zu zweit zu steigen. Schon das Wissen, daß jemand hinter mir stand, bedeutete Trost. Nicht nur das Alleinklettern war ungleich anstrengender und gefährlicher, vor allem die psychische Last war mehr als verdoppelt. Alles, was vor mir lag, auch der Abstieg, steckte – beim Rasten oft über die eigene Phantasie zum Angstgespenst aufgeblasen – als Ballast in mir.
Wie eine Schnecke, die ihr Haus auf dem Rücken mitschleppt, trug ich mein Zelt im Rucksack. Ich würde es aufbauen, darin schlafen und es wieder mitnehmen für die nächste Nacht. Ich war ausgerüstet wie ein Nomade. Eine Woche lang konnte ich überleben. Allerdings hatte ich kaum Reserven dabei; nach sieben Tagen mußte ich zurück sein. Nichts durfte kaputtgehen; ein zweites Zelt wäre zu schwer gewesen. Gar nicht erst zu reden von Sauerstoffgeräten, die meine Last nochmals verdoppelt hätten. Meine 18 Kilo drückten in dieser Höhe schon so schwer, daß ich nach jeweils zwei Dutzend Schritten stehen blieb, nach Atem rang und alles um mich vergaß.
Die Strecken zwischen den Rastpausen wurden kürzer und kürzer. Oft, sehr oft setzte ich mich hin, um zu verschnaufen. Jedesmal kostete es mich große Willensanstrengung, aufzustehen. Das Wissen, mein selbstgewähltes Tagespensum erfüllt zu haben, half mir. Es war, als ob der Gedanke daran Energie freimachte. »Noch ein Stück, das geht schon«, sagte ich zu mir selbst, halblaut, wie eine versteckte Aufmunterung. »Was du heute hinter dich bringst, brauchst du morgen nicht mehr zu klettern.«
Das Alleinsein empfand ich jetzt nicht als Isolation. Nur manchmal überfiel mich ein Gefühl der Ohnmacht beim Gedanken an die unendlich große Anstrengung, die noch vor mir lag. Wenn ein Freund, ein Partner da wäre, könnten wir uns im Spuren abwechseln. Physisch trug ich so aber die Anstrengung allein. Psychisch tauchten sporadisch Helfer auf. Da war wieder jemand hinter mir. War es mein geteiltes Ego oder andere menschliche Energie, die mir den Partner ersetzte? So wurde ich begleitet bis auf 7800 Meter.

Der erste Platz, den ich auf dem Schnee festtrat, gefiel mir nicht. Ich mußte an einem Felsen lagern, das Zelt gut verankern. Der Wind nahm zu. Wenige Meter über mir sah ich die ideale Lagerstelle. Noch einmal zögerte ich. Einige Meter tiefer war es vielleicht besser. Endlich, hier fühlte ich mich wohl.
Zuerst fehlte mir die Kraft, meinen Rucksack auszupacken und das Zelt aufzustellen. Ich stand da und schaute zum vorgeschobenen Basislager hinab. Es mußte dort unten warm gewesen sein, die Berge waren weit ausgeapert.
Es war nach 3 Uhr, ich mußte kochen. Unten erkannte ich einen winzigen roten Fleck. Nena hatte wohl den Schlafsack aufs Zeltdach gelegt, um sich vor der Hitze zu schützen. Oder sollte das ein Signal für mich sein? Ich hoffte, daß sie mich ebenfalls sah. Keine Sehnsucht, nur dieses Wissen, da unten war sie, wartete.
Unten war die Hitze meist schlimmer zu ertragen als die Kälte. Obwohl das Thermometer dort nachts unter minus 10 Grad sank und hier oben vielleicht auf minus 20 Grad. Die Sonne und die trockene Luft dörrten mich aus. Ich erinnerte mich, daß ich ein winziges Fläschchen mit japanischem Heilpflanzenöl bei mir hatte,und gab zwei Tropfen davon auf die Zunge. Das spendete für eine Weile Erleichterung, öffnete die Atemwege. Neben Aspirin war dieses Pflanzenmittel das einzige Medikament, das ich am Berg nahm.
Die sauerstoffarme Höhenluft wirkte wie ein Reibeisen auf den Rachen. Jeder Atemzug hinterließ Schmerzen im Hals und ein Gefühl der Klebrigkeit im Mund. Ich ließ mir Zeit mit dem Aufbau des Biwaks.
Ich war müde und froh darüber, daß ich mich endlich zum Stehenbleiben entschlossen hatte. Schon das Bewußtsein, daß keine weitere Anstrengung von mir verlangt wurde, wirkte heilsam. War ich es nicht selbst, war es eine Kraft von außen, die mich weitertrieb? Ich empfand es so. Mein Wille kehrte in den Normalzustand zurück, und ich begann wieder klar zu denken. Ich konnte wieder schauen, nicht nur sehen.
Ich genoß eine prachtvolle Aussicht auf die Gletscher unter mir, auf die Firnwelt im Osten. Weit unten stand die düstere Gestalt des Nordgipfels, der aussah, als habe er den Kopf gewendet. Hinter ihm verschwammen weich und wellig Bergketten; dahinter die tibetische Hochfläche, Menschen. Die mehr als 7000 Meter hohe Eispyramide des Pumori suchte ich lange Zeit vergebens im westlichen Gipfelmeer. Sie war zu einem unbedeutenden Schneehöcker am Ufer des Rongbuk-Gletschers zusammengeschrumpft.
Inzwischen hatte ich das Zelt ausgepackt. Den Rucksack legte ich oberhalb des Lagerplatzes in den Schnee, so daß er nicht störte und nicht davonrollen konnte. Zwischen den einzelnen Handgriffen blieb ich aufrecht stehen und schaute nach oben. Noch ein kurzer Aufschwung, dann kam die riesige Mulde vor dem Gratkamm. Die Überzeugung, eine bis zur Gewißheit verdichtete Ahnung, daß ich den Gipfel in weiteren zwei Tagen erreichen würde, machte mich übermütig. Es schien keine ernstlichen Hindernisse auf dem Weg zu geben. Die »zweite Stufe«, die einzige Passage, die mir Angst hätte einjagen können, war seit Jahren mit Seilen und Haken gesichert. Wie gut, daß ich das wußte. Über mir ahnte ich eine gelbe Gesteinsschicht unter dem Schnee. Einige Felsinseln verrieten die waagrechte Schichtung des Berges.
Schon vor dem Start hatte ich mir ausgerechnet, daß es keine Probleme geben dürfte, wenn ich am ersten Tag 1200 Höhenmeter schaffte. Es waren mindestens 1300 Meter geworden. Beim Alleingang auf den Nanga Parbat 1978, der mir den psychischen Rückhalt gab für diese Solotour auf den Everest, hatte ich am ersten Tag zwar 1600 Höhenmeter klettern können, damals aber war ich bei 4800 Metern gestartet. Und

In einer Eishöhle unter dem Nordsattel deponierte Reinhold Messner seinen Rucksack am Tag vor dem endgültigen Aufstieg.

es ist ein himmelweiter Unterschied, ob man auf 6000 oder auf 7000 Metern Meereshöhe klettert. Hier, knapp unter 8000 Metern, wird jeder Handgriff zur Überwindung, zur Qual.

Mein winziges Zelt, keine 2 Kilo schwer und doch so gebaut, daß es Stürmen bis zu 100 Kilometern Windgeschwindigkeit standhalten konnte, nahm nicht viel Platz ein. Es war gerade so groß, daß ich mit angewinkelten Knien darin liegen konnte. Trotzdem brauchte ich lange, einen Platz dafür einzuebnen. Mit den Schuhen schob ich den Schnee hin und her, trat ihn fest. Ich hatte keine Schaufel. Das Zelt durfte nicht schief stehen. Ich hatte Mühe, es aufzuspannen. Immer wieder fuhr eine Windböe hinein, hob es hoch. Erst als ich die Zeltwand auf die Leichtmetallrohre spannte, hatte ich ein gutes Gefühl. Mit meinen Skistöcken, dem Eispickel und dem einzigen Felshaken, den ich dabeihatte, fixierte ich die Biwakhülle. Dann legte ich eine fingerdicke Schaumgummimatte auf den Boden, schob den vollen Rucksack nach und kroch ins Zelt.

Eine Zeitlang lag ich nur da. Ich hörte dem Wind zu, der die Eiskristalle auf die Plane warf. Er kam in Wellen, ebbte ab und schwoll wieder an. Sein Rhythmus hielt mich wach. Der Wind blies von Nordwesten, das war ein gutes Zeichen.

Ich sollte kochen. Ich mußte. Wieder ein Befehl, der alles in mir und um mich ausfüllte. Aber von den vielen kleinen Verrichtungen, vom Aufbau des Nachtlagers noch müder als vorher, konnte ich mich nicht dazu aufraffen. Ein letztes Mal ging ich vors Zelt, holte in meinem kleinen Aluminiumtopf Schnee herein und schaute hinab ins Tal. Als könnte ich mich vor der so wichtigen Arbeit des Kochens drücken.

Es wurde jetzt empfindlich kalt. Ich saß auf dem Felskopf, den ich von unten als »idealen Rastplatz« ausgemacht hatte. Weit im Norden sah ich das tibetische Hügelland; noch weiter nördlich konnte ich die graubraunen Steinkegel von Shegar und ganz hinten eine weiße Gebirgskette ausmachen. Wolken füllten die Täler im Süden. Der Wind wurde heftiger.

Wenn Maurice Wilson bis hierher gekommen wäre, dachte ich plötzlich, hätte er den Gipfel erreicht. Wilson, der fanatische Engländer, der 1934 bei seinem Alleingangsversuch unterm Nordsattel gestorben war, war zäher als ich, unbeugsam und fähig, Einsamkeit zu ertragen. Das Gelände über mir schien wirklich leicht zu sein; auch Wilson hätte es klettern können, wenigstens bis zum Nordostgrat. Verstand ich diesen Verrückten deshalb so gut, weil ich selbst verrückt war? Oder tröstete mich die Konsequenz dieses Mannes in meinem Wahn, etwas zu beweisen? Ich wußte nicht genau, was es war, wenigstens nicht rational. Noch konnte ich in mich hineinsehen, aber ich benahm mich wie ein Besessener, der sein Selbst einsetzt, um sich auszudrücken.

Ich kannte keinen Berg, keine andere Gegend, die den Blick so in die Unendlichkeit entrückten wie der Mount Everest über dem tibetischen Hochland. Mit diesem Eindruck kroch ich in die Enge des Zeltes zurück. Der Raum um mich schrumpfte auf einen Kubikmeter, und ich vergaß rasch, wo mein Biwak stand.

Die Füße im Schlafsack, begann ich, auf meinem kleinen Gasbrenner zu kochen. Den Rucksack abnehmen, den Lagerplatz einebnen, das Zelt fixieren – all das war ein hartes Stück Arbeit nach mehr als zehn Stunden Kletterei. Jetzt folgten sechs Stunden Kleinarbeit, und diese Kleinarbeit war so anstrengend wie das Steigen vorher. Ich aß Käse in kleinen Krumen und nagte an einem Stück Südtiroler Bauernbrot. Zwischendurch schlief ich ein. Als ich wieder aufwachte, war der erste Topf Wasser warm. Die Suppe schmeckte fad. Der Schnee schmolz unendlich langsam.

Ich war von soviel Ruhe umgeben und gleichzeitig so heftig aufgewühlt, daß ich jemanden umarmen wollte. Obwohl ich seit heute morgen nichts mehr gegessen hatte, war ich nicht hungrig. Auch zum Trinken mußte ich mich zwingen. Das Durstgefühl war weniger groß als das Flüssigkeitsbedürfnis meines Körpers. Ich mußte wenigstens vier Liter trinken. Ein Erfahrungswert, den ich übernommen hatte wie den Routenverlauf und die Wetterstudien.
Wieder dachte ich an Wilson, der den Alleingang auf den Everest gewagt hatte, obwohl er kein Bergsteiger gewesen war. Er wußte wenig über die Höhe. Jedoch hatte er auch nach den schlimmsten Schneestürmen und mehreren Abstürzen nicht aufgegeben.
Mir fehlte nichts, die noch zu erwartenden Kletterschwierigkeiten lagen weit unterhalb meiner Leistungsgrenze, und doch mußte ich mich zwingen, an den Erfolg zu glauben. Ich wußte, daß ich es schaffen konnte. Trotzdem versuchte ich, mich zu überreden, nicht aufzugeben. Solange Wilson sich auf den Beinen halten konnte, war er wie ein Besessener weiter aufwärts gestiegen, getragen vom Glauben und von Gott. Ich brauchte soviel Energie, nur um gegen Angst und Trägheit anzukämpfen. Dabei verfolgte ich ein Ziel, das nicht einmal die Bergsteiger verstanden. Wann würde ich endlich ohne Ziele leben können? Warum stand ich mir mit meinem Ehrgeiz, mit meinem Fanatismus selbst im Weg?
»Fai la cucina«, sagte jemand neben mir, »kümmere dich um die Küche.« Ich dachte wieder ans Kochen. Halblaut redete ich vor mich hin. Das starke Gefühl, seit einigen Stunden schon mit einem unsichtbaren Begleiter beisammen zu sein, hatte mich anscheinend hoffen lassen, daß der andere kochte. Ich fragte mich auch, wie wir wohl beim Schlafen in diesem winzigen Zelt Platz haben würden. Ich teilte das Stück Trockenfleisch, das ich aus dem Rucksack holte, in zwei gleiche Teile. Erst in dem Augenblick, als ich mich umdrehte, wußte ich wieder, daß ich allein war. Ich redete jetzt Italienisch, obwohl für mich als Südtiroler Deutsch die Muttersprache ist und ich mit meiner amerikanischen Freundin Nena seit drei Monaten nur Englisch sprach.
Wie ich mit Sonnenenergie auf einfache Weise aus Schnee warmes Wasser bereiten konnte, wußte ich. Am billigsten ging es nach dem Treibhausprinzip. Ich hatte eigens eine flache schwarze Plastiktüte mitgenommen, um sie mit Schnee zu füllen und an einer Schnur in eine durchsichtige Plastiktüte zu hängen. Es war aber zu windig, und die Sonne jetzt, am Nachmittag, verschleiert. Also kochte ich im Zelt auf der winzigen Gasflamme. Halb ausgestreckt, von Zeit zu Zeit die Position ändernd lag ich da. Die Matte hart wie ein Stein. Der Wind war so stark geworden, daß das Zelt flatterte. Immer wenn ich den Eingang zwei Handbreit öffnete, um mit dem Deckel des Kochtopfes Schnee hereinzuschaufeln, blies er die Flamme des Gasbrenners aus. Das würde eine schlimme Nacht werden, dachte ich. Aber der Wind war gleichzeitig ein Gutwetterzeichen. Also bedeutete er auch Trost.
Es brauchte eine Menge Schnee, bis ich einen Liter Wasser geschmolzen hatte. Noch einmal machte ich Tomatensuppe, dann zwei Töpfe mit tibetischem Salztee. Von den Nomaden hatte ich gelernt, ihn zuzubereiten. Eine Handfläche voll Kräuter für einen Liter Wasser, dazu zwei Prisen Salz. Ich mußte viel trinken, wenn ich nicht austrocknen wollte, wenn sich mein Blut nicht verdicken sollte. Also zwang ich mich, weiter Schnee zu schmelzen, zu trinken.
Das Kochen dauerte einige Stunden. Ich lag nur da, hielt den Kochtopf und schob zwischendurch ein Stück Trockenfleisch oder Parmesankäse in den Mund. Ich hatte keine

Lust, das Zelt zu verlassen. Der Sturm nahm weiter zu. Wie Hagel schlugen Eiskörner an die Zeltwand. Das Gestänge sang. Das war gut, denn der Wind wirbelte Schnee vom Grat und vertrieb die Monsunwolken, die am Spätnachmittag herandrängten.

Nur an Einschlafen war so nicht zu denken. Fürchterliche Stöße zerrten am Zelt. Oder gaukelten mir meine überwachen Sinne dies nur vor? Zeltboden und Schlafsack wurden immer wieder hochgehoben. Wenn der Sturm noch stärker wurde, warf er mich mitsamt meiner Behausung in die Tiefe. Ich mußte das Zelt festhalten. Schneepuder drang durch die Ritzen.

Das Kochen war jetzt unmöglich geworden. Ich hatte mich hingelegt, die Arme im Schlafsack, und wartete. Ich wollte die Augen geschlossen halten, aber immer wenn ein fester Windstoß kam, schlug ich sie unwillkürlich wieder auf. War ich noch da? Allein schon dieses Daliegen mit gespannten Sinnen kostete Energie.

Die Zeltwände flatterten, der Sturm pfiff, heulte, drückte. Aufgewirbelter Schnee schlug an die Planen wie Gischt an den Bug eines Schiffes. Einmal, als ich durch den Zelteingang schaute, schlug mir ein Schwall Eiskörner entgegen. Trotzdem keine Panik. Die Umgebung war völlig ausgelöscht. Die schwarzen Felsinseln über mir sahen gespenstisch aus. Dieser Sturm drohte mich wirklich mitsamt meiner Behausung in die Tiefe zu schleudern.

Der feine Eisstaub im Zelt, die Finger, die am Metall klebenblieben, das alles ließ mich frösteln. Trotzdem gelang es mir, einigermaßen warm zu bleiben. Ich steckte immer wieder, wenn der Wind nachließ, beide Arme tief in den Schlafsack, hielt ihn von innen zusammen. Nur das Gesicht blieb frei. Einmal schlief ich kurz ein.

Die Nacht war erträglich. Der Sturm hatte nachgelassen. In den schlaflosen Pausen zogen endlose Gedankenketten ihre Kreise. Ich empfand dieses Denken als etwas Stoffliches. Da sprang im Hinterkopf ein Gedankenfetzen nach dem anderen hin und her – in Punkte verdichtete Energie –, fand den Ausgang nicht, hatte sein Eigenleben. So, als gebe es eine Energie in meinem Kraftfeld, die frei von mir war. Sie gehörte zwar zu mir, lebte aber ohne mein Dazutun, ohne Antrieb. Sogar im Schlaf.

Sie kam und verging auch gegen meinen Willen. Genauso war es mit dieser fast greifbaren Kraft um mich herum. Da atmete in ständiger Explosion und Implosion ein Geist, der aus dem Nichts entstand und der sich zu einem Nichts verdichtete. Nur irgendwo zwischen diesen extremen Formen nahm ich ihn wahr, sogar mit meinen Sinnen.

Da war auch mein morgiger Plan. Bestand wohl die Möglichkeit, in soundsovielen Stunden soundsohoch zu kommen? Immer wieder dieselbe Frage. Ich beantwortete sie nicht rational, sondern emotional. Ein Spiel, wie das Abzählen von Blütenblättern – sie liebt mich, sie liebt mich nicht. 600 Höhenmeter vielleicht? 700? Unter die »zweite Stufe«?

Dann drang wieder das Wetter ins halbwache Bewußtsein. Der Wind hatte sich nicht ganz gelegt. Trotzdem empfand ich sein Nachlassen als Ruhe. Die Ruhe vor dem Sturm? Der Mond schien, aber die Nacht war trotzdem warm. Ich fror nicht mehr. War der Monsunbreak zu Ende? Waren es immer noch Eiskörner, die der Wind aufs Zelt warf, oder schneite es schon? Wenn es plötzlich und viel schneite, konnte ich weder hinauf noch hinunter. Dann war ich gefangen. In meiner Trägheit wußte ich nicht, was mehr meinem Wunsch entsprach, Schönwetter oder Schnee. Was sollte ich im Fall von Lawinengefahr tun? Wie lange konnte ich hier überleben?

Blick über den Lho La nach Westen.

Diese Fragen, auf die meine Phantasie keine Anwort wußte, auch keine Antwort geben wollte, verfolgten mich bis in meine Träume. Wieder Gedankenketten ohne Abschluß, verselbständigte Energieströme im Kopf. Sicher, höher oben war die Lawinengefahr gering, aber dieser körnige Neuschnee war wie Sumpf; er bremste nicht nur, er höhlte auch aus. Einmal erschöpft, wäre ich für immer verloren gewesen.
Im Verlauf des träge anbrechenden Morgens bemerkte ich, wie der Wind weiter nachließ. Das beflügelte mich. Ich fingerte den Gasbrenner in den Schlafsack, wärmte ihn an. Eine Stunde später trank ich lauwarmen Kaffee. Dazu kaute ich wieder hartes Südtiroler Bauernbrot. All die kleinen Handgriffe summierten sich in der Enge und Kälte des Zeltes zu einer körperlichen Qual. Ich arbeitete mit klammen Fingern, ununterbrochen rieselte Rauhreif von der Plane. Sich ganz ausstrecken können, aufstehen, um die Kleider zu ordnen, war ein Luxus, den ich mir hier nicht leisten konnte. Das entsprechende Zelt wog mindestens dreimal soviel wie meine Spezialkonstruktion.
Ich zwang mich, abermals zu kochen. Die trockenen Schneeschollen erzeugten ein unangenehmes Geräusch zwischen meinen Fingern. Es dauerte ewig, bis mein faustgroßer Topf voll Wasser war.
Eine Stunde lang lag ich noch mit meinen Kleidern im Schlafsack, trank und döste vor mich hin. Auf die Uhr sehen wollte ich nicht. Wenn ich die Augen aufschlug, wußte ich oft nicht, ob es Abend war oder Morgen.
In meinem Innersten saß eine treibende Unruhe. Es war nicht Schreck, was mich plötzlich packte wie eine große, mein ganzes Wesen umfassende Hand. Es waren all die Erfahrungen meines Bergsteigerlebens, die sich in mir ausbreiteten und zur Aktivität drängten. Die Anstrengungen von 30 Jahren Kletterei; Lawinen, die ich erlebt hatte; Erschöpfungszustände, die sich über Jahrzehnte zu einem Gefühl tiefer Machtlosigkeit verdichtet hatten.

»Du mußt weiter!« Zeit gewonnen, war Energie gespart. Ich wußte, was mir in den folgenden Tagen alles zustoßen konnte, und ich wußte auch, wie groß die Schinderei unter dem Gipfel noch werden würde. Dieses Wissen war jetzt nur noch in der Aktivität zu ertragen.

Ich mußte gehen, und trotzdem kostete mich jeder kleinste Handgriff Überwindung. Hier oben war das Leben bis zur Brutalität eingespannt zwischen Erschöpfung und Willen; die Selbstüberwindung wurde zum Zwang. Warum ich nicht abstieg? Es gab keinen äußeren Anlaß dazu. Ich konnte nicht einfach aufgeben ohne Grund. Ich wollte ja da hinauf, ich wollte es noch immer. Die Neugierde – wo war Mallory geblieben? –; das Spiel – ein Mann gegen den Mount Everest –; der Ehrgeiz – ich will der erste sein –: alle diese oberflächlichen Antriebe waren verflogen, weg. Das, was mich antrieb, steckte viel tiefer, als ich selbst und die Lupe des Psychologen sehen konnten.

Tag um Tag, Stunde um Stunde, Minute um Minute, Schritt für Schritt zwang ich mich, etwas zu tun, wogegen sich mein Körper sträubte. Gleichzeitig war dieser Zustand nur in der Tätigkeit zu ertragen. Nur ein böses Omen oder eine Krankheit wären als Entschuldigung stark genug vor mir selbst gewesen, um abzusteigen.

Als die Sonne auf mein Zelt traf und langsam den Rauhreif von der Innenwand leckte, packte ich alles wieder ein. Stück für Stück, in der umgekehrten Reihenfolge, in der ich es am Abend wieder auspacken mußte. Nur zwei Sardinenbüchsen, eine Gaskartusche sowie die Hälfte der Suppen und des Tees ließ ich in einem winzigen Depot zurück, damit mein Rucksack leichter wurde. Ich mußte mit dem Rest der Nahrungsmittel auskommen.

Es war kurz vor 9 Uhr. Gutes Wetter. Morgen würde ich auf dem Gipfel sein! Mit dem Augenblick, als ich aus dem Zelt kroch, hatte ich meine Zuversicht wiedergewonnen. Als atmete ich kosmische Energie. Oder war es nur der Gipfel, mit dem ich mich identifizierte?

Die Luft über mir schien dünn zu sein, von jenem weichen Blau, das durchscheinend wirkt. Die Berge unter mir nahm ich nur noch als wellige Fläche wahr, ein Relief in schwarzweiß.

»Das Zelt abbauen, zusammenfalten!« Ein Befehl, den ich mir selbst gab. Jetzt aber kamen diese Impulse nicht mehr aus dem Kopf, jetzt kamen sie wieder aus dem Bauch. Jeder Atemzug füllte meine Lungen mit Luft, mein Wesen mit Selbstverständnis. Es konnte keine Zweifel geben. Ich setzte meinen Weg fort.

Die ersten 50 Meter ging ich sehr langsam, dann fand ich meinen Rhythmus wieder. Ich kam gut voran. An einer Lawinenabbruchstelle zögerte ich. Ich kletterte etwas rechts vom Nordgrat, das Gelände wurde steiler. Es lag hier mehr Schnee als weiter unten.

Plötzlich verschlechterte sich das Wetter. Wie massive Keile schoben sich grauweiße Wolkenformationen von Süden über die Pässe nach Tibet. Schon füllte sich die Talsohle mit Monsunnebeln. Instinktiv hielt ich mich weiter rechts.

Das Wetter am Everest war oft anders, als es aussah. War das der Monsun oder ein Wettersturz? Kam Sturm auf?

Man muß den Wind in Gipfelnähe erlebt haben, um zu wissen, daß er mit Leichtigkeit Menschen davontragen kann. Jetzt schwammen auch noch Schlieren am Himmel. Dazu der Kampf mit der Höhenluft, der mich nervte.

Die Rastpausen zwischen dem Steigen wurden länger. Zögern. Unsicherheit. Die Hänge waren nicht steil, durchschnittlich etwa 40 Grad geneigt. Aber über 7900 Metern ist jedes Gelände anstrengend.

Um mich herum klare Morgenluft. Über dem Rongbuk-Tal bildeten sich ständig Wolkensträhnen. Sie verschoben sich bis an den östlichen Horizont, lösten sich auf.
Wie immer in großer Höhe brauchte ich auch an diesem Vormittag des 19. August lange, den Lebens-Energie-Kreislauf wieder in Fluß zu bringen. Es war, als sei die Harmonie gestört. Durch die Bewegungen – rechten Fuß einsetzen, belasten, entspannen, nachziehen; linken Fuß ... – entstand ein Energiefeld in meinem Körper. Nach dem ersten Anstoß öffneten sich Schleusen, lösten sich Verspannungen. Mit dem Schwinden der Angst verdichteten sich Strömungen im ganzen Körper, nicht meßbare, ungreifbare Formen der Energie.
Ich stieg lange, viel länger als normal gegen diese gestaute Kraft an. Es war, als sei etwas blockiert, als läge es nicht an der Höhe, sondern an mir, daß ich kaum von der Stelle kam.
Am Vortag ging es so leicht. Jetzt wurde jeder Schritt zur Qual. Warum war ich so langsam? Der Rucksack drückte, obwohl er leichter geworden war. Ich fühlte mich verloren, ausgesetzt. Trotzdem konnte ich mir nicht einreden, daß es da einen Gott gab, der diese Welt lenkte, der sich um jeden einzelnen von uns kümmerte. Ein Schöpfer außerhalb von mir, außerhalb des Kosmos existierte nicht. Ich wußte nicht, wann mir diese Vorstellung abhanden gekommen war; ich wußte nur, daß es seither schwieriger war, mich in dieser Welt nicht einsam und verlassen zu fühlen.
Der Schnee lag nun tiefer. Wenn meine Schuhe einsanken, entstand ein sonderbares Geräusch. So, als ob jemand hinter mir ginge.
Ich mußte endlich akzeptieren, allein zu sein, unausweichlich allein. In den längeren Schnaufpausen kam etwas wie Heimweh in mir auf. Mein Bedürfnis nach Geborgenheit übermannte mich. Dabei wußte ich: Alle Hoffnungen, daß unten jemand auf mich wartete, waren wie die Angst vor dem Alleinsein – hemmend, lähmend. Nur in der Aktivität des Gehens, Suchens und Schauens wurde es für mich möglich, dieses Alleinsein zu bejahen.
Solange ich dachte, war die Energie, die mir zur Verfügung stand, rasch verbraucht. Nur mit dem Willen allein kam ich jetzt nicht mehr weit. Nachdem ich mich gelöst hatte, war ich offen für eine Kraft von außen. Ich war wie eine hohle Hand, erlebte einen Rückfluß. Die geballte Faust oder gestreckte Finger führten mit der Erschöpfung zur Lähmung. Nur wenn ich wie eine hohle Hand war, regenerierte sich ein unsichtbarer Teil meines Wesens, nicht nur im Schlaf, auch beim Steigen.
Der Rhythmus Klettern – Rast wurde bestimmt von dieser Energie, und diese Energie bestimmte meinen Rhythmus. Die Pausen zwischen dem Steigen waren schon länger als die 15 Schritte, die ich jeweils schaffte. Das war mein Zeitmaß, Schritt für Schritt; Zeit und Raum wurden eins.
Es war so schwer, mit sich selbst zurechtzukommen, alle Verantwortung, nicht nur die für seine Handlungen, auch die für das Nur-da-Sein zu übernehmen. Besonders dann, wenn der ganze Körper Verzweiflung wurde vor Anstrengung. Trotz des freiwillig eingegangenen Risikos konnte ich es jetzt nicht machen wie Wilson: mich ganz einem Gott anvertrauen. Welchem auch? Während des Steigens war ich verwandelt, wie tot.
Was mich aufrecht hielt, war die Welt um mich: Luft, Himmel, Erde, die Wolken, die von Westen herandrängten. Das Erlebnis des Vorwärtskommens bei den jeweils ersten Schritten. Das Empfinden des eigenen Willens als etwas Greifbares vor den letzten zwei Schritten.

Querung in der Nordwand.

Das Gelände war leicht. Trotzdem verlangte es meine ganze Aufmerksamkeit. Daß ich stehen konnte, daß ich weiterkam, gab mir die Energie, weiterzudenken, weiterzuwollen. Mindestens ebenso wichtig wie dieses Erfolgserlebnis war die Freude an der eigenen Geschicklichkeit. Erstaunlich, wie oft ich selbst diesen Teil der Genugtuung beim Klettern übersehen und allein vom Trachten nach dem Gipfel berichtet hatte. Das Höhenbergsteigen erfordert eine ganze Reihe von Fertigkeiten, Kenntnissen und Erfindungsgaben. Je höher man kommt, desto mehr wird man sich selbst zum Problem. Die Fähigkeit, auch Probleme dieser Art zu lösen ist es, die den guten Bergsteiger

ausmacht. Ich sehe den Nutzen des Bergsteigens nicht in der Weiterentwicklung der technischen Grundlagen, sondern darin, daß Instinkte und Fertigkeiten des Menschen sich erweitern. Das Wissen um seine Begrenztheit ist ebenso wichtig wie sein Unendlichkeitsanspruch.

Mit meinem schneckengleichen Vorankommen hatte ich das Schätzungsvermögen für die Entfernung verloren. Auch das Empfinden für Zeit. War ich im Begriff, mich aufzulösen? Dabei hatte ich einmal gesagt, die Entwicklung des Menschen selbst sei Teil meines Motivs. Entwicklung hatte in dieser Aussage kein Vorzeichen. Mein Zustand war wertfrei.

Wenn man mir häufig Erfolgszwang unterstellt, ist dies bezeichnend für den Menschen unserer Zeit, für den das Ergebnis einer Anstrengung und nicht der Lernprozeß selbst zählt. Wer seinen Körper nur noch als Träger für den Erfolg wahrnimmt, kann mich nicht verstehen, kann auch meinen Gedanken nicht folgen.
Ich ging weiter, ohne noch zu rechnen oder zu ahnen, wie weit ich käme. Dieses Steigen, Rasten, Atmen war ein Zustand geworden, der mich ganz ausfüllte. Es war nur noch ein Vektor. Diesen vorwärtsdrängenden Impuls des Bergsteigens nennt man oft Aggression; ich sage lieber Neugier oder Leidenschaft. Jetzt war von all dem nichts mehr vorhanden. Das Weiterkommen hatte seine Eigendynamik. 15 Schritte, Atmen, auf die Skistöcke gestützt. Beides nach innen und damit nach oben gerichtet. Mit dem Wissen, daß Gott die Auflösung war.
Ich gebe zu, daß in Momenten ernster Gefahr etwas wie defensive Aggression wächst; sie dient dem Überleben, erlischt aber, sobald die Bedrohung nicht mehr vorhanden ist. Ich war jetzt nicht bedroht. Es war alles so friedlich um mich herum. Ich war nicht einmal in Eile. Schneller ging es nicht. Dieser Erkenntnis unterwarf ich mich wie einem Naturgesetz.
Mein Höhenmesser zeigte 7900 Meter. Aber Höhenmesser haben die Eigenschaft, nach oben hin ungenauer zu werden. Meist zeigen sie weniger an, als die tatsächliche Höhe beträgt. Es war auch denkbar, daß der Luftdruck während des Biwaks gefallen oder gestiegen war. Ich nahm den Höhenmesser nicht mehr ernst.
Immer noch schönes Wetter. Ich wollte weitermachen. Der Rückzug kam in meinem Kopf nicht mehr vor. Etwa 100 Höhenmeter oberhalb des Lagerplatzes stellte ich fest, daß der Aufstieg über den Grat zu gefährlich wurde, auch zu anstrengend. Da lag der Schnee teilweise knietief. Alle Mulden waren zugeweht. Und über mir eine einzige Mulde, riesengroß. Nicht nur die Lawinengefahr, vor allem die Anstrengung war es, die mich abschreckte.
Hoffnungslosigkeit, als ich mit dem rechten Skistock in der mehligen Masse stocherte. Schneebrettgefahr! Die oberste Schicht war fest, gab aber knackend nach, wenn ich hineintrat. Darunter körniger Schnee. Allein hätte ich mich bei diesen Bedingungen allzu schnell verausgabt. Allein hätte ich es nicht geschafft, den Schnee niederzutreten.
Da sah ich, daß in der Nordwand Schneebretter abgegangen waren. Ein Zufall? Dort war die Unterlage hart. Ja, dort! Ohne viel zu denken, begann ich, in die Nordwand zu queren. Instinktiv, als sei dies in mir vorprogrammiert, wollte ich ins Norton-Couloir und über dieses am nächsten Tag zum Gipfel. Diese Entscheidung traf ich so plötzlich wie der Schnee schlecht wurde.
Die Querung in der Nordwand zog sich lang hin. Sie brachte nicht allzuviele Höhenmeter, war aber gut gehbar im festen Monsunschnee. Den Pickel brauchte ich nicht. Auf die Skistöcke gestützt, querte ich den Hang. Der Rucksack mit dem Zelt, das ich außen daran aufgebunden hatte, damit es trocknen konnte, war immer noch schwer. In einer Höhe von fast 8000 Metern bedeutete das Rasten, das Halten dieses Rucksacks allein schon eine Anstrengung. Ohne die Skistöcke hätte ich geschwankt, wäre umgefallen. Ich rastete wie ein Vierbeiner. So engte das Gewicht des Rucksacks mein Atmen nicht ein. Wenn ich wieder ging, tat ich es ebenfalls stark vornübergebeugt. Den Skistock in der linken Hand, den ich bergseitig einsetzte, hatte ich kürzer verstellt.
Das Zählen meiner Schritte hatte ich aufgegeben, zum Fotografieren fehlten mir Ruhe und Kraft. Im gleichmäßigen Rhythmus von Gehen und Rasten kam ich schneckengleich

voran. Und aus dem Weiterkommen floß mir Energie zu. Sie reichte gerade, um diesen Rhythmus aufrecht zu erhalten.
Das Gelände war geneigt und wellig. Die Strecke bis zum großen Schneecouloir schien kurz. Ohne mich zu fragen, wie viele Mulden zwischen mir und meinem geplanten Biwakplatz liegen mochten, stieg ich unbeirrbar bergan. Meine Zuversicht wuchs. Das Alleinsein empfand ich nicht mehr als Isolation, vielmehr als Losgelöstsein. Die Brücke von Frau und Freunden, das Eingebettetsein in eine Gemeinschaft – Stützen, die auch ich brauche – erlebte ich jetzt als das, was sie sind: als Hilfen, um das Bewußtwerden des Alleinseins zu ertragen.
Ich war jetzt direkt unter der »ersten Stufe«. Über mir sprang ein stumpfer, flacher Pfeiler vor wie eine Sichel. Auch diesen Vorsprung bedeckte der Schnee. Nur rechts davon stand eine abweisende Steilwand. Sie war dunkel. Schnee lagerte nur auf einigen Bändern. Die Felsinseln im Monsunschnee wurden mehr. Damit wuchs mein Empfinden, hier schon einmal gewesen zu sein.
Was mich beunruhigte, war das Wetter. Kaum Wind. Die Sonne stach. Von Süden drängten Wolken heran. Wie Keile schoben sich grauweiße Massen nach Norden. Ja, es gab keinen Zweifel: Die Monsunstürme sandten ihre Boten voraus.
Trotzdem stieg ich entschlossen weiter, immer nach rechts aufwärts. Ich hielt mich in gerader Linie zum Gipfel. Dabei machte der Gipfel des Mount Everest oder was ich dafür hielt – die letzte Spitze war dort oben vermutlich unsichtbar – keinen überwältigenden Eindruck auf mich. Ich stand dicht unterhalb des Nordostgrats, und der Weg wirkte verflacht.
Auch die Aussicht war beschränkt: auf einer Seite durch die Masse des Berges, auf der anderen durch die höhersteigende Wolkendecke. Der Nordgipfel erschien flach und klein. Er teilte die vom Tal heraufquellenden Nebel.
Nur nach längeren Rastpausen war ich zu solchen Beobachtungen fähig. Zwischen Nordgrat und Norton-Schlucht stand ich in einer Bergflanke, die in den Alpen keinen Vergleich findet. Ein schräges Trapez, 2½ Kilometer hoch und fast einen Kilometer breit.
Dabei kam ich so langsam vorwärts! Wie lange meine Verschnaufpausen jeweils waren, wußte ich nicht. Mit den Skistöcken gelang es mir, bis zu 15 Schritte zu gehen, dann mußte ich minutenlang rasten. Alle Kraft schien von der Lunge abzuhängen. War sie ausgepumpt, mußte ich stehen bleiben. Ich atmete durch den Mund ein und stieß die Luft durch Mund und Nase aus. Und beim Stehen mußte ich alle Willenskraft aufwenden, um die Lunge zum Arbeiten zu zwingen. Erst wenn sie gleichmäßig pumpte, verschwand der Schmerz, erlebte ich etwas wie Energie. Jetzt bekamen die Beine wieder Kraft.
Ich hatte mich spontan entschlossen, in die Nordhänge des Mount Everest zu gehen, und dies, obwohl ich nach Mallory und Irvine hatte Ausschau halten wollen. Nicht nur, weil soviel Schnee lag, auch weil ich um das Scheitern der beiden wußte, gab es kein Ressentiment. Ich befand mich auf dem einzig richtigen Weg zum Gipfel.
Das Gehen war mühsam, bis hin zur Qual; das hing ganz von den Schneeverhältnissen ab. Die abwärts geschichteten Platten lagen zum Glück unter einer Firndecke begraben. Bisher hatte ich alle Felsinseln umgehen können. Ich konnte den Nordostgrat über mir sehen, wußte aber, daß im Moment dort von den Pionieren nichts zu finden sein würde. An diesem Grat also waren Mallory und Irvine entlanggeklettert, genau an der Kante des Grates. Das war keine Vermutung. Ich war überzeugt davon, daß Odell die beiden an der

»ersten Stufe« gesehen hatte, an jenem Höcker, der über die Gratlinie hinausragt. Ich wußte jetzt, daß sie an der »zweiten Stufe« gescheitert waren. In der tiefen Mulde über mir lagen Mallory und Irvine im Monsunschnee begraben. Diese Ahnung füllte mich aus wie ein altes Märchen. Ohne Angst konnte ich daran denken.
Es war, als sähe ich jetzt den Ursprung jener Legende, als hätte ich die Wahrheit wahrgenommen. Die Beobachtungen des chinesischen Bergsteigers Wang von 1974, der dem Japaner Hasegaura fünf Jahre später von seinem Fund erzählt hatte, bevor ihn eine Lawine unter dem Nordsattel tötete, schien jetzt ebenso aus meiner Erinnerung gestrichen wie die widersprüchlichen Beschreibungen der beiden Stufen.
»First step« und »second step« lagen nun über mir. Dort lebten Mallory und Irvine weiter. Das Schicksal der beiden war jetzt losgelöst von allen Spekulationen und Hoffnungen. Es war in mir lebendig. Dabei wußte ich nicht, ob es sich außen abspielte wie ein Theater oder ob es sich innen verdichtete. Jedenfalls kam es in meinem Leben vor. Es war, als ob es dazugehörte.
Der »second step« sah von der Nähe aus, als ob er überhänge. Nur wenig Schnee hatte sich dort festgesetzt. Nein, ohne Haken und Leitern, wie sie die Chinesen eingesetzt hatten, war es unmöglich, ihn zu überklettern. Auch der Japaner Kato hatte vor wenigen Monaten die von den Chinesen belassenen Steighilfen benutzt.
Zwischen den beiden Stufen also waren Mallory und Irvine verschollen. Ohne vorher den Gipfel erreicht zu haben. Wie sie gestorben waren, fragte ich mich nicht. Ich sah sie nur umkehren. Irvine und Mallory, seit Jahrzehnten zur Legende geworden, lebten für mich immer noch da oben, und zwar nicht nur in Odells Bildern.
Enttäuscht und erschöpft kehrten sie unterm »second step« um. Im schwindenden Tageslicht wuchsen die Schwierigkeiten. Die beiden zwangen sich, den mühseligen Abstieg fortzusetzen. Sie wurden immer langsamer. Die Nacht brach herein. Energie aus dem Erfolg nur hätte sie retten können. Die Vision erlosch. Wie die beiden gestorben sind, kann erst beantwortet werden, wenn jemand Mallorys Körper findet oder die Kamera, die ihm Somervell geliehen hatte. Vielleicht kann es nie endgültig beantwortet werden. Daß die beiden den Gipfel nicht erreicht haben, steht für mich jedoch außer Zweifel.
Nach einer längeren Rastpause ging mein Atem ruhig und regelmäßig. Redete da jemand in meiner Nähe? War da jemand? Wieder hörte ich nur mein Herz und meinen Atem. Und doch, da waren sie wieder! In dieser Stille hörte sich jeder Laut, jedes die Atmosphäre übertönende Geräusch wie ein gesprochenes Wort an. Ich erschrak öfter, weil ich Stimmen zu vernehmen glaubte. Vielleicht waren es Mallory und Irvine? Aufgrund der Tatsache, daß mich viele Jahre das Verschwinden der beiden beschäftigt hatte, wurde jetzt jedes Geräusch als Vision in mir lebendig. Jedenfalls glaubte ich manchmal, daß es ihre Rufe waren, die ein Windhauch herantrug oder fortnahm. Aber ich kannte ihre Stimmen nicht. Nie hatte ich versucht, sie mir vorzustellen. Lebten Mallory und Irvine also wirklich noch? Ja, ihr Geist war noch da. Ich spürte ihn deutlich.
Ich schaute auf die »zweite Stufe«, und schon beschäftigten zwei Menschen meine Phantasie, lösten Trugbilder aus. In den treibenden Nebeln erschien alles so nah, gespenstisch. Trotz meiner Müdigkeit starrte ich immer wieder auf die Gratschneide über mir. Der »second step« rückte näher. Eine relativ leichte Schneerinne führte zu einer steilen Verschneidung. Ganz deutlich erkannte ich eine Sperrstelle am Ende. Ich wußte in diesem Augenblick nicht, daß die Japaner Yasuo Kato und Susumi Makamura im Mai 1980 für die »zweite Stufe« 40 Minuten gebraucht hatten. Ich sah den realen Beweis dafür, daß

Mallory und Irvine mit ihrer vergleichsweise primitiven Ausrüstung 1924 dort gescheitert waren.
Weil die quellenden Nebel alles einhüllten und weil ich mich beim Steigen ganz verausgabte, verschwand alles um mich herum. Mit den Augen einige Meter vorauseilend, suchte ich den Weg beim Gehen. Die Helligkeit durchströmte mich selbst, wenn die Sonne durch die Wolken brach. Blitzende Schneekristalle zogen unter mir vorbei wie helles Quellwasser.
Trotz der düsteren Schneewüste um mich, die im pulsierenden Gewölk wuchs und schrumpfte, empfand ich keine Panik. Ich kannte den Weg. Und die Spur hinter mir war noch da. Es schneite zwar leicht, aber es war warm.
Über riesige zahme Wellen – zwei hatte ich schon hinter mir – näherte ich mich der Norton-Schlucht. Ich sah sie nicht, ahnte sie nur. Trotzdem keinen Augenblick lang die Angst, zu hoch zu geraten. War es die Müdigkeit, die mich gleichgültig werden ließ, oder war es dieses Gefühl, den Weg schon zu kennen, das mir eine traumwandlerische Sicherheit gab? Ich war überzeugt, daß alles gut ginge.
Immer wenn ich eine Rippe querte, lagen mehr Felsbrocken da. In einer Reihe über und unter mir bildeten sie eine Art Grenzmarkierung. Weiter oben und weiter unten verschwammen sie im Nebel. Diese Felsinseln waren es, die mir den Weg wiesen. Wie Steinmänner hatten sie alle eine bestimmte Form. Und jeder dunkle Fleck hatte eine Bedeutung. Jeder gab dem Auge und mir Halt.
Inzwischen waren die Nebel um mich so dicht geworden, daß die Sonne nur ab und zu durchbrach. Die Orientierung wurde schwieriger. Manchmal erfüllte mich das atemlose Schweigen nach den Rastpausen für Augenblicke mit Schrecken. War ich schon zu weit gegangen? Wenn die Stille unerträglich wurde, mußte ich weitersteigen. Immer schräg aufwärts. Das Hämmern in meinem Körper und der jagende Atem nach jeweils zehn Schritten ließ mich dann wieder die Leere rundum vergessen. Für eine schmerzerfüllte Ewigkeit gab es nichts mehr. Ich existierte nur im Daliegen über mir selbst. Beim Rasten ließ ich mich buchstäblich fallen. Den Oberkörper auf die Skistöcke gestützt, den Rucksack zum Genick gekippt, bestand ich eine Zeitlang nur aus Aus- und Einatmen. Dann nahm ich wieder wahr, erlebte mit dem ersten Schritt die Strecke vor mir als Anstrengung.
Weiter!
Manchmal war mir, als bliebe ich im Schnee stecken. Trotzdem ließ ich mich nicht entmutigen. Immer nach rechts die Nordwand aufwärts! Die ganze Flanke war wie ein einziger Lawinenstrich. Neuschnee rieselte von oben herab. Graupelkörner hüpften vorbei. Ich redete mir ein, daß das nur eine kurze Störung sei. Der Schnee würde sich verfestigen. »Zwei Tage wird das schon noch halten«, sagte ich zu mir selbst.
Endlos lang zog sich die ansteigende Querung mit vielen, aber gleichmäßigen Pausen hin. Durch die Anstrengung und Konzentration hatte ich nicht bemerkt, daß das Wetter so schlecht geworden war, daß ich umkehren hätte sollen. Ringsherum war alles in Nebel gehüllt. Ich hockte mich hin, rastete. Vielleicht sollte ich das Zelt aufbauen? Der Platz erschien mir zu unsicher. Ich mußte auf einem Rücken biwakieren. Wenn es mehr schneite, bestand Lawinengefahr. Alle diese Informationen kamen rational gar nicht zum Tragen, sie leiteten mich wie Instinkte, die tief in mir steckten.
Mindestens eine Stunde lang quälte ich mich noch weiter. Auf einer stumpfen Erhebung, die wie eine riesige Rippe über die Wand lief, hockte ich mich wieder hin. Eine

Das Biwakzelt in 7800 Metern Meereshöhe.

Weile nur Schwere, Gleichgültigkeit, Gelähmtsein. Dann rissen die Wolken auseinander. Das Tal erschien: grau, leicht verschneit, bald wieder von Nebeln verschleiert.

Nicht nur die Berge wirkten verflacht, auch die Hänge unter mir und der Schneeschild im großen Couloir. Ich sah dies alles mit dem Gefühl, nicht mehr zur Welt da unten zu gehören.

Als ich um 3 Uhr nachmittags auf die Uhr schaute, wurde es mir bewußt: Noch immer war ich etwa 200 Meter östlich der Norton-Schlucht. Als ich wie in einem zweiten Akt auf den Höhenmesser sah, zeigte er 8220 Meter an. Ich war enttäuscht. Nicht nur, daß ich gerne bis auf 8400 Meter gekommen wäre; ich hatte mich doch mehr angestrengt als gestern. Es war neblig und schneite leicht. Weiter konnte ich heute nicht mehr. Dazu die Ausrede: Ich wußte nicht, ob es höher oben einen Biwakplatz gab.

Ich war todmüde. Mit diesem Bewußtsein schaffte ich es kaum noch bis zum nächsten Felsen. Früher als geplant baute ich mein Zelt auf. Auf einem Felspilz, lawinensicher – Schneerutsche wären links und rechts davon abgegangen – fand ich eine 2 × 2 Meter große, fast ebene Fläche. Während ich den Schnee festtrat, blieb ich immer wieder stehen. Dabei fragte ich mich, wie ich zurückfinden sollte, wenn das Wetter so bliebe.

Diese Zweifel und das Wissen, was alles passieren konnte, verdichteten sich zur Furcht. Nur wenn ich arbeitete, wurde ich innerlich ruhig. Der ganz leichte Schneefall, die stehenden Wolken, die Wärme – all das war mir unheimlich. War es der Monsun oder nur Angst? Ein Wettersturz schien sich anzukündigen.

Wenn ich tagelang nicht zurück konnte, waren meine Reserven bald verbraucht. Die Lawinengefahr in der Nordwand und unterm Nordsattel wuchs mit jeder Stunde.
Auf dem Felsvorsprung stand eine Stunde später mein Zelt. Wieder befestigte ich es mit Pickel und Skistöcken. Hier konnte ich windgeschützt lagern. Auch wenn es stürmte, gab es kaum Gefahren. Den offenen Rucksack stellte ich vor den Zelteingang, schob die Matte hinein. Schneeschollen zum Kochen lagen griffbereit herum. Es war alles vorbereitet für die lange Nacht. Ein Gefühl der Erleichterung überkam mich.
Ich machte nur zwei Bilder, dann gab ich das Fotografieren wieder auf. Es kostete viel zuviel Anstrengung. Wozu auch? Beweisführung, Berichte, das alles war gegenstandslos geworden. Es erschien mir viel wichtiger, daß ich mir etwas zu trinken machte.
In dieser Nacht behielt ich neben all meiner Kleidung auch die plumpen, doppelschichtigen Plastikstifel an. Sie durften nicht auskühlen. Die Kleider empfand ich als stumpfe Fremdkörper. Ich spürte die Schichten zwischen Haut und Hülle als unangenehme, stickige Luft. Dazu das Gefühl, in einer Zwangsjacke zu stecken.
Während ich im Zelt lag – zum Schlafen zu müde, zum Kochen zu schwach – versuchte ich, mir das vorgeschobene Basislager vorzustellen. Nena kochte jetzt wohl Tee. Oder schaute sie gerade herauf? Ob es inzwischen aufgeklart hatte? Vielleicht würde das Wetter doch noch besser. Die Zeit verging zu schnell und zu langsam. Nur wenn es mir gelang, ganz abzuschalten, löste sie sich auf.
An diesem Abend des 19. August schrieb Nena in ihr Tagebuch:
»Es ist 20 Uhr, und die Dämmerung überfällt das enge Gletschertal. Der Schneefall begann plötzlich und hält immer noch unvermindert an. Den ganzen Tag über konnte ich Reinhold nicht sehen. Aber ich weiß, daß er dort oben ist, vielleicht irgendwo in der Nähe der ›zweiten Stufe‹. Morgen geht er zum Gipfel. Hoffentlich wird das Wetter bis dahin wieder besser.
Aus dem Nichts kamen die schweren schwarzen Wolken, sie türmten sich auf, Schnee und Graupel spuckend. Was sollen sie bedeuten? Ich kann nicht anders, als ununterbrochen an ihn denken. Wenn dieses Gestöber nicht aufhört, ist er verloren. Wieviel Schnee ist gefallen? Wie gefährlich sind Lawinen dort oben? Wie schwierig ist der Abstieg bei Neuschnee? Wie lange braucht er zurück bis zum Nordsattel? Irgendwie bin ich sicher, daß Reinhold das Richtige tun wird.
Aber da ist etwas Unberechenbares in diesem Mann. Sein ganzes Wesen ist besessen, ist Energie. Tat. Ich habe Angst, auch meinetwegen. Vor allem ärgere ich mich, weil das Wetter ihm einen bösen Streich spielt. Das ist unfair. Ich sitze im leeren Zelt und zwinge mich, Nahrung und Flüssigkeit zu mir zu nehmen. Ich versuche, über Medizin und Lungenentzündung zu lesen. Meine Gedanken aber sind dort oben im wirbelnden Schnee. Ich bin wahnsinnig aufgeregt und traurig, beides zugleich. Ich bete das in Tibet übliche ›om mani padme hum‹, wieder und wieder.
Als es dunkel wird, ziehe ich mich warm an und wage mich hinaus. Habe ich es nicht gewußt? Die 7000-Meter-Gipfel werden klar, die Wolken lösen sich auf. Wind kommt auf. Er jagt den Neuschnee über die Grate. Ich rufe und schreie. Er hört mich nicht, kann mich nicht hören. Trotzdem spreche ich mit ihm: ›Ich bin bei Dir!‹«
Wie man in dieser Höhe lebt? Ich lebte nicht mehr, ich vegetierte nur noch.
Wenn man alles allein machen muß, kostet jeder Handgriff ein Vielfaches an Willenskraft. Bei jeder Arbeit merkte ich den Einfluß der dünnen Luft. Die Denkschnelligkeit war stark gemindert. Nur langsam konnte ich klare Entschlüsse fassen. Sie waren beeinflußt von

der Müdigkeit und den Schmerzen beim Atmen. Meine Luftröhre war wie ein holziger Schlund, und ich stellte eine leichte Reizung der Bronchien fest.
Obwohl ich keine wirklich heißen Getränke zuzubereiten vermochte, weil das Wasser wegen der Höhe bei geringer Hitze kochte, schmolz ich immer noch Schnee. Topf für Topf. Ich trank Suppe und Salztee. Hunger hatte ich wenig. Ich mußte mich zum Essen zwingen. Auch wußte ich nicht, was ich essen sollte, ohne mich zu erbrechen. Sollte ich diese Sardinenbüchse öffnen oder etwas anderes? Die geringste Kleinigkeit erforderte Zeit, Energie und Aufmerksamkeit. Alle meine Bewegungen waren langsam und schwerfällig.
Ich entschloß mich für Käse und Brot sowie Hühnchen in Currysoße, ein gefriergetrocknetes Fertiggericht, das ich mit lauwarmem Wasser anrührte. Die leere Hülle steckte ich unter das Kopfende meines Schlafsacks. Ich würde sie nachts brauchen, um hineinzupissen. Mehr als eine halbe Stunde brauchte ich, bis ich den faden Essensbrei hinuntergewürgt hatte.
Draußen wurde es dunkler. Die vielen kleinen Arbeiten im Biwak kosteten mich soviel Energie wie stundenlanges regelmäßiges Steigen. Der Unterschied, ob man in ein vorbereitetes Lager kommt, dort von Sherpas oder Kameraden betreut wird, oder ob man Abend für Abend selbst ein Lager aufbauen und kochen muß, ist gewaltig. Vielleicht ist es der wesentliche Unterschied zwischen der klassischen Großexpedition und der modernen Kleinexpedition. Allein schon das Schlafengehen ist eine große Anstrengung. Ich konnte hier oben nicht einfach ins Bett gehen, den Kopf unter die Decke stecken und einschlafen.
Noch einmal setzte ich mich im Schlafsack auf. Zuerst lockerte ich die Stiefel. Ich wollte am anderen Morgen warme Füße und auch keine steifgefrorenen Schuhe haben. Also wechselte ich zuerst die Socken. Dann zog ich die Schuhe wieder an. Erneut schob ich die Füße mit den Stiefeln ganz nach unten in den Schlafsack. Die feuchten Strümpfe warf ich weg. Dann, ausgestreckt, auf die Arme gestützt, steckte ich den Rucksack als Kopfkissen unter die Matte. Das Kochgeschirr ordnete ich so, daß ich es am nächsten Morgen vom Schlafsack aus bedienen konnte. Nicht um gut zu schlafen, nur um die Nacht ertragen zu können, mußte ich den Körper ständig ein bißchen verschieben können und den Kopf hochlegen.
Diese Bewegungen im engen Zelt erzeugten Atemnot. Ich war zu tiefem Einatmen gezwungen. Dazwischen hechelte ich wieder. Stundenlang hatte ich frostklamme Finger. Trotz des gelegentlichen Erschöpfungsschlummers – ein ungewolltes Dösen – konnte ich während dieser Nacht nicht richtig einschlafen. Ich war endlos wie die Nacht.
Am Morgen war ich ebenso müde wie am Abend, dazu noch steif. Ich fragte mich, ob ich wirklich noch weiter wollte. Ich mußte! Dabei verfügte ich über zu wenig Kraft, um meinen Körper zu bewegen. Ich wußte zwar aus Erfahrung, daß ich noch eine Zeitlang weitergehen konnte, aber ich versuchte, alles zu verdrängen. An nichts denken. Ein gewollter Zustand, der mich die ganze Nacht ertragen hatte lassen, setzte sich fort. Ich mußte mich nur in Gang bringen und in Bewegung halten, um wieder Energie zu haben. Noch fehlte mir der Wille, den ersten, entscheidenden Schritt zu tun.
Als ich den Zelteingang öffnete, war es draußen schon Tag. Ein goldroter Schimmer lag über der Gipfelpyramide. Im Osten Wolkenfelder. Unwillkürlich wurde ich an den Monsun erinnert. Es dauerte ewig, bis ich den ersten Topf mit warmem Wasser zwischen den Händen hielt. Eis lag im Zelt. Essen konnte ich nicht.

Das zweite Biwak auf 8220 Metern.

Während ich wieder Schneebrocken ins Zeltinnere fischte, schaute ich in die Norton-Schlucht hinauf. Ziemlich steil. Rauchgraue Wolken klebten an den Bergflanken. Die Luft war gläsern. Als ob sie mit Feuchtigkeit überladen wäre. Ich war ziemlich ausgekühlt trotz der günstigen Temperatur. Auch am Rande der Felsen und am Zeltsaum Eis. Die Kälte bedeutete während der Monsunzeit kein Problem am Everest. Ich war sicher, es taute im Hochsommer, wenn es windstill und neblig war, sogar am Gipfel. Die drei Kleiderschichten – Seide, Flauschanzug, dünner Daunenanzug – reichten bis ganz oben.

Vor zwei Jahren, im Mai 1978, hatte ich nachts bis zu minus 40 Grad ausgehalten. Jetzt hatte es maximal minus 15 Grad, vielleicht auch nur 10 Grad. Ich durfte dennoch nicht leichtfertig sein. Solange die Sonne nicht schien, trug ich Handschuhe, die Stiefel schnürte ich locker. In dieser Höhe konnten schon einige Grade unter Null Erfrierungen verursachen.

Ich dachte nur ans Weitermachen. So, als käme ein Rückzug, ein Scheitern nicht vor in meinem Herzen. Aber was würde sein, wenn die Nebel dichter wurden? Sollte ich noch abwarten? Nein, das war sinnlos. Ich war sowieso schon sehr spät dran. Ich mußte raus. Auf dieser Höhe gab es keine Erholung mehr. Morgen schon konnte ich so geschwächt sein, daß es für einen Gipfelsturm nicht mehr reichte. Entweder gleich oder nie. Entweder – oder. Ich mußte entweder hinauf oder hinunter. Es gab keine andere Wahl.

Zweimal zählte ich während des Schneeschmelzens meinen Puls. Weit über 100 Schläge in der Minute. Ich fühlte mich wie gerädert. Keine Gedankengänge mehr. Nur Befehle im Kopf. Die Nacht war eine einzige Qual gewesen. Schmerzen bis in die Knochen, Schleim im Rachen. Der Morgen deprimierend.

An diesem 20. August ließ ich alles zurück: Zelt, Skistöcke, Matte, Schlafsack. Auch der Rucksack blieb im Zelt. Nur die Kamera nahm ich mit. So wie ich war, kroch ich aus dem Biwak, stülpte die Kapuze über den Kopf. Die Steigeisen schnallte ich mit bloßen Fingern an die Schuhe. Nur den Titanpickel zog ich aus dem Schnee. Hatte ich alles? Es durfte schon nach 8 Uhr sein.

Ohne die Last auf dem Rücken stieg ich leichter. Aber die Skistöcke als Balancestangen vermißte ich. Mit dem kurzen Pickel in der rechten Hand fühlte ich mich zwar sicher, aber beim Queren unbeholfen.

Nur wenn ich gerade aufwärts stieg, tappten die linke behandschuhte Hand und der Pickel unter meinem Kopf im Schnee. Ich ging wie ein Vierbeiner. Beim Rasten verteilte ich mein ganzes Gewicht so, daß der Oberkörper frei blieb. Ich kniete im Schnee, legte die Arme über den eingerammten Eispickel und den Kopf auf dieses Polster. Noch konnte ich den Steilaufschwung über mir überschauen, mich orientieren, Schwierigkeiten abwägen. Zum Glück durchzog eine ununterbrochene Schneerinne die Norton-Schlucht. Solange ich sehen und stapfen konnte, war ich zuversichtlich.

Einmal, noch bevor ich den Grund der breiten Mulde erreicht hatte, sah ich mich nach einer längeren Rastmöglichkeit um. Das Zelt, ein gelber Fleck, erschien wie durch ein schwaches Vergrößerungsglas. Waren das nur die leichten Nebel, oder waren alle meine Sinne genarrt? Ich merkte mir die Stelle und stieg dann auf den Aufschwung rechts über mir zu. Schritt für Schritt. Stufe für Stufe.

Nach kurzer Zeit schon vermißte ich den Rucksack wie einen treuen Freund. Er fehlte mir. Er war zwei Tage lang mein Gesprächspartner gewesen, hatte mich aufgemuntert weiterzugehen, wenn ich völlig erschöpft gewesen war. Jetzt redete ich mit dem Pickel.

Aber ein Freund war wenig in diesem Ausgesetztsein. Trotzdem, die Stimmen in der Luft waren wieder da. Ich fragte mich nicht, woher sie kamen. Ich nahm sie nur wahr. Sauerstoffmangel und die damit verbundene ungenügende Durchblutung des Gehirns waren wohl die Ursache für diese rational nicht erklärbaren Erlebnisse, die ich vor zwei Jahren bei meinem Alleingang auf den Nanga Parbat kennengelernt hatte. Hier oben hatte der Engländer Smythe schon 1933 seine Kekse mit einem imaginären Partner geteilt.

Der Rucksack war zwar mein Begleiter gewesen. Aber ohne ihn kam ich leichter vorwärts. Wenn ich jetzt etwas tragen hätte müssen, wäre ich nicht von der Stelle gekommen. Ich hatte mich für den Aufstieg entschieden, weil ich an diesem letzten Tag alles zurücklassen konnte. Im Treiben der Wolken mehr meinem Instinkt als den Augen folgend, suchte ich Schritt für Schritt die Route.

Wieder die ferne Erinnerung an diese Schlucht. Ich lebte in einer Art Halbdunkel von Nebel, Wolken, Schneetreiben und dem Wiedererkennen einzelner Passagen. – »Da war ich schon einmal!« – Ein Gefühl, das auch langes Nachdenken nicht verdrängen konnte.

Eine Stunde oberhalb des Lagers stieß ich auf eine etwa 100 Meter hohe Steilstufe. Oder waren es 200 Meter, die sich da vor mir auftürmten?

Das Klettern wurde durch den Schnee erleichtert. Immer noch fand der ganze Fuß Halt, ohne daß die Steigeisen an die Felsen stießen. Stundenlanges Weiter-sich-Verausgaben, Totsein, Aufraffen, Willensanstrengung, Sich-fallen-Lassen, Sich-Zusammennehmen. Die Felsinseln links und rechts der großen Rinne waren von gelblicher Farbe, hellere Streifen da und dort. Öfter sah ich alles doppelt und war im ungewissen, wo ich weitergehen sollte. Ich hielt mich mehr rechts. Der Hang war jetzt so steil, daß ich in Kletterstellung rastete. Ich schlich nun förmlich dahin. Nur selten schaffte ich es, zehn Schritte zu tun, ohne anzuhalten und nach Luft zu schnappen.

Die Aussicht enttäuschte mich. Gestern vormittag war sie noch eindrucksvoll gewesen. Wenn ich auf die langen Gletscher mit den Moränenrücken hinabblickte, erschien alles verflacht. Durch den Neuschnee war die Landschaft stumpf, wie tot. Trotz der ziehenden Nebel verlor ich jedes Gefühl für Entfernungen.

Auch hier lag leichter Pulverschnee auf einer halbfesten Unterlage. Die Felsplatten darunter, wie Dachziegel übereinandergeschichtet und ungefähr so steil wie ein Kirchendach, waren fast überall schneebedeckt. Ich verließ die Rinne dort, wo sie breiter wurde und eine birnenförmige Bucht bildete. Nach rechts aufwärts peilte ich einen stumpfen Grat an. Dort mußte es noch leichter gehen.

Es wurde steiler. Wenn ich ging, stampfte ich nicht mehr wie eine Lokomotive, ich tastete mich zögernd voran. Ruckartig gewann ich an Höhe. Diese Kletterei war nicht schwierig, aber recht unangenehm. Öfter fand ich keinen Halt im Schnee und mußte die Tritte ertasten.

Ausrutschen durfte ich hier nicht. Zum ersten Mal bei diesem Alleingang hatte ich das Empfinden von Absturzgefahr. Das war wie erhöhte Schwerkraft. Dieses vorsichtige Klettern mit angespannter Aufmerksamkeit steigerte meine Erschöpfung. Außerdem störte der Nebel mehr und mehr. Was ich sah, war ein Stück Schneefläche vor mir. Ab und zu ein Ausschnitt blauer Himmel über dem Grat. Alles verlief sehr langsam, stockend.

Trotz der gewaltigen Anspannung, die jeder Schritt aufwärts erforderte, war ich immer noch überzeugt, daß ich bis zum Gipfel kommen würde. Diesen erlebte ich jetzt, in einer Art Vorausahnung, wie eine Erlösung.

Allein schon das Wissen, auf halbem Weg dorthin zu sein, beruhigte, gab Kraft, trieb weiter an. Oft war ich nahezu am Ende meiner Kräfte. Nach einem Dutzend Schritte schrie alles in mir nach Halten, Sitzen, Atmen. Aber nach einer kurzen Rast konnte ich weiter.

Die Sorge um das schlechte Wetter hatte mich zusätzlich Energie gekostet. Immer wieder die Frage nach dem Abstieg. Gleichzeitig aber erlebte ich im dichter werdenden Nebel eine tragende Hoffnung, etwas wie Neugierde über Zeit und Raum hinweg. Nicht jene demoralisierende Verzweiflung, die ein sichtbarer und unendlich ferner Gipfel oft auslöste. Es ging jetzt nur noch um das Ankämpfen gegen meine eigene Begrenztheit. Diese wurde mit jedem Schritt deutlicher; mit jedem Atemzug löste sie sich auf. Nicht mehr die Entscheidung auf- oder abzusteigen beutelte mich. Es war der unregelmäßige Rhythmus, die Ohnmacht, die mich in die Knie zwang.

Ich ging einen programmierten Weg. Allen Widerständen zum Trotz quälte ich mich aufwärts. Es mußte sein! Ich dachte nicht viel, unterhielt mich mit mir selbst, sprach mir Mut zu. Wo war mein Rucksack? Mein zweiter Freund, der Eispickel war noch da. Wir gaben uns Halt.

Der Weg durch die Norton-Schlucht war logisch und nicht so schwierig, wie ich es am Morgen erwartet hatte. Ich würde schon zurückfinden. Wenn ich den Grat über mir erreichte, müßte ich den Gipfel sehen können. Wenn es aufriß. Oben schien es etwas flacher zu sein.

Die Einbildung, hier schon einmal geklettert zu sein, half auch immer wieder, den einzig richtigen Weg zu finden. Die mit hellerem Fels durchsetzte Steilstufe lag unter mir. Immer noch hielt ich mich rechts. Vor kurzem war eine Lawine hier abgegangen. Der Schnee trug. Unter der stumpfen Kante wurde er tiefer, mein Tempo dementsprechend langsamer. Auf Händen und Knien kletterte ich nach oben, völlig apathisch. Die mit den Steigeisen bewaffneten Schuhe lagen wie Anker im Schnee.

Als ich auf der Kante stand, hörte ich den Wind zwischen den Steinen. Weiter unten setzte sich dieser Felsrücken in einem Pfeiler fort. Für kurze Zeit war der Nebel so dicht, daß ich mich mit den Augen nicht mehr orientieren konnte. Etwa am Grat, dort, wo am wenigsten Schnee lag, ging ich weiter. Eine Stunde lang. Bis eine dunkle, senkrechte Felsmauer den Weg über mir abriegelte.

Irgend etwas in mir zog mich nach links. In einer Schleife konnte ich das Hindernis umgehen. Immer noch hielt ich mich rechts. Wie lange? Ich stieg nur noch gegen den Hang an. Zeit existierte nicht mehr. Ich bestand aus Müdigkeit und Anstrengung. Ich vermutete mich in Gipfelnähe, aber die Gratschneide kam und kam nicht.

In den nächsten drei Stunden nahm ich mich nicht mehr wahr. Ich war ein in Raum und Zeit sich verschiebendes Wesen. Trotzdem bewegte ich mich. Immer wenn der blaue Himmel zwischen den dicken Wolken durchkam, glaubte ich, den Gipfel zu sehen, da zu sein. Aber es gab noch Schnee und Steine über mir. Die wenigen Felsen, die aus dem Schnee ragten, waren grüngrau, da und dort mit helleren Streifen durchzogen. Gespenstisch bewegten sie sich in den dünnen Wolken. Lange querte ich rechts haltend aufwärts.

Eine steile Felsbarriere versperrte den Weg zum Grat. Erst als ich rechts der Mauer vorbei konnte, erreichte ich die Höhe.

Auf dem Gratkamm angekommen, spürte ich die Wachten, blieb stehen. Dann legte ich mich auf den Schnee. Ich war da! Der Grat war flach. Wo war der Gipfel? Stöhnend stand

Der Nordostgrat in Gipfelnähe.

ich wieder auf, stampfte den Schnee nieder. Mit Pickel, Armen und Oberkörper im Schnee wühlend, kroch ich weiter. Weiter nach rechts. Immer noch aufwärts.
Wenn ich rastete, war es wie Ohnmacht, nur daß die Kehle brannte, wenn ich Luft holte. Plötzlich wurde es heller. Ich drehte mich um und konnte bis ins Tal schauen. Bis zum Boden, wo die Gletscher flossen. Atemberaubend! Wie in Trance machte ich ein paar Fotos. Dann war wieder alles zu. Grau. Schneetreiben. Völlige Windstille.
Noch einmal mußte ich mich aufraffen. Ich konnte kaum noch. Keine Verzweiflung, kein Glück, keine Angst. Ich hatte die Herrschaft über meine Gefühle nicht verloren, es gab überhaupt keine Gefühle mehr. Ich bestand nur noch aus Willen. Nach jeweils wenigen Metern war auch dieser in mir abgestorben, in einer unendlichen Müdigkeit erstickt. Dann dachte ich nichts, fühlte ich nichts. Ich ließ mich fallen, lag nur da. Für eine unbestimmte Zeitspanne blieb ich völlig willenlos. Dann erst machte ich wieder einige Schritte.
Es konnten höchstens noch 10 Höhenmeter sein. Links unter mir kragten gewaltige Wächten aus. Für wenige Augenblicke sah ich durch ein Wolkenloch tief drunten den Nordgipfel. Dann riß es auch über mir auf. Zum Greifen nahe schwebten im leichten Wind Nebelfetzen vorbei. Ich sah das Grau der Wolken, das Schwarz des Himmels und das leuchtende Weiß der Schneefläche als Einheit. Sie gehörten zusammen wie die Streifen einer Fahne. Ich mußte da sein!
Über mir war nur noch der Himmel. Ich spürte es, obwohl ich ihn jetzt im Nebel so wenig sah wie die Welt unter mir. Nach rechts hin stieg der Grat immer noch an. Aber vielleicht wirkte das nur so, vielleicht täuschte ich mich.
Kein Zeichen von den Vorgängern. Sonderbar, daß ich den Tripol, das chinesische Aluminiumstativ, nicht sehen konnte, das seit 1975 auf dem Gipfel war. Plötzlich stand ich vor ihm. Ich faßte es nur an, griff danach wie nach einem Freund. Es war, als umarmte

ich meine Gegenkraft, etwas, das löste und zündete zugleich. In diesem Moment atmete ich tief durch.

Im Nebel, im Treiben der Wolken konnte ich nicht auf Anhieb sehen, ob ich wirklich am höchsten Punkt stand. Es schien sogar, als ob es nach rechts weiter aufwärts ginge. Dieses Stativ, das jetzt kaum kniehoch aus dem Schnee ragte, löste keinerlei Euphorie in mir aus. Es war nur da. Durch den vielen Schnee auf dem Gipfel war es viel kleiner, als ich es 1978 erlebt hatte, schneeverklebt und unwirklich.

Die Chinesen hatten es 1975 auf dem höchsten Punkt verankert, angeblich, um genaue Messungen durchzuführen. Seit damals gaben sie die Höhe ihres Chomolungma mit 8848,12 Metern an. An all das dachte ich da oben nicht. Dieser künstliche Gipfelaufbau kam mir nicht einmal irrwitzig vor. Ich war da!

Reinhold Messner auf den letzten Metern zum Tripol am Everest-Gipfel.

Es war nach 15 Uhr. Wie in Trance, einem inneren Programm folgend, machte ich einige Bilder. Dabei flog hinten ein Stück blauer Himmel vorbei. Schneewächten türmten sich nach Süden hin, die mir immer noch höher erschienen als mein Standort.
Ich hockte mich hin, fühlte mich schwer wie ein Stein. Ich wollte nur eine Weile rasten, vergaß alles. Zuerst war da nicht einmal Platz für Erleichterung. Ich war ausgelaugt, völlig leer. In dieser Leere jedoch verdichtete sich etwas wie Energie. Ich lud mich auf. Seit vielen Stunden hatte ich nur hergegeben. Ich hatte mich totgeklettert, jetzt erlebte ich eine Wiederbelebung, einen Rückfluß an Energie.
Ein ausgebleichter Stoffetzen, vom Wind um die Stativspitze gewickelt, war kaum angefroren. Geistesabwesend fingerte ich daran herum. Ich löste ihn vom Metall. Eis und Schnee blieben kleben. Ich mußte noch einige Aufnahmen machen, aber ich konnte mich nicht dazu aufraffen. Ich mußte auch absteigen. Eine halbe Stunde zu spät würde mein Ende bedeuten. In diesem Augenblick war ich nicht einmal enttäuscht darüber, daß ich wieder keine Fernsicht hatte. Zum zweitenmal stand ich auf dem höchsten Punkt der Erde, und wieder konnte ich nichts sehen.
Dafür war es jetzt völlig windstill. Die leichten Schneeflocken tanzten. Die Wolken quollen rundum, als ob die Erde darunter pulsierte. Ich wußte noch nicht, wie ich es geschafft hatte, aber ich wußte, daß ich mehr nicht konnte. In meiner Müdigkeit war ich nicht nur schwer wie ein Toter, ich war unfähig, Aufgenommenes zu verarbeiten. Mein Gefühl unterschied nicht zwischen oben und unten.
Wieder fuhr ein Fetzen blauer Himmel vorbei, mit einzelnen, in der Sonne blitzenden Eiskristallen. Die Berge erschienen tief unten und ganz flach. Dazwischen das Schwarz-Weiß der Täler. Diesmal kam ich mit der Kamera zu spät. Dann wieder Wolken, Nebel; jetzt war ihre Grundfarbe Violett.
Wurde es schon Nacht? Nein, es war 16 Uhr. Ich mußte weg. Kein Gefühl von Erhabenheit. Ich war auch dafür zu müde. Und doch eine Vorausahnung, daß dieser Augenblick, ohne ein besonderer oder gar glückhafter zu sein, im Nachhinein beruhigend sein würde, für mich ganz allein. Eine Art Abschluß. Vielleicht die Erkenntnis, daß ich den Stein, mich selbst, ein Leben lang wälzen kann, ohne je den Gipfel zu erreichen, wenn ich nicht selbst dieser Gipfel bin. Ich bin Sisyphus.
Nach einer Dreiviertelstunde hatte ich die Kraft, aufzustehen. Aufzustehen für den Abstieg. Es war ein bißchen heller geworden. Meine Aufstiegsspur war noch zu erkennen. Das beruhigte mich. Um wie vieles leichter war doch der Abstieg von diesen großen Bergen! Er kostete nur einen Bruchteil an Kraft und Willensanstrengung verglichen mit dem Aufstieg.
Meine ganze Energie ging jetzt in meine Sinne. Ich empfand den Geruch des Schnees, die Farbe der Felsen intensiver als in den Tagen vorher, erschreckte beim gelegentlichen Wetterleuchten aus den Wolken fern im Westen. Ich wollte nur noch hinunter. Kletterte – einmal mit dem Gesicht zu Wand, dann wieder umgedreht – so, als sei ich auf der Flucht. Ich fragte mich nicht, warum ich all die Strapazen auf mich genommen hatte, um bis zum Gipfel zu kommen. Ich wäre lieber schon unten gewesen. Dieser lange Weg war eine Belastung.
Was mich am meisten störte, war mein Husten. Er machte mir das Leben zur Hölle. Auch leichte Hustenanfälle drehten mir den Magen um. Dabei hatte ich seit vielen Stunden nichts mehr gegessen. Ich mußte so schnell wie möglich ins Basislager kommen. Gerade noch vor Einbruch der Dunkelheit fand ich zu meinem Zelt und Rucksack zurück.

In dieser Nacht schlief ich kaum. Auch konnte ich mich nicht überwinden, genügend zu kochen. Ich trank ein bißchen Schneewasser. Wieder aß ich nichts. Die warme Flamme des Gasbrenners, der neben meinem Gesicht surrte, sollte mich vielleicht nur beruhigen. Ich machte sie nicht aus, obwohl ich es nicht schaffte, mich im Schlafsack aufzusetzen und Schnee hereinzuholen. Jede Tätigkeit kostete jetzt soviel Energie. Energie, die ich mir beim Steigen auch aus dem Höherkommen geholt hatte. Jetzt fehlte sie. Das Daliegen im Zelt war wie Sterben. Nur der Erfolg hielt mich am Leben. Ich gehorchte dem Gesetz der Trägheit. Zwischen Wachen und Schlafen, von lebendigen Toten umgeben, verstrichen die Stunden. Ohne jeden Gedanken. Noch war ich nicht in Sicherheit.
Plötzlich packte mich der Schreck. Ob Nena noch da war? Noch wußte sie nicht, wo ich mich befand, daß ich morgen unten sein wollte.
Auch sie konnte nicht schlafen. In der Nacht schrieb sie in ihr Tagebuch:
»20. August 1980. Jetzt habe ich mich daran gewöhnt, daß der Schnee und all die Wolken kommen und gehen. Aber ich habe mich nicht daran gewöhnt, allein hier zu schlafen. Ich kann nicht anders, als mich um dich sorgen, wissend, daß du irgendwo über 8000 Metern bist. Ich hoffe, daß du in keiner Weise leidest. In 6500 Metern schon ist das Leben eine Qual, wie muß es erst da oben sein?! Es schneit mehr und mehr – 21 Uhr.«
Mein Denken webte ununterbrochen weiter, immer an der Grenze des Bewußtseins. In der Frühe rappelte ich mich mit dem Gefühl hoch, zu einem Entschluß gekommen zu sein, konnte mich aber nicht konzentrieren. War ich verrückt geworden? Hatte mich diese Leere verrückt gemacht? War ich höhenkrank?
Auch an diesem Morgen war ich auf der Flucht. Ohne zu trinken, verließ ich das Lager. Zelt, Schlafsack, alles außer dem Rucksack blieb zurück. Nur die Skistöcke riß ich aus dem Schnee. Ostwärts querend stieg ich diagonal ab.
Ostwärts blickte ich ins Firnbecken des Rongbuk-Gletschers hinab, als ich kurz über dem Nordsattel den stumpfen Grat erreichte. Kein Zelt stand dort. Oder war es nur verschneit? Der Neuschnee war pulvrig und trocken. Er stob davon, als ich hineintrat. Es war beißend kalt.
Nicht nur beim Aufstieg, auch beim Abstieg stumpfte meine Willenskraft mehr und mehr ab. Je länger ich stieg, desto weniger wichtig erschien mir das Ziel, desto gleichgültiger wurde ich mir selbst. Meine Aufmerksamkeit hatte nachgelassen, mein Gedächtnis war geschwächt. Meine geistige Ermattung war jetzt noch größer als die körperliche. Es war so angenehm, tatenlos dazusitzen, und deshalb so gefährlich. Der Tod durch Erschöpfung ist – wie der Tod durch Erfrieren – ein angenehmer. Während ich durch die gewellte Gratlandschaft über dem Nordsattel ging, war mir, als kehrte ich aus einem Schattenreich zurück.
Ich ließ mich treiben. Von meiner Müdigkeit, vom Wissen, daß ich am Gipfel gewesen war. Ich leistete keinen Widerstand mehr, ließ mich mit jedem Schritt fallen. Nur sitzen bleiben durfte ich nicht. Tagelang war ich durch die Einsamkeit der gewellten Schneefläche in der Nordwand gegangen. Stundenlang gegen den Wind, der spitze Eiskörner mit sich wirbelte. Eine Ewigkeit lang durch den Nebel, der mir in jedem Felsblock einen Freund vorgaukelte. Jeder Atemzug war da oben eine Qual, und doch empfand ich ihn als Geschenk.
Jetzt befiel mich ein Gefühl von »überlebt«, von »gerettet«. Nach und nach lief ich in etwas, was »Ort der Erfüllung«, »rettender Hafen« hätte heißen können. Wie der Pilger vergaß ich im Anblick des Wallfahrtsortes alle Strapazen der Reise.

Nena Holguin

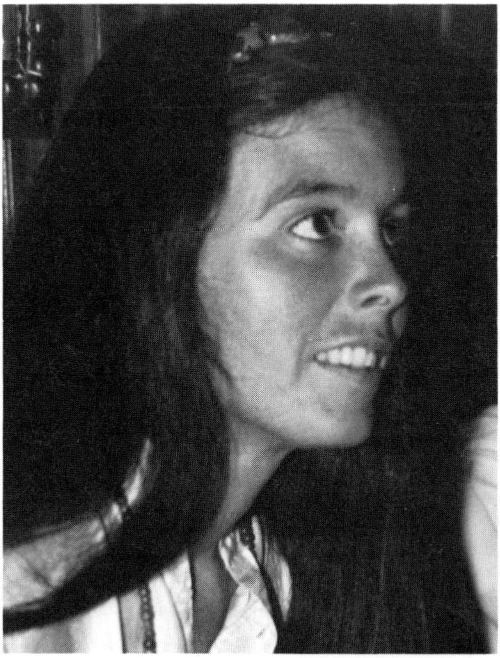

Nena wußte nicht, daß ich schon bald am Nordsattel sein würde. Auch sie hatte in diesen Tagen der Unsicherheit des Alleinseins mit sich gehadert. Sie füllte ihr Heft mit Selbstgesprächen:

»21. August 1980. Guten Morgen, Fluß. Danke, daß du hier bist und mir Gesellschaft leistet. ›Hi‹, krächzt der große schwarze Rabe. Zum zehntenmal versuche ich, durch mein Teleobjektiv zu schauen. Seit einer Stunde mache ich nichts anderes. Seit Sonnenaufgang schon. Aber meine Augen tun mir schrecklich weh. Ich habe versucht, mir einzureden, eine Weile nicht mehr zu schauen. Ich kann es nicht. Das Tele ist wie eine Manie. Dabei beginnen sich sogar die Felsen zu bewegen. Ich sehe manchmal mehrere Leute, die da über den Nordgrat absteigen. Entweder steigt er gerade ab, oder ... Ich will nicht weiter denken.

Es ist ein herrlicher, warmer Tag. Ich wasche mein Gesicht im eisigen Wasser am Gletscher. Reinhold, bitte, komm herunter. Es geht mir nicht gut, ich muß bald absteigen. Wüßte ich nur, wo du bist! Später hole ich Wasser am Bach zwischen Eis und Moräne. Als ich mich abwende vom Fluß, erhasche ich im hellen Mittagslicht einen flüchtigen Schimmer von einem Punkt, einem dunklen, sich bewegenden Punkt auf dem Gratkamm des Nordsattels. Ich bin plötzlich ganz aufgelöst vor Aufregung. Offenbar klettert Reinhold nicht in seiner üblichen Standfestigkeit. Es scheint, als stiege ein Betrunkener vom Col herab und nicht derselbe Mann, der vor vier Tagen fortgegangen ist.

Ich breche in Tränen aus. Er ist es, er muß es sein! Ich renne herum wie eine Wahnsinnige. Ich schreie hinauf zu ihm, daß ich komme. Ich weiß, er kann mich nicht hören, aber trotzdem hilft es. Ich muß mit ihm sprechen. Ich ziehe schnell meine Kleider über, bereite mich vor, um Reinhold auf dem Gletscher entgegenzugehen.«

Helle Nebelschwaden jagten über den Nordsattel. Das brodelnde Wolkenmeer über Solo Khumbu war blendend weiß. Die geschweifte Linie des Nordostgrats stand wie eine Mauer zwischen dem klaren Wetter im Osten und dem Monsun im Süden. Mit schlafwandlerischer Sicherheit stieg ich ab. Nur der Schnee gefiel mir nicht. Er war sulzig und bildete keine feste Verbindung mit der Firnunterlage. Er rutschte von den glatten Eisplatten ab, wenn ich hineintrat.
Vermutlich war ich jetzt auch weniger wach, weil ich beim Abstieg vom Nordsattel keine ernsten Schwierigkeiten erwartete. Ich stand ihnen also unvorbereitet gegenüber. Als ich – noch in trancehaftem Gehen – das erste Mal ausrutschte, verlor ich sofort den Boden unter den Füßen. Ich versuchte zu bremsen, konnte den Sturz aber nicht mehr abfangen. Mit der steigenden Geschwindigkeit des Falls erwachten neue Kräfte. Wie immer weckte auch jetzt die wirkliche Gefahr meine Fähigkeiten. Und das in einem Ausmaß, daß ich mich fragte, woher ich soviel Geschicklichkeit, Ausdauer und Energie so schnell noch nehmen konnte.
Ich stand rasch wieder auf, packte den Pickel fester und stieg mit dem Gesicht zur Wand eine steile Schneeflanke abwärts. Meine Vorsicht war eine instinktive: kein reflexhaftes Zusammenzucken, kein plötzlicher Schreck mehr, wenn der Schnee nachgab; nur eine langsame Nachgiebigkeit in meinem Körper. In meiner bleiernen Müdigkeit steckte keinerlei lähmende Nervosität mehr, vielmehr ein traumwandlerisches Wissen, wie es weitergehen würde. Diese Art Sicherheitsgefühl war mit der Müdigkeit und der Gefahr direkt verbunden.
Die große Querspalte, in die ich beim Aufstieg vier Tage vorher gefallen war, umging ich rechts und stand nun am oberen Rand eines gefährlichen Steilhangs. Lawinengefahr! Die Morgensonne hatte den Schnee aufgeweicht. Diese Alarmsignale erlebte ich als Zerr-schmerzen in meinem Körper, nicht als Gedanken im Kopf.
400 Meter tiefer der Abgrund unter mir. Unten lief der Eishang in den Gletscherboden aus wie die Fußstreben des Eiffelturms. Nur Schattierungen ins Hellere oder Dunklere zeigten Spalten, Mulden und Kuppen an.
Ich zögerte nicht lange, machte mich an den weiteren Abstieg. Bald hatte ich so klamme Finger und so müde Beine, daß ich mich in den Schnee setzte und auf dem Hosenboden abrutschte. Ich war ausgedörrt, wollte trinken. Sogar der Schnee klebte wie Staub im Mund. Ich blieb sitzen.
Als ich mich für eine letzte Kraftanstrengung hochrappelte, querte ich ohne zu denken nach rechts. Eine weit offene Spalte zwang mich auszuweichen. Zu spät erst merkte ich, daß ich nach links hätte gehen müssen. Ich kam nicht mehr zurück. Ich konnte nur noch absteigen.
Plötzlich rutschte ich wieder unversehens ab, bremste die Fahrt mit dem Pickel und glitt, als die Arme versagten, mitten über den Lawinenkegel bis zum Wandfuß. Eine Weile lag ich nur da. Erwachte dann auf dem flachen Gletscherboden. Ich kniete mich hin, legte mich wieder in den Schnee, raffte mich erneut hoch. Stöhnend taumelte ich vorwärts, verlor den Boden unter den Füßen, fiel erneut. Einmal warf ich alles von mir, wirbelte mit dem Gesicht im Schnee, schüttelte mich. Ich war unten!
Ich war selig und zugleich verzweifelt. Da kam Nena über den Gletscherrücken. Sie stand da, ging weiter. Ja, sie war es. Ich konnte nicht mehr rufen. Mir wurde schwarz vor Augen. Nicht plötzlich, langsam löste ich mich auf. Mit jedem weiteren Schritt nach unten, mit den Markierungsstangen vor mir, den ersten Moränen im Blickfeld, stand die ganze

Welt offen in mir. Ich sah mein ganzes Wesen von außen. »Da« war jetzt woanders. Ich war durchsichtig, aus Glas, die Welt darunter eine feste, tragende Fläche.
Nena sagte kein Wort. Oder hörte ich sie nicht? Unwillkürlich hielt ich den Atem an, blieb stehen. Ich hatte Mühe, das Gleichgewicht auszupendeln. Ich wollte Nena anfassen und allein sein, lachen und weinen, mich in ihr ausruhen und auf dem Gletscher liegen bleiben. Ohne Bewegung, ohne ein Wort stand ich da, zerbrechlich wie eine Glühbirne. Ein einziges Wort hätte genügt, um diese gläserne Zartheit zu zerstören, diese sonderbare Hülle, die noch von mir übrig war. Ich konnte durch alle meine Schichten hindurchsehen und wußte, daß ich auch für Nena durchsichtig war.
Auf die Skistöcke gestützt, starrte ich sie eine Weile an. Dann brach ich zusammen. Alle meine Verschlossenheit war weg. Ich weinte. Es war, als seien alle Horizonte, alle Grenzen zerbrochen. Alles war offen, alle Emotionen waren frei. Wie weit hatte ich gehen müssen, bis ich endlich auseinandergebrochen war! Ich selbst war jetzt das Offene. Je mehr ich mich fallen ließ, desto mehr zwang es mich auf die Knie.
Nena blieb gefaßt und übernahm mich in diesem Augenblick für die nächsten Stunden und Tage. Sie machte jetzt die Pläne, sie brachte mich in Sicherheit, sie bestimmte die Expedition. Und sie führte weiter Tagebuch:
»Männer reden immer über die Eroberung der Berge. Und da kommt er über den Gletscher, schaut nur einmal auf, sehr langsam. Er streift mich mit einem Blick, geht mit gesenktem Kopf weiter, ist nicht mehr bewußt da. Ich sage, neben ihm hergehend: ›Reinhold, wie geht's?‹ Ein paar Schluchzer sind die Antwort. Zugleich kann ich alle seine Gefühle spüren. Diesen Augenblick werde ich für immer festhalten – zweifellos das innigste Gefühl von Vereinigung, das ich jemals geteilt habe.
Für einen Moment halte ich ihn ganz fest, dann, als er daliegt, beuge ich mich zu ihm hinunter und sage: ›Alles okay, Reinhold. Du bist in Ordnung. Das Lager ist hier.‹ ›Wo sind denn alle meine Freunde?‹ ist seine erste Frage. ›Ich bin deine Freundin, ich bin ja da, Reinhold. Hab keine Angst, wir gehen jetzt zum Lager‹, versichere ich ihm. ›Ja, wo ist das Lager überhaupt?‹ Er sieht mich mit Tränen in den Augen an. Sein Gesicht ist gelb, seine Lippen sind aufgesprungen und zerfranst. Wahrscheinlich leidet er unter einem Hitzschlag. Ich frage mich, ob das wirklich er ist, der da zurückgekommen ist, oder nur ein Teil von ihm. Oder mehr? Ich habe zu kämpfen, meine Tränen zurückzuhalten.
Als er wieder aufstehen kann, nehme ich seinen Rucksack, gebe ihm einen Skistock. Er stolpert voraus über den Gletscher. Ich habe Erbarmen mit diesem Mann. Er hat sich so verausgabt, daß ihm nur der Gipfel die Kraft geben konnte zu überleben, zurückzukommen. Da ist er, der stärkste Mensch, den ich kenne, total am Ende, ausgelaugt bis in die Seele.
Als wir zum Lager kommen und in Sicherheit sind, bricht Reinhold nochmals vor mir auf den Steinen zusammen. Ja, er war auf dem Gipfel, und die Leute werden wieder sagen, daß er den gewaltigsten Berg der Erde erobert hat. Er ist erfolgreich gewesen, hat sein Ziel erreicht – aber noch erfolgreicher war der Berg. Er hat seinen Preis von diesem Mann gefordert.
Ich weiß, daß auch Reinhold den Berg so sieht. Für ihn ist es ein Geben und Nehmen in gleichem Maße, ein Teilen zwischen dem Berg und ihm.«

WIE DER VERZICHT, STEIGERN AUCH UMWEGE DIE UNGEWISSHEIT

Nach dem Everest-Alleingang schien es keine logischen Ziele an den Achttausendern mehr zu geben. Sicher, ich hätte den höchsten Berg der Erde über eine schwierigere Route als die Nordflanke und wieder allein besteigen können. Dies aber wäre von der Problemstellung her eine Wiederholung für mich gewesen.

Die konsequente Weiterentwicklung in meinem Tun sah ich damals schon in der zusammenhängenden Überschreitung zweier Achttausender, ohne zwischendurch ins Basislager abzusteigen oder vorher Depots anzulegen. Die Chance, Lhotse und Everest von Süden nach Norden oder umgekehrt überschreiten zu können, beurteilte ich als minimal. Also studierte ich dieses Projekt an einem zweiten, weniger hohen Achttausender-Paar, den beiden Gasherbrums, G I und G II. Drei Jahre lang schob ich die Idee vor mir her, dann fühlte ich mich plötzlich zu alt für eine so harte Tour.

1984 endlich war ich im Besitz der Doppelgenehmigung. Hans Kammerlander, der junge Allroundbergsteiger aus Südtirol, war mein Partner. Es war schwierig gewesen, die verrückte Idee zu finanzieren, da kein Laie einen Sinn in dieser Doppelüberschreitung erkennen konnte und uns die Fachleute keine Chance gaben.

Im Basislager angekommen, entschlossen sich Hans und ich, die Reihenfolge umzudrehen und wegen Lawinengefahr den G II zuerst zu besteigen. Wir verzichteten beim Abstieg vom G I von vornherein auf den Normalweg, weil dort eine französische Expedition operierte. Wir wollten auf- und absteigen ohne Fremdhilfe, ohne Hochlager, ohne der Route einer anderen Gruppe zu folgen oder diese zu kreuzen. Auf uns selbst gestellt, wollten wir jenen Umweg gehen, der nach dem Everest-Alleingang eine Steigerung von Ungewißheit, Anstrengung und Gefahr versprach.

Im Gasherbrum-Eisbruch; der Sia Kangri im Hintergrund ist von der ersten Morgensonne überflutet. ▷

Anmarsch zum Baltoro-Gletscher. Die Balti-Träger schleppten zu ihren Lasten auch noch Feuerholz.

Auf dem verschneiten Baltoro-Gletscher beim Weg ins Basislager.

Das Basislager befand sich am oberen Ende des Abruzzi-Gletschers. Im Hintergrund von links: K2, Broad Peak und die Gasherbrums.

Werner Herzog und Bubu Klausman (Kamera) gingen bis ins Basislager mit.

Hans Kammerlander auf dem Gipfel des Gasherbrum II. Im Hintergrund rechts der Gasherbrum I, den er zusammen mit Reinhold Messner drei Tage später erreichte.

In den vereisten Felsen des Gasherbrum I. Messner und Kammerlander kletterten lange im Schatten; als sie in flacheres Gelände kamen, überfiel sie der Schneesturm.

FILA

Der Umweg als Ziel

DIE GASHERBRUM-DOPPELÜBERSCHREITUNG

Im Juni 1984 reiste ich mit Hans Kammerlander von Kathmandu nach Rawalpindi. Wir waren kurz vorher am Dhaulagiri gescheitert und hungrig nach Erfolg. Vier Wochen lang hatten wir in einer klassischen Expedition versucht, den sechsthöchsten Berg der Welt über den Nordostgrat zu besteigen. Einmal hatte uns das miserable Wetter am Aufstieg gehindert, ein zweites Mal war es die Lawinengefahr, dann unsere Unentschlossenheit.
Hans und ich waren uns einig: An den Gasherbrums würden wir nur Erfolg haben, wenn wir zielbewußt und ausdauernd genug waren, die mehrfachen Strapazen einer üblichen Expedition zu ertragen. Seit Monaten redeten wir über die Problematik unserer geplanten Doppelüberschreitung: die Länge der Tour – 5000 Höhenmeter im Aufstieg, ebensoviele im Abstieg, 20 Kilometer Kletterstrecke.
Würden wir im tiefsten Punkt zwischen den beiden Gipfeln, auf 6000 Metern Meereshöhe, noch einmal die Energie aufbringen, einen Achttausender anzugehen, nachdem wir müde und ausgelaugt von einem ersten so hohen Gipfel herabgekommen waren? Eine Rast zwischen den beiden Aufstiegen wäre eine zusätzliche Belastung gewesen. Wir hätten mehr Proviant mitschleppen müssen.
Mit 35 Trägern und einem Filmteam unter Werner Herzog marschierten wir zehn Tage lang bis ans Ende der Welt. Hans und ich warteten auf eine Schönwetterperiode, dann begannen wir vom Basislager auf 5200 Metern Meereshöhe aus unseren Aufstieg. Wir kletterten, ohne mit dem Basislager Kontakt zu halten, ohne vorher Depots anzulegen. Ohne jede Fremdhilfe und ohne die Hoffnung auf Hilfe von unten wollten wir über vier verschiedene Routen zwei Achttausender überschreiten.
In den Morgenstunden scheiterten wir am Südwestgrat des Gasherbrum I. Die Hänge waren lawinengefährlich. Wir stiegen ins Basislager zurück. Hans hatte die großartige Idee, die Überschreitung umzudrehen.
Einige Tage später kletterten wir wieder los. Um 2 Uhr nachts. In einer Art Testament hatte ich vor unserem Aufbruch Werner Herzog die Verantwortung für die Expedition übertragen, falls wir nicht wiederkämen.
Es war so, als ob ich in der Mitte meines Lebens mir und der Welt beweisen müßte, daß ich noch mehr zu leisten imstande war. Mehr als bisher und mehr als alle anderen.
Hans und ich stiegen gleichmäßig, ohne uns zu verausgaben. Wir mußten Energiereserven haben. Der zweite Gipfel würde viel anstrengender sein als der erste, physisch wie psychisch.
Streckenweise knietiefer Schnee und niemand, der uns eine Spur getreten hätte. Noch litten wir nicht. In drei Tagen gelangten wir bei strahlendem Wetter auf den Gipfel des Gasherbrum II.
Hans und ich waren an beiden Gasherbrums allein. Keine andere Expedition operierte an unseren vier Routen. Beim Abstieg vom Gipfel zum Biwak in der Südostflanke beerdigten

◁ Drei Tage dauerte der Abstieg vom Gasherbrum I im Schneesturm. Messner und Kammerlander waren unterkühlt, verzweifelt, vereist. Jedoch hatten sie ihren Plan – die Überschreitung der beiden Achttausender G I und G II – verwirklicht.

Route (–––– = verdeckt) der GI–GII-Überschreitung. Die Wegstrecke betrug insgesamt 20 Kilometer; 5000 Höhenmeter im Aufstieg und ebensoviele im Abstieg.

wir einen österreichischen Arzt, der schon seit zwei Jahren oben zwischen den Felsen gelegen hatte. Dies kostete uns Zeit und viel Kraft.

Am anderen Morgen riskierten wir den gefährlichen Abstieg ins Gasherbrum-Tal. Diese Route zwischen dem Franzosen- und dem Polen-Grat war steil und von Séracs bedroht. Ein gefährliches Risiko. Das Glück ist jene Komponente, die einen so großen Wurf wie eine Achttausender-Doppelüberschreitung zwar begleiten, nicht aber tragen kann.

Bis ins Gasherbrum-Tal war alles schnell und glatt gegangen. Wir waren in blendender Form. Wir hatten noch Proviant und Brennstoff für eine gute Woche. Nicht der geringste Zweifel, daß wir weitermachen konnten. Wir fühlten uns jetzt selbstbewußter als vor dem Aufbruch im Basislager. Vielleicht auch stärker, obwohl viele anstrengende Klettertage hinter uns lagen.

Nicht nur das strahlende Wetter, auch eine Hochstimmung beflügelte meine Gedanken. Muß man das scheinbar Unmögliche wagen, um Kräfte zu mobilisieren, von denen wir sonst nichts ahnen? »Mit vierzig muß man das große Bergsteigen entweder aufgeben oder einen Schritt weiter gehen als vorher«, sagte ich scherzend zu Hans. Die Idee zu diesem Doppelaufstieg auf zwei Achttausender war mir gekommen, weil ich gespürt hatte: Entweder ich mache weiter, und zwar noch intensiver, noch frecher als bisher – oder ich gebe auf. Wenn mein Bergsteigen zum Trott wird, geht nichts mehr. Diese Erkenntnis hatte sich am Dhaulagiri bestätigt.

Ich glaube, diese Haltung gilt für jeden Menschen mit vierzig. Entweder er sagt sich: Gut, mein Leben liegt hinter mir und ich bewege mich in den eingefahrenen Gleisen fort – so beginnt er zu sterben. Oder er entdeckt in der Mitte seines Lebens die Steigerung als Spielmöglichkeit.

Natürlich steigen mit zunehmendem Alter die Risiken. Die Schnellkraft nimmt ab, auch die Konzentrationsfähigkeit und Erfahrung sind eine relative Größe. Die seelische Ausdauer reicht nicht, um an der Grenze der Möglichkeiten zu überleben.
Am frühen Vormittag des 26. Juni gingen Hans und ich über den flachen Gasherbrum-Gletscher. Die Furcht, daß sich eine Eislawine lösen und uns von hinten überrollen würde wie hundert fahrende D-Züge, zwang uns weiter. Eine unheimliche Angst im Rücken. Ich spürte sie stofflich. Ich mußte mich nicht umdrehen, ich wußte, wie zerklüftet die Südwestflanke des G II war. In jedem Augenblick konnte sich da oben ein Sérac lösen.
Der Schnee war noch nicht aufgeweicht, aber die Harschschicht auf der blaugrauen Fläche war so dünn, daß wir immer wieder bis zu den Knien einsackten. Jedesmal dabei der Schreck, in eine Gletscherspalte zu fallen. Das kostete nicht nur Energie, das untergrub unsere Moral. Auf einer Meereshöhe von 6000 Metern erfordert jeder Schritt größte Willensanstrengung.
Hans ging voraus. Stur, gebeugt unter seinem schweren Rucksack bog er in der Mitte des Gasherbrum-Tales nach links ab. Kein Zweifel, er stieg aufwärts, Richtung Gasherbrum La. Die Überschreitung der beiden Gasherbrum-Achttausender konnte Realität werden.
Ein Jahr lang hatten Hans und ich über diesen Moment diskutiert, ihn herbeigesehnt, ihn gefürchtet. Hier, im tiefsten Punkt zwischen den beiden Gipfeln, würde die Entscheidung fallen. Nur wenn wir nach dem ersten Achttausender – erschöpft, ausgezehrt und ohne jede Rückendeckung – den Willen aufbrachten, gleich den zweiten zu wagen, konnte uns gelingen, was bisher noch niemand versucht hatte: die zusammenhängende Überschreitung zweier der 14 höchsten Berge der Welt ohne Rast und Fremdhilfe.

Hans Kammerlander und Reinhold Messner im Basislager. Sie warteten auf gutes Wetter für die Überschreitung der Gasherbrums.

In sicherer Entfernung von den Steilwänden der zwei Gasherbrums blieb Hans stehen. Er zog unsere doppelt genommene Reepschnur ein, so daß ich zu ihm aufschließen konnte. Wir redeten nicht über Aufgeben oder Weitermachen. Wir warfen die Rucksäcke ab, setzten uns auf sie. Wir wollten frühstücken. Hans machte sich daran, in einem handgroßen Topf auf dem Gaskocher Schnee zu schmelzen. Es dauerte lange, bis wir einen Topf mit Müsli und Tee zubereitet hatten. In keinem ein Gefühl von Eile. Wir hatten Zeit. Bis zum Gasherbrum La, dem Sattel zwischen unseren beiden Bergen, würden wir an diesem Tag schon noch kommen.

Wenn ich zurückschaute zum Eisbruch in der Südostflanke des G II, über den wir im ersten Morgengrauen abgestiegen waren, war ich voller Lausbubenstolz. Sicher, wir hatten auch Glück gehabt. Als wir an diesem Tag um 3 Uhr morgens das Biwak unter der Gipfelpyramide verlassen hatten, waren wir beide aufgeregt und ängstlich gewesen. Als wir nach rechts querten und direkt über den Hängegletscher, der wie das Tor zur Hölle wirkte, abstiegen, gab es nur mehr eins: hinunter in den tödlichen Schlund! Da oben hingen diese geborstenen Séracs, mehrere hundert Meter hohe, senkrecht übereinandergetürmte Eistrümmer. Die Lawinenrinnen dazwischen, durch die Schnee und Eis fegten wie tödliche Geschosse, wirkten nun wie Spielzeug-Bobbahnen.

Wir waren dort abgestiegen, um schnell zu sein und gleichzeitig eine neue Route zu eröffnen. Auch um den ersten Achttausender, den G II, zu überschreiten. Niemand hatte es je vor uns gewagt, diesen Hängegletscher zu durchsteigen. Von unten nach oben wäre dies selbstmörderisch gewesen. Von oben nach unten aber, in den ersten Morgenstunden, wenn der Schnee hart war, und im Laufschritt – wir hatten es gewagt und so Zeit

Die Schneeverhältnisse am Gasherbrum II waren gut. Der Gipfel, im ersten Morgengrauen, war oft nicht sichtbar; hier ist er noch weit weg.

gewonnen. Diese Taktik hatte uns Erfolg gebracht und Kraft sparen helfen. Wir hatten auch Glück gehabt.

Hans gab mir einen Plastikbecher voll Pfefferminztee. Dazu aßen wir Südtiroler Speck und hartes Bauernbrot. Unser zweites Frühstück. Um 3 Uhr früh hatten wir je einen halben Liter »prima colazione« geschlürft, ein Getränk, das italienische Ernährungswissenschaftler eigens für unsere Überschreitung ausgetüftelt hatten: eine Mischung aus Kakao, Haferflocken, Mineralsalzen, Vitaminen. Wir hatten so bei minimalem Gewicht genügend Kalorien im Topf und zudem die Gewähr, an keinerlei Mangelerscheinungen zu leiden.

Die Wahl der richtigen Ernährung bildete nur ein kleines Detail im Mosaik unserer Expeditionsvorbereitungen. Viel wichtiger war die Motivation. Und die wächst nur aus Begeisterung, vielleicht auch in blindem Fanatismus. Sie kann auch der Erkenntnis entspringen, daß das Leben ein Spiel ist. Der Spieler steigert sich immer wieder in eine Idee hinein, er riskiert seine »Sicherheiten«, wagt sein Leben alle Tage neu, und zwar bis zur letzten Konsequenz.

Nicht nur körperlich, vor allem seelisch war mir durch diese Einstellung viel Kraft und Schwung zugewachsen. Mich erfüllte jetzt ein Gefühl von altersfreiem Dasein. Sogar mit 20jährigen hätte ich mithalten können. Ich hatte ebensogute Ideen wie sie; ich hatte soviel Kraft wie sie; vor allem aber hatte ich Begeisterung und Einsatzbereitschaft. Ich fühlte mich nicht alt, ich fühlte mich stark. Der 26jährige Bergführer Hans Kammerlander war mir ein idealer Partner. Mit ihm konnte ich noch viele Pläne realisieren.

Wenige Meter unterhalb des GII-Gipfels. Damit war erst ein Viertel – das leichteste – der Gewalttour bestanden.

In dieser Stimmung hatte ich die Gasherbrum-Überschreitung vorbereitet, und diese Stimmung hatte uns beide hierher getragen. Ich hatte etwas tun wollen, was junge Spitzenbergsteiger nicht einmal zu denken gewagt hatten.
Die Verantwortung für uns trugen wir selbst. Jeder die seine. Dabei wußten wir genau, daß der eine ohne den anderen nicht weit gekommen wäre. Bis zur nächsten großen Gletscherspalte vielleicht oder bis zum ersten Überhang. Auch wenn wir nicht gut miteinander ausgekommen wären – wir waren aufeinander angewiesen.
Nach einer Stunde Rast gingen wir weiter. Die Rucksäcke wogen jetzt weniger als beim Aufbruch, je 15 Kilo etwa. Die Sonne begann, den Schnee aufzuweichen.
Knapp über der Randkluft – ein versteckter Spalt, der den Anfang der Steilwand zum Gasherbrum La markiert – banden wir uns wieder vom Seil. Jeder stieg für sich. Jeder rastete, wenn er wollte. Hans ging dabei langsam und möglichst lange ohne auszuruhen. Ich stieg schnell, hyperventilierte und rastete häufig, nach je 20 oder 30 Schritten, wie ich es von den Sherpas gelernt hatte.
Das Eis unter der zwei Finger dicken Schneekruste war hart. Die stumpfen Steigeisen griffen nicht mehr gut. Auch die Haue des Pickels war vom tagelangen Klettern nicht mehr messerscharf. Eine Feile hatten wir nicht dabei und konnten deshalb unsere Geräte nicht schärfen.
Äußerst vorsichtig kletterte ich in der Fallinie empor, beobachtete zwischendurch Hans, wie er in Serpentinen höher stieg. Dabei erhaschte mein Blick ein Stück des westlichen Himmels. Ein Schreck fuhr mir ins Hirn: Schlechtwetter! Dünne Zirren trieben wie Fische am Horizont. Dazwischen dunkles Blau.

Der zweite Aufstiegstag am Gasherbrum II. Messner und Kammerlander wechselten sich in der Führung ab. Im Hintergrund der Masherbrum.

Auch Hans sah die Bedrohung. Aber er ging weiter. Er wollte nicht darüber nachdenken. Beide vermieden wir es, darüber zu reden. Jedes Wort kostete in dieser Höhe Luft und Willensanstrengung. Der Aufstieg dauerte Stunden, aber wir waren überzeugt, daß er nicht umsonst war. Erst oben am Rand des Gasherbrum La, 6600 Meter hoch, vertrieben wir unsere Ängste mit Beschwichtigungen:
»Zwei Tage hält das Wetter schon noch.«
»Im Notfall können wir immer noch absteigen.«
Dann gruben wir eine Plattform für das Biwakzelt aus dem Hang: 2,10 Meter lang und 1,60 Meter breit. Jeder schob seine Schlafmatte in das kleine Zelt hinein, dann den Rucksack. Zuletzt krochen wir nach. Diese Behausung, nur 1½ Kilo schwer und im Windkanal bei Stürmen bis zu 180 Stundenkilometern getestet, bauten wir jeden Morgen wieder ab, verstauten sie mit dem Rest unserer Habe im Rucksack und kletterten weiter. Kaputtgehen durfte nichts, auch durften wir nichts verlieren. Ersatz gab es nicht.
Die Nacht verging schnell. Im Gegensatz zu weiter oben schliefen wir hier unten gut. So gut, daß wir am Morgen zu spät aufbrachen. Das Wetter schien besser geworden zu sein, nur die Windböen, die uns von Westen her anfielen, rissen unangenehm an den großen Rucksäcken. Wir stiegen stundenlang direkt über die Nordwand aufwärts. In der Mitte stießen wir auf einige ausgefranste Fixseile; Reste nur, die ein amerikanisches Team 1982 dort hatte hängen lassen. Einerseits weil wir uns ganz auf die Kletterei zu konzentrieren hatten, andererseits weil wir kaum Ausblick nach Süden hatten, war uns der graue Himmel erst gegen Mittag aufgefallen.

Hans Kammerlander beim Kochen am Gasherbrum II.
Im Hintergrund die gleichmäßige Pyramide des G IV.

Im tiefsten Punkt (ca. 6000 m) zwischen den beiden Gasherbrum-Gipfeln zögerten Messner und Kammerlander keinen Augenblick; sie setzten ihre Überschreitung weiter fort.

Als wir am frühen Nachmittag einen kleinen Sattel in 7500 Metern Meereshöhe erreichten, wußten Hans und ich, daß wir in einer Falle saßen. Es wurde plötzlich unheimlich düster. Der Sturm hatte sich zum Orkan gesteigert. Die Nebelfetzen flogen wie gigantische Fledermäuse über uns hinweg. Mit Mühe nur ließ sich auf einer kleinen Schneefläche, im Windschatten, das Zelt aufbauen. Wir überlegten, ob und wie lange wir abwarten konnten. Als ob wir nach drei Tagen im Schneesturm noch die Kraft gehabt hätten, zum Gipfel zu gehen!
Am Abend riß es noch einmal auf. Wir kochten und tranken. Die ganze Nacht hindurch jagte der Sturm über die Grate, so daß es mir schwer fiel, eine angefangene Gedankenkette zu Ende zu denken. Im engen Biwak plagten uns Erstickungsängste. Der Zelteingang stand deshalb zwei Finger breit offen, und es flog so viel Schneestaub herein, daß ich den Kopf im Schlafsack verbarg. Reden hatte keinen Sinn. Wir konnten uns zwischen den flatternden Zeltwänden nicht verstehen. Am Morgen lag der Schnee eine Spanne hoch über den Schlafsäcken. Der Sturm heulte.
In meinem Bewußtsein war unser winziges Zelt auf Zimmergröße angewachsen. Hans faselte etwas von einem zweiten Zelt in der Nähe. Es wäre noch eine Seilschaft da, sagte er. Für mich war seine Feststellung lapidar. Das Gefühl, daß noch ein dritter Mann im Zelt lag, war seit Stunden zur »Realität« geworden, unumstößlich. Also plagten uns Halluzinationen.
Wir tranken Tee. Dann bauten wir alles ab und gingen trotz des schlechten Wetters los. Nach oben. Nach unten zu steigen, wäre bei dem starken Wind und Neuschnee ebenso gefährlich gewesen. Wir hielten uns immer an den Felsen, prägten uns einzelne Türme

Séraczone im Aufstieg zum Gipfel des Gasherbrum I. Die klettertechnischen Schwierigkeiten fielen weniger ins Gewicht als die schweren Rucksäcke.

ein, um wieder herunter zu finden, wenn wir den geplanten Abstiegsweg nicht klettern könnten. Die Orientierung war äußerst schwierig. Dazu diese Hilflosigkeit im Schneetreiben. Wenn man stundenlang in den Nebel starrt, wird der Blick stumpf. Wir wußten nur: Solange es aufwärts ging, waren wir nicht am Gipfel.

Wenn ich mehr als zehn Schritte stieg, riß es mich in der Brust. Ich blieb stehen, keuchend, den Leib auf die Skistöcke gestützt, den Mund weit offen, die Augen geschlossen. Ich mußte alle Luft in mich ziehen, um wieder zu mir zu kommen. So stand ich eine Zeitlang still, und alles wich weit von mir. Der Kopf wurde leer, die Brust weit. Es waren Augenblicke der Erleichterung, die lang nachwirkten. Dann richtete ich mich wieder auf, fest entschlossen weiterzugehen, mich weiterzuquälen. Es gab nur die eine Alternative: Wir mußten weiter!

Am Nachmittag erkannten wir rechts von uns den Südwestgrat. Es konnte nicht mehr weit bis zum Gipfel sein. Hans stieß als Orientierungshilfe für den Abstieg einen Skistock umgekehrt in den Schnee. Wir stiegen noch eine Stunde lang über ein sehr steiles Schneefeld. Es kam mir endlos vor. In der Mitte ließ Hans einen zweiten Skistock zurück. Dann sahen wir plötzlich wieder Felsen über uns. Darüber einen Schneegrat. Darüber Luft.

So wie uns mußte Kolumbus zumute gewesen sein, als er Amerika entdeckte. Nach rechts hin stieg der Grat an. Also weiter. Die Brillen waren vereist, die Gesichter gefühllos. Wenn wir die Gletscherbrillen abnahmen, brannten die Augen, so spitz waren die Schneekristalle, die der Orkan vor sich hertrieb. Endlich hinter einer Wächte der Gipfel! Der zweite Achttausender-Gipfel innerhalb von vier Tagen!

Hans Kammerlander beim Abstieg ins Gasherbrum-Tal. Der Schneesturm hatte ihn und Messner mit einer Eiskruste gepanzert. Sie kletterten meist seilfrei.

Ab jetzt ging es nur noch abwärts. Darin bestand unser ganzes Glücksgefühl, sonst keine Emotionen. Kein Foto mit Fahne. Kein Hurra. Nur die Frage: »Wie kommen wir da je wieder hinunter?«

Hans ging zuerst zurück. Knapp unter der großen Wächte am Gipfelgrat verlor ich den Halt. Eine Unachtsamkeit, ein Windstoß – ich fiel rücklings. »Hans!« schrie ich. Im letzten Augenblick konnte ich das Gleichgewicht wiederfinden.

Wir stiegen zum eingerammten Skistock ab und am Westgrat entlang talwärts. Die Gratkante diente uns zur Orientierung. In einer Höhe von 7400 Metern biwakierten wir wieder. Diese Nacht war schlimmer als die vorhergehende. Nur die totale Erschöpfung ließ uns minuntenlang einschlafen.

Der Abstieg ins Gasherbrum-Tal am nächsten Tag vollzog sich in tranceartiger Gleichgültigkeit. Der Schneesturm hielt ungebremst an. Ab und zu seilten wir uns ab, das Seil an Felszacken verankernd. Meist aber kletterten wir seilfrei, jeder für sich.

Einmal wartete ich auf Hans, ein andermal wartete er auf mich. Beide waren wir mit einer Eiskruste gepanzert und in den Bewegungen schneckenhaft langsam. Oft rasteten wir zu lange. Hätten wir uns hingesetzt, zwei oder drei Stunden lang ausgeruht, wären wir nicht wieder auf die Beine gekommen. Vielleicht wären wir für immer eingeschlafen wie jener Österreicher, den wir erst vor wenigen Tagen da oben gefunden hatten.

Als Hans einmal nicht nachkam, wartete ich verzweifelt. Plötzlich löste sich ein weißblaues Stück Fels aus der fast senkrechten Wand über mir. Ich suchte Deckung. Doch der Steinschlag blieb aus. Hans, der sich rastend wie ein Fels an den Felsen gekauert hatte, stieg weiter ab. Sicher wie eine Gemse setzte er die Füße. Instinktiv schmiegte er sich an

die Wand, wenn ein Windstoß kam. Schnell ging er zur Seite, wenn ein Schneerutsch abging.
Viele Stunden lang kletterten wir so abwärts. Nur einmal, an einem Lawinenhang, traute sich keiner von uns beiden voraus. Der angetriebene Schnee lag brusthoch. Schneebrettgefahr. Die Flanke unter uns war steil wie ein Kirchturmdach, und unten brach die Welt ins Bodenlose ab. In einer langwierigen Umgehung kamen wir schließlich auch an dieser Gefahr vorbei.
Am Abend des siebten Klettertages waren wir unten im Gasherbrum-Tal. Müde, aber lebendig. Eine autobahnbreite Steinlawine, die wenig vorher, noch in den Felsen, ein paar Minuten nach uns über die Abstiegsroute gefegt war, gab uns jetzt ein Gefühl der Unverwundbarkeit. Wir wollten noch am gleichen Tag bis ins Basislager absteigen. Wir mußten endlich in Sicherheit sein, das Glück nicht mehr strapazieren müssen, schlafen.
Der Gletscherbruch war weich. Im diffusen Licht konnten wir den festen Boden von den Spalten nicht unterscheiden. Immer wieder sackte einer von uns in verdeckte Löcher im Schnee. Es war sehr gefährlich und anstrengend dazu.
Ein halbes dutzendmal wollten wir aufgeben, biwakieren. Doch jedesmal trieb uns die Unrast weiter. Mitten im Eisbruch – ich versuchte, Hans von hinten einzuweisen, mein Blick prüfte die richtungweisenden Felsen in dem Spaltenlabyrinth – sah ich ihn am Rand meines Blickfeldes verschwinden. Im Geiste verstand ich alles, registrierte aber trotzdem zu langsam. Ich griff in das Seil, wurde einige Schritte nach vorn gerissen, konnte Halt fassen, warf mich zu Boden.
Als ich Halt hatte und mich umsah – nur Totenstille. Das Seil war straff gespannt. Auf meine Rufe kam keine Antwort. Ich versuchte, eine Titanschraube vom Rucksack zu fingern, drehte sie ins Eis. Inzwischen war eine Viertelstunde vergangen. Als ich das Seil am Karabiner fixiert hatte, tauchte der Kopf von Hans aus der Spalte auf. Er sagte kein Wort. Dann fischte er Rucksack und Brille, die er beim Sturz in die bodenlose Spalte verloren hatte und die auf einem Schneewulst hängen geblieben waren, aus dem schwarzen Eisloch und ging noch ein Stück weiter. An der ersten flachen Stelle biwakierten wir dann doch. Zum letzten Mal.
Wir tranken ungezuckerten Tee. Zu essen hatten wir nichts mehr. Beim Abstieg vom Gasherbrum I hatten wir fast alle Nahrungsmittel zurückgelassen, um schneller zu sein. Wir hätten sie nicht mehr tragen können.
»Wenn du das nächste Mal nicht aufpaßt, sind wir gleich beide tot«, meinte Hans plötzlich lapidar. Ich steckte den berechtigten Vorwurf weg, und wir redeten nicht mehr über den Vorfall.
Am Morgen des 30. Juni näherten wir uns dem Basislager. Die Zelte waren als bunte Flecken im schmutzigen Moränengrau am Abruzzi-Gletscher zu erkennen. Winzig klein sah man sogar Menschen. Unser Koch Ros Ali, der Begleitoffizier und Werner Herzog mit seiner Filmcrew, die einen Dokumentarfilm über dieses unser Bergsteigen drehten, kamen uns bis an den Rand des Gletschers entgegen. Auf ihre Fragen hatten wir keine Antworten. Als wäre die Erfahrung dort oben mit dem Augenblick gelöscht worden, in dem wir in die Sicherheit der halbwegs zivilisierten Welt zurückkehrten.
Was Hans und ich in den acht Tagen zwischen Basislager und Basislager erlebt hatten, war nicht filmbar, nur fragmentarisch festhaltbar in Worten und Bildern. Die Ängste, die Hoffnungen, der Einsatz und die Verzweiflung waren zu groß, als daß sie von zwei Menschen hinunter ins Tal getragen hätten werden können.

Zum Bild Seite 249 – Everest 1980: »Dämmerlicht auf dem Everest«
Dieser lebensgefährliche Zwischenfall hatte nur meinen Körper erschüttert, nicht aber jene Identifikation, die seit Wochen mein Wesen ausmachte, die Identifikation mit dem Everest. Der Sturz in die Gletscherspalte hatte mich in eine Wachheit versetzt, die dieses Gefühl im Normalzustand weit überstieg. Als ich auf die Jochhöhe trat, spürte ich plötzlich starken Westwind im Gesicht. Mein Atem stockte, Wasser trat mir in die Augen. Ich blieb kurz stehen, schaute, atmete rascher und stoßweise. Dann stellte sich wieder ein gleichmäßiger Rhythmus ein.

Zum Bild Seite 250/251 – Everest 1987: »200 Stundenkilometer«
Die beiden Sherpas lagen ängstlich neben mir. Mit fast 200 Stundenkilometer Geschwindigkeit jagte der Orkan über unseren Lagerplatz. Mehr als 40 Grad unter Null. Wir waren ohne Sauerstoffgeräte und hatten lange nicht geschlafen. Wäre das Zelt gerissen, es hätte für uns den Tod bedeutet. Diese eigenen extremen Erfahrungen sind es, die zu immer neuen Abenteuern reizen. Ich bin zwar noch nie abgestürzt, aber öfter schon dem Tode nahe gewesen. Wenigstens einmal bin ich schon selbst »gestorben«. Ich lebe zwar noch, seit damals steige ich aber mit einer anderen Einstellung zur Welt, zum Tod, zu mir selbst.

Zum Bild Seite 252 – Gasherbrum 1984: »Da liegt ein Toter«
Beim Abstieg vom Gipfel zum Biwak beerdigten wir einen österreichischen Arzt, der schon seit zwei Jahren zwischen den Felsen gelegen hatte. Dies kostete uns Zeit und viel Kraft. Dann der gefährliche Abstieg ins Gasherbrum-Tal. Als ich zurückschaute zum Eisbruch in der Südostflanke des Gasherbrum II, über den wir erst im Morgengrauen abgestiegen waren, war ich voller Lausbubenstolz. Wir hatten auch Glück gehabt. Das Glück ist jene Komponente, die einen so großen Wurf wie eine Achttausender-Überschreitung begleiten, nicht aber tragen kann.

Der »Schneelöwe« als Symbol der Herausforderung

Die Überschreitung der beiden Gasherbrum-Achttausender im Alpenstil ist bis heute nicht wiederholt worden. Wohl haben einige Gruppen ein ähnliches Vorhaben angekündigt, beim Versuch dann scheiterten sie aber an der Länge der Tour. Zudem ist es inzwischen fast unmöglich, eine so komplexe Überschreitung auf sich allein gestellt durchzuführen. Der Run auf die höchsten Berge der Welt ist so groß geworden, daß sich im Durchschnitt in jedem Sommer ein Dutzend und mehr Expeditionen die Genehmigungen für G I und G II teilen. Ein Zusammentreffen mit anderen Bergsteigern, die Hochlager und Fixseile montieren, wäre unumgänglich. Ein Dutzend und mehr Expeditionen pro Saison und Seite sind heute am K2 oder Mount Everest der Durchschnitt.

Der Schneelöwe, ein tibetisches Fabeltier.

Diese Anhäufung von Bergsteigern an den Achttausendern ist einer der Gründe, warum ich mich von dieser Art des Abenteuers zurückgezogen habe. Für mich sind die Stille, das Auf-sich-allein-gestellt-Sein, die Eigenverantwortung Grundvoraussetzungen für das Erlebnis, das ich am Berg suche. Dies alles ist zur Zeit im Himalaja und Karakorum viel eher an Sechs- und Siebentausendern zu finden als an den überlaufenen Achttausendern. Die großangelegte Überschreitung der vier Kangchendzönga-Gipfel durch eine Mannschaft aus der Sowjetunion bildete 1989 die Ausnahme an den Achttausendern. Zwar war diese Expedition an Mitteln und in der Logistik ein Mammutunternehmen; wegen der Länge und der Schwierigkeit aber war sie gerechtfertigt. Wie die Neutour an der Everest-Ostwand, die 1988 vier Amerikanern gelang, ist die Kantsch-Überschreitung ein Beweis dafür, daß der Schritt weiter im Himalaja-Bergsteigen möglich ist.
Um das Höhenbergsteigen zu fördern und auch dem Laien den Unterschied zwischen einer Pioniertat und einer Show an den großen Bergen zu verdeutlichen, habe ich einen Geldpreis gestiftet: den »Schneelöwen«. Er soll keine Auszeichnung für den Besten sein, sondern eine Anregung, neue Wege zu suchen und die Touren abzuschließen, ohne Müll

und Vorgaben zu hinterlassen. Auf Dauer nämlich sind Abenteuer nur dann möglich, wenn wir alle die Berge so wild hinterlassen, wie wir sie vorgefunden haben. 1990 vergab ich den ersten »Schneelöwen« (einen Geldpreis von 10 000 $) für die herausragende Tat (Kreativität, Schwierigkeit, Gesamtleistung) des Jahres 1989. Er ging an den Slowenen Tomo Česen für die erste Durchsteigung der Jannu-Nordwand im Alleingang.
Als es nach der Nachricht, Česen habe zwischen dem 22. und 24. April 1990 die Lhotse-Südwand im Alleingang bis zum Gipfel durchstiegen, in Frankreich zu einer Polemik um den Wahrheitsgehalt von Česens Bericht kam, verteidigte ich seine Behauptung, obwohl er die Erstbesteigung nicht belegen konnte. Auch die Zweifel einiger Sherpas und der russischen Expedition, der die Wand nach Česen in Gipfelfallinie gelang, konnten mich nicht umstimmen, denn Tomo Česen ist ein ausgezeichneter Bergsteiger, auch im Fels exzellent, und er ist ein erfahrener Höhenbergsteiger.
Als ich 1991 die Entscheidung zu treffen hatte, wem der zweite »Schneelöwe« zugesprochen werden sollte, fiel meine Wahl nochmals auf Tomo Česen. Die Lhotse-Südwand-Erstbegehung im Alleingang war nicht nur die Tat des Jahres 1990. Sie ist die Leistung des Jahrzehnts.
Um alle Zweifel auszuschalten, reiste ich zu einem öffentlichen Vortrag von Tomo Česen nach Wien. Und verließ diesen verwirrt. Der »Schneelöwe 1990« wurde nicht vergeben. In seinem Dia-/Filmabend verstrickte sich Česen in mehrere Widersprüche. Bilder und Erzählung stimmten nicht überein mit seinem Originalbericht. Auch bei der anschließenden Diskussion, die ich mit moderierte und übersetzte, blieben Widersprüche unbeantwortet. Die Fragen, warum Česen nicht über den leichten Normalweg abgestiegen ist, warum er im Schlußteil keine Haken steckengelassen hat, sind berechtigt, aber hypothetisch. Wie er sich akklimatisiert hat, finde ich wichtiger. Er sei in Tibet gewesen, wurde kolportiert. Nein, er reiste aus Europa an, fand ich heraus. Wenn sich einer für die Lhotse-Südwand keine zehn Tage lang akklimatisiert, Bilder ohne Wolken zeigt und vom Schneesturm dabei redet, das Gesicht auf den Bildern nach der Besteigung so frisch wirkt wie vorher, kommen Zweifel auf.
Ich behaupte nicht, das Tomo Česen die Südwand des Lhotse nicht durchstiegen hat. Ich kann es ihm nicht (mehr) glauben. Nicht nur, weil ich allen Bergsteigern gegenüber, die grundsätzlich immer allein sind, wenn sie Pioniertaten wagen, skeptisch bin. Auch, weil ich zwischen 1990 und 1992 auf eine Reihe von Widersprüchen rund um seine Lhotse-Südwand gestoßen bin.
Den »Schneelöwen-Preis« habe ich inzwischen ausgesetzt. Ich will ihn erst wieder vergeben, wenn Klarheit herrscht über Česen und seine Erstbegehungen. Wegen einer sauberen Alpinberichterstattung. Der alpinen Geschichte zuliebe. Ich wünsche mir, daß Tomo Česen seine Unterlagen vorlegt; ich möchte ihm glauben können. Ich weiß, der Beweis einer solchen Besteigung ist oft so unmöglich zu erbringen wie der Gegenbeweis. Ich kenne die Lhotse-Südwand und bin offen für Nuancen der Beweisführung. Mir reicht meine Überzeugung, mein Gefühl. Und wenn Česen nicht durchgekommen ist, fällt keine Welt zusammen. Die Hintergründe dazu sind interessanter. Uns allen, die wir den Alpinismus in seiner extremsten Form suchen, ist er eine Antwort schuldig. Den vielen jungen Alpinisten, die Tomo Česen wie auch ich verehren. Der Institution »Schneelöwen-Preis« und den Bergsteigern aus der ehemaligen Sowjetunion, die mit ihrer Lhotse-Südwand-Durchsteigung Einmaliges und Eindeutiges geleistet haben. Und den slowenischen Spitzenbergsteigern, die zur Zeit im großen, klassischen Bergsteigen führend sind.

Reinhold Messner bei BLV

Nie zurück
Nordpol · Mount Everest · Südpol:
3 Fluchtpunkte
Die Geschichte der Polexpeditionen von 1895 bis heute sowie Messners eigene Erlebnisse, Erfahrungen und Analysen – mit phantastischen Farbfotos, die die einzigartige Faszination der Eiswüsten am Ende der Welt vermitteln.

Alle 14 Achttausender
Überlebt
Als erster Mensch auf allen 14 Achttausendern der Welt – die Dokumentation einer kaum vorstellbaren Gesamtleistung und alpinhistorischen Sensation, die Reinhold Messner 1986 gelang.

Everest
Expedition zum Endpunkt
Die Besteigung des Everest 1978 »by fair means« und erstmals ohne künstlichen Sauerstoff – die Dokumentation dieser Expedition, in der Messner vor allem auch seine persönlichen Empfindungen und Erfahrungen protokollierte.

Berg Heil – Heile Berge?
Rettet die Alpen
Reinhold Messners kritische Auseinandersetzung mit dem heutigen Alpinismus und ein Appell an die Verantwortung jedes einzelnen, die Gebirge dieser Welt vor der Zerstörung zu retten.

Berge versetzen
Das Credo eines Grenzgängers
Reinhold Messners Analyse einiger seiner Abenteuer im Grenzbereich des Möglichen – Erfahrungen und Erkenntnisse, von denen jeder, der hohe Ansprüche an sich selbst stellt, im täglichen Leben profitieren kann.